会计史其实就是一部人类史

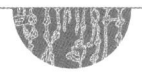

会计简史

从结绳记事到信息化

第二版

严行方 ◎ 著

A Brief History
of Accounting

厘清会计发展重大脉络　揭示全球经济崛起规律

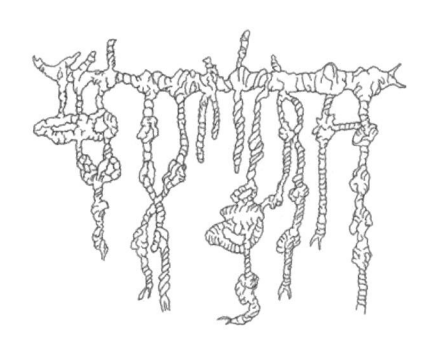

上海财经大学出版社
SHANGHAI UNIVERSITY OF FINANCE & ECONOMICS PRESS

图书在版编目(CIP)数据

会计简史:从结绳记事到信息化/严行方著．—2版．—上海:上海财经大学出版社,2023.5
ISBN 978-7-5642-4173-5/F・4173
Ⅰ.①会… Ⅱ.①严… Ⅲ.①会计史-世界 Ⅳ.①F23-091
中国国家版本馆 CIP 数据核字(2023)第 073220 号

□ 责任编辑　施春杰
□ 封面设计　贺加贝

会 计 简 史
从结绳记事到信息化
(第二版)
严行方　著

上海财经大学出版社出版发行
(上海市中山北一路369号　邮编200083)
网　　址:http://www.sufep.com
电子邮箱:webmaster@sufep.com
全国新华书店经销
上海叶大印务发展有限公司印刷装订
2023年5月第2版　2023年5月第1次印刷

710mm×1000mm　1/16　16.5印张(插页:1)　229千字
定价:49.00元

第二版前言

本书第一版于 2017 年 5 月在上海财经大学出版社出版后,深受市场欢迎,五年内印刷 3 次,并被多家高校会计、财务、审计专业选作选修课教材。现应读者要求,进行全面修订,推出第二版。

本次修订依然沿用第一版的体例风格,确保可读性。同时,根据这些年来会计理论和实践出现的一些新变化,以及对历史资料的新考证和新发现,增加了 10％的篇幅,修订了 20％的内容,并将资料补充、更新至 2022 年末,以使内容更加充实和完善。

季行方
2023 年 3 月

第一版前言

这是一本浓缩了的、用严谨和轻松笔调撰写的会计发展史。

会计史研究在中国的出现还只有短短三四十年。具体地说,直到20世纪80年代才开始启动,并被国外有所了解,至今还没有构成完整意义上的会计史学。究其原因在于,古代中国一直奉行闭关自守政策,重农抑商、蔑视产权,所以会计起源虽早,发展却极其缓慢。从战国到明清,国人耻言功利的习俗,给本该要求精打细算的会计工作造成了极大的舆论压力,几乎无人著书立说、无人从事会计培训。中国近代会计大大落后于西方,直到现代接受西方技术才有所改观。

在被称为中国古代学术黄金时代的春秋战国时期,关于会计,能让人记住的只有孟子引用孔子的一句"会计当而已矣",此前就更别提了。到了汉代,萧何入关中后四处搜集秦图籍(实则是天下财富记录簿),张苍因此担任计相(总管四方贡赋和国家财政的副宰相);到了汉武帝时,因为战争耗费巨大,派桑弘羊、孔仅这些人出面筹措国用,会计才受到最高当局重视。可是接下来,历代战争频仍,会计也就乏善可陈了。即使是中国在世界会计发展史上的唯一贡献四柱结算法究竟成于何时也没人说得清;并且,它流入民间后依然只是用于核算物资和现金,对其他财产一概不问,这就未免失之偏颇了。

从整个会计发展史看,大致可分为五个阶段:第一个阶段是原始计量记录阶段,从旧石器时代中期到原始社会末,这个阶段对应于人的婴儿期,蹒跚学步,会计概念尚未定型。第二个阶段是古代会计,从人类进入阶级社会至1494年,这个阶段对应于人的幼年期,会计主要被当作一种工具在使用，强调的是技能。第三个阶段是近代会计，从1494年到20世纪30年代，这个阶段对应于人的少年期，会计强调的是一种职业。第四个阶段是现代会计，以20世纪30年代"会计研究公报"的出现为标志到20世纪末，这个阶段对应于人的青春期，已经进入对会计准则的制定和不断完善阶段，并且会计理论和实务在社会和经济变革中取得惊人发展，会计自身也进入成熟期。第五个阶段是宏观会计，从21世纪初开始至今，对应于人的成年期，会计在大科学、大工程、大经济、大管理背景下，进入以整个社会或国家为主体的宏观会计（社会会计）为主的大会计（国民经济核算会计、社会责任会计、环境会计等）转换时代。

循此轨迹，本书在真实考据基础上，从思想、方法、工具、组织、制度、事件、纪年等角度，对会计的起源、发展和壮大过程娓娓道来，像史书一样真实，像小说一样好看。

本书的任务不仅在于要揭示会计发展规律，更在于要让读者认清这些规律，把握并遵循规律，与时俱进。有人一听到会计就会想到数据，就会觉得枯燥乏味；然而，本书内容虽然十分庞杂，读起来却颇觉轻松。譬如现代会计学的核心公式"资产＝负债＋所有者权益"，从产权角度看，就可以理解为会计的对象是产权流动即产权价值运动，具体包括债权人的权益、所有者的权益及其这些权益的继承。站在历史高度看问题，你会有一种豁然开朗的快感，因为你读的是历史，源于生活又高于生活。

本书有助于读者厘清会计发展史上的若干重大脉络、解除历史枷锁、树立职业荣耀、展望未来前景，是广大经济爱好者尤其是高等院校师生、全国2 000多万会计工作者不可错过的经典读物。

孙行方

2017年5月

目 录

第1章　会计思想：吾将上下而求索 /1
　　经济孕育会计 /1
　　社会环境决定会计思想 /4
　　会计和簿记的纠缠 /6
　　中国会计起源于西周 /10
　　西方会计起源于伊朗 /14
　　世界上最早的原始凭证 /17
　　留存至今的第一张账单 /19
　　焚券市义与湘军报账 /21
　　会计报告源自郡国进贡 /22
　　财政赤字源自朱出墨入 /24
　　明成祖的"一亩三分地" /26
　　历史上的九大会计学派 /28
　　1949年以来的会计 /29
　　受托责任与阶级性 /32
　　会计尚未实现世界大同 /34

第2章　会计方法：柳暗花明又一村 /38
　　会计萌芽于结绳计数 /38
　　刻符记事或记账 /40

黏土标志会计法/42
官厅会计凭证的演进/44
重义轻利导致无证记账/47
国外的会计凭证意识/49
存货核算和仓库盘点/51
记"帐"还是记"账"/54
免遭谴责的单式记账/56
伟大发明的复式记账/59
意大利式复式记账/61
帕乔利和斯蒂文时代/64
记账符号从入出到借贷/66
从入出到收付记账法/69
借贷记账法的前世今生/71
来去匆匆的增减记账法/73
古人是怎么结账的/75
中式三账与西式三账/78
流水账是怎么来的/79
四柱结算和四柱清册/81
三足鼎立的三脚账/83
复式记账的龙门账/85
相对成熟的四脚账/87
唐代正式出现会计分析/88
晋商的人力资源会计/91
折旧率与成本核算/93

第3章 会计工具：从结绳到信息化/96

文字和数字的出现/96
古埃及人的纸草账簿/99
五指张开画罗马数字/101
印度人发明阿拉伯数字/104

武则天发明会计体数字/107
官厅会计计量单位/109
民间会计计量单位/113
货币计量让会计走向科学/115
中国第五大发明——算盘/117
电脑造就电算化和信息化/118

第4章 会计组织：从官厅走向社会/124
政府推动经济活动/124
商代开始有官厅会计/127
隋代开创鼎盛时期/128
会计的首要功能是收税/130
私企发展催生民间会计/133
世界上第一个会计师/135
审计脱胎于会计/138
会计与审计的分离/140
会计和财务的职能分工/143
官厅财计体制的演进/145
公元前的会计师办公室/149
从古到今的会计师事务所/150
历史上会计多是反面形象/155
会计人员地位的高与低/157

第5章 会计制度：从潜规则到法治化/160
会计实务规矩的由来/160
会计账簿的发展轨迹/163
官厅会计的月要、岁会/166
民间会计的草流、红账/170
国外会计报告的演变/173
簿记稽核方法演进/175

会计法规的发展历程/177
古人如何对待公款吃喝/181
乾隆这样处理个人开支/183
从无账本到民主评税/184

第6章　五大革命：树起一座座丰碑/188
第一次革命：近代会计确立/188
第二次革命："南海泡沫"事件/190
第三次革命：电子技术的应用/191
第四次革命：社会责任会计/193
第五次革命：三式记账法/195

第7章　六大事件：病树前头万木春/197
商业革命推出复式记账/197
东印度公司的股份制/200
工业革命催生成本会计/202
"南海泡沫"推动民间审计/204
经济危机推动会计和审计/207
安然造假暴露准则滞后性/209

第8章　年谱简编：一路看尽五千年/212
原始计量记录阶段/212
古代会计阶段/214
近代会计阶段/224
现代会计阶段/235
宏观会计阶段/247

参考书目/254

第1章

会计思想：吾将上下而求索

经济孕育会计

会计是人类社会发展到一定阶段的产物。这里的"一定阶段"，可以理解为"有了经济活动"。也就是说，自从人类有了经济活动，理论上说就需要算算、记记了，就具备了会计萌芽的条件。

为什么？因为会计本身就是经济的产物。有了经济活动，无论有没有产品剩余，人们都需要进行经济记录、计量和核算。这也就是马克思所说的"经济越发展，会计越重要"。所以说，会计的起源在于经济活动，"经济是会计之母"。从历史上看，经济越发达的地区，会计核算水平也越高，这就是俗话所说的"娘好妮好""秧好稻好"。

那么，经济又是如何孕育会计的呢？请让我们先来看看历史学家眼里对中国史前人类社会的分期，对这两者之间的关系有一个大致的认识。

历史学家认为，从早期"猿人"开始便可以算作人类了，出现的时间在距今约377万年至359万年之前；猿人会制造石器、以石器作为工具的时候，已经会直立行走了，所以我们今天称之为"直立人"，他们生活在距今

180万年至二三十万年之前。而这整个石器时代,又可以分为旧石器、中石器、新石器三个阶段。其中,旧石器时代和中石器时代分别处在"蒙昧时代"的中级阶段和高级阶段(低级阶段则是原始人群,也即那些"正在形成中的猿人"),新石器时代则已进入"野蛮时代"的低级阶段,其中级阶段则又进入了"铜石并用时代及铜器时代"。"蒙昧时代"和"野蛮时代"都处于人类社会没有文字记录的"史前时代",与进入奴隶社会后的"文明时代"(这时候的人类已经会对天然产物进行加工了,正式进入了阶级社会)相对应。

自从直立人会使用石器工具,又经历了长达约二三十万年的采集经济时代,时间段大约贯穿旧石器时代的中期至晚期,一直到距今约1.5万年之前。在这漫长的过程中,人类的食物主要是自然界现成的果实,与现在的乞丐差不多,捡到什么吃什么,只要能填饱肚子就行;偶尔会辅之以少量的、狩猎而来的肉食,但要想吃到这种荤腥,只能是可遇而不可求,常态是饥一顿、饱一顿。

据人类学家估计,当时即使是在收成最好的年份、物产最丰饶的地区,养活1名食物采集者也需要至少1平方公里的土地;而如果是气候恶劣的地区如热带、寒冷和沙漠地带,则至少需要六七十平方公里的土地。所以,当时的人吃人现象非常普遍。在一个饥饿难耐的人看来,对方即使与自己有血缘关系,哪怕是父母子女,也首先只是一种能填饱肚子的"食物"。尤其是那些老弱病残,或是刚生下来却又肯定养不活,或者在长期迁徙途中常常会成为累赘的人,在每年冬天大地一片白茫茫无法采集之时,便是被"宰了过年"的首选对象。生活在距今69万年至23万年之前的"北京人"就是这样。这种人吃人以及干旱、地震、洪水、瘟病等,曾经给人类带来过毁灭性风险。资料表明,旧石器时代初期,地球上的猿人数量约有12.5万人,而到了旧石器时代中期(约7万年之前),仅剩下2 000多人。用今天的眼光来看,绝对是一种濒临灭绝的"保护动物"了。

所以说,在当时那种状态下,要求这些"动物"能够像现代人这样进行思考是不可能的,当时他们"最大的政治"便是考虑个体如何才能活下去,

第 1 章
会计思想：吾将上下而求索

如何避免种族灭绝。一方面，他们要不断寻找并迁徙到物产丰富的地域；另一方面，又要时刻防止被猛兽或同类吃掉。大约到了旧石器时代中晚期，每天采集到的食物有所剩余，并且剩余越来越多，需要考虑如何用于成员内部的分配和过冬储备，不需要再吃同胞兄弟了，才开始迫使他们寻求某种记事的载体。就这样，人类最早的刻符记事出现了。[①]

只不过，原始人的狩猎和采集等经济活动在没有产品剩余、每天食不果腹时，这种"计量"和"核算"是非常简单的，简单到单靠语音和手势比划、拍脑袋就可完全胜任；直到有了产品剩余、需要统计"上期结存"并做"下期分配"时，单靠语音交流和手势动作已经无法胜任，因此，客观上需要他们在头脑之外去寻找某种帮助记忆的载体来进行计量和记录。

就这样，原始人最初采用的计量和记录方法如堆石刻记、直观绘图、结绳计数出现了。也就是说，这时候才真正出现了会计的起点。从时间段看，从距今10万年至两三万年之前的旧石器时代中晚期一直到原始社会末期，都处于会计萌芽阶段。直到能够用具体的动植物形象、长短、大小、轻重来抽象出原始文字、计数制度、度量衡制度，才标志着人类会计思想发生了质的变化，并最终引致单式记账思想的出现。

不用说，人类的计量和记录方法演进过程极其漫长，至少长达几万年。在中国，南北朝时期还有"将帅以羊屎粗计兵数，后颇知刻木为记……尝杀一人，则立一石，有至千百者"[②]的记载。甚至，近现代依然有些少数民族在用实物材料记录经济事项，正是这种实物计数方式的遗制。

中国会计原始计量记录规则与方法演进路径可参考下图：

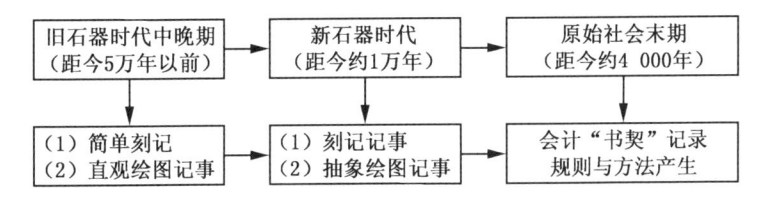

旧石器时代中晚期 （距今5万年以前）	→	新石器时代 （距今约1万年）	→	原始社会末期 （距今约4 000年）
(1) 简单刻记 (2) 直观绘图记事	→	(1) 刻记记事 (2) 抽象绘图记事	→	会计"书契"记录规则与方法产生

---

① 郭道扬：《人类会计思想演进的历史起点》，《会计研究》2009年第8期，第3~13页。
② 《魏书》卷103《蠕蠕传》，第2291页。

社会环境决定会计思想

什么样的社会环境产生什么样的会计思想。这里的会计思想,是指有关会计的一些基本观点和真知灼见。它不同于会计理论(学说),虽然两者之间密不可分,常常被人混为一谈,就像再情投意合、不分彼此的夫妻也不能说就是同一个人一样,会计思想侧重的是人,而会计理论侧重的是对会计思想的系统化总结。

从会计发展史看,随着社会环境的不断发展,决定了会计思想、行为也在不断进步,这是决定会计发展史上5次重大变化——原始计量记录向单式记账发展、单式记账向复式记账发展、簿记时代向财务会计管理时代发展、传统会计向现代会计发展、现代会计向宏观会计发展——的基本依据。

会计是伴随着经济产生的,很难想象它会脱离(超越或落后)经济实践有多远。就好比说,18世纪的会计核算不可能在今天还会继续得到沿用;同样,今天的会计核算也不可能出现在18世纪的经济生活中。

所以,从距今约10万年至两三万年前的旧石器时代中晚期人类进入定居及生产型经济发展阶段开始,在客观现实的逼迫下,就不得不需要在头脑之外,从自然界去寻找帮助进行记事的载体来进行简单的计量和记录。通俗地说,这个时期的早期人类,狩猎、采集的物品已经开始有剩余,并且随着剩余越来越多,仅靠头脑记忆已经记不过来了,必须在哪里画上几笔或做个什么符号来帮助记忆,用今天的话来说就是"好记性不如烂笔头"。而当时还没有数字和文字,所以用来帮助这种记忆的就只能是堆石记事、刻记记事、绘画记事、结绳计数。

也就是说,原始人自从有了实物剩余,这时候就必须考虑两点:一是解决剩余实物的内部分配;二是要研究剩余实物的对外交换。这样就产生了在一定范围内原始计量、记录的思想和行为。随着剩余实物的增多和交换范围的扩大,不同部落之间自发形成的这种计量和记录也会相互

第1章
会计思想：吾将上下而求索

影响，从而使得一些更为便利、更有效率的计量和记录方法得到推广和使用。

原始人最早采用的记录方法是简单刻记法。如果用"笔做记录"来比喻的话，这时候他们用来记录的"纸"（载体）通常是岩石、动物骨头、树干，而"笔"则一定是要比岩石更加坚硬的石器。

这种简单刻记，通常是一排排浅纹单线条，或几个重复的缺口，很抽象，所以常常会产生歧义，甚至只有刻画者自己才知道这"鬼画符"究竟表达的是什么意思。可是没办法，当时的原始人就只有这个水平，就好像你不能要求幼儿园的小朋友去做大学生的题目一样。

从考古发现看，这些刻记虽然多为平行排列，并且简单得不能再简单，但都已经具备了一种具体的"数"的概念。意思是说，这不是他们闲得无聊、随便刻着玩玩的，而是确切地要表示某种思想，如狩猎到多少动物、采集到多少果子、下一步准备怎么安排（分配）等。这也是历史学家之所以认定它们是最早的会计语言的依据。正因如此，历史学家们认为，"数"是人类最早的伟大发现之一，也是人类进步的重要标志。

到后来，原始人为什么又会想到结绳记事了呢？据说与捕鱼有关。

当时的原始人生活在荒山野岭、湖泊沼泽地，已经从蜘蛛结网中受到启发，开始张网捕鸟、结网捕鱼了。而在这之前，原始人主要是用10个手指来进行简单计算并帮助记忆的；有时候，也会在树干、洞壁上进行极其简单的刻记。到后来，要记的事情越来越多，10个手指不够用了，凑上脚趾也不够用，怎么办？记事就这样成为他们的一道难题。

后来，他们从编织渔网时要悬挂网坠得到启发，觉得既然较大的渔网上悬挂负荷较重的石质网坠、网上的绳结较大，较小的渔网上悬挂负荷较轻的陶质网坠、绳结较小，那么就可以用大的绳结来记录较大的事情，用小的绳结来记录较小的事情。

这就是《周易·正义》中所说的，"事大，大结其绳；事小，小结其绳。结之多少，随物众寡"。实物增加了，就在渔网上打个结"记"下来；实物分配后，再把那个结解开，这一会计事项就算"了"了。这里容易看出，结绳记事已经大体明确了账目的四大要素：记录对象、记录数量、数量发生变化后的表现方式、账目结束时的最终结果。

到了公元前16世纪，黄帝的后人成汤灭夏建商，因地处商邑、商丘一带，所以取国号为"商"；又因为公元前1300年迁都至殷，所以商代也称为殷商。

商代由于青铜器的大量使用，成为当时世界上数一数二的奴隶制文明大国，并且它尤其擅长商业运输和买卖，就是今天所说的物流运输和倒买倒卖，以至于社会上出现一个富有而独立的阶层——"商人"。商业的发达，引致货币需求量剧增。当时的货币最常见的是海贝、布帛，较少见的是粟、谷等粮食。① 后来海贝不够用了，便出现了人造骨制贝，以及世界上最早的金属货币铜制贝。② 同时，商业的发展也形成了会计的雏形：从当时的甲骨文记录中可以看到，不但从1到10已经成型，并且20多次出现"册"字的象形文字，这便是"账簿"的萌芽状态；并且，当时的记事已相对完整，包括时间、地点、种类、数量等，用"毕"和"获"字来表示收入，用"卯"和"埋"字来表示支出。

从那个时候开始，会计制度与会计秩序的融合③便慢慢孕育出了会计。

会计和簿记的纠缠

读者也许注意到，会计读物尤其是会计史上有时会称"簿记"，有时又会称"会计"，两个概念交替运用纠缠不清，往往搞不清它们之间究竟有怎样的联系和区别。这里就来说说这个问题。

所谓簿记，是会计的基础和初级阶段，主要是指会计的账务处理，包

---

① 王良：《那些〈周礼〉教会我们的治国道理》，《人民日报》2016年1月10日。
② 春秋后期开始出现用金属制成的贝币，为之后的金制币、银制币打下了基础。公元前221年，秦始皇下令废除贝币体系，才彻底终结贝壳作为货币的传统。
③ 华南理工大学副教授王荣昌将其称为"会计程序"。王荣昌：《会计史的演进研究——基于会计程序演进的新视角》，中国会计学会官网，2010年11月15日。

括填制凭证、登记账目、结算账目、编制报表等。容易看出,簿记的内容仅仅局限于事后的记账和算账,不包括或不需要搞清楚为什么要这样记账及算账。直到今天,许多单位的记账员包括主办会计做的主要就是这个。

应该说,会计的早期阶段就是处理账目,所以那时候的会计就等于簿记。而发展到了一定阶段后,尤其是建立了会计循环理论和延伸的会计职能后,会计工作就不再仅仅是单纯的记账、算账了,还需要对经济活动进行事前的预测和决策、事中的控制和监督、事后的分析和考核。这时候,簿记就只是会计工作的一部分,一个基础和重要的部分,但绝不是全部。

从时间看,簿记向会计转变出现在19世纪到20世纪30年代。也就是说,19世纪之前会计的发展始终没有突破"簿记"的范畴,直到20世纪30年代进入现代会计阶段后才出现真正的"会计"。两者的区别在于:簿记(包括单式簿记和复式簿记)侧重于记账技术和方法,缺乏完整的理论体系,属于应用技术而没能成为一门科学;而会计是在簿记基础上发展起来的,它把记账技术、经营管理实践、经济理论有机结合在一起,从而形成了一个由技术向理论升华的完整的科学体系。

在西方,簿记的英文是bookkeeping,指在簿子上进行记录,引申为我们今天所说的记账。bookkeeping由两个单词"book"和"keeping"构成:book是指书,其复数books可以理解为书籍、账簿、登记簿、名录等;keeping是保管、保存的意思。因此,连起来可以理解为"妥善地记录并保管账簿"。容易看出,这就是簿记员要做的主要工作。

会计从簿记中分离出来的萌芽,是在1720年英国南海公司破产后,出现了专门帮助查账的会计职业。而既然是查账,当然就不是原来的那种账簿登记了。这样,就在英语单词原有"簿记"的基础上,出现了一个新的名词"会计"。但也有不加区分的,例如在德文中就没有"会计"而只有"簿记"一词。

会计的英文是accounting,意思是叙述理由,即为什么要这样记账。账簿的英文则是account books及books of accounting,它更多地强调这些都是与"会计"有关的记录,这与中文中的账簿意思相一致。

19世纪70年代,日本明治维新时期引进欧美会计时,把bookkeeping翻译为"簿记",于是中国在从日本引进时也翻译为簿记,这就与宋代所称簿记相一致了。

在中国,"簿记"一词最早出现在宋代,指账簿,而不是会计。但中文中的账簿意思比较复杂,历史上多有反复,簿记只是其中之一。

早在原始社会末期,中国就出现了萌芽状态的"书契",从而使得会计发展轮廓逐渐明朗,因为这同样也是后来账簿的萌芽状态。由于这种书契是刻写在兽骨和竹木简牍上的,所以进入商代后,把这种记录行为称为"作册",同时也顺便就把这种账簿称为"册"。这是中国历史上第一个对账簿的称呼。后来,便把这种刻写在竹片上的文字称为"简册文"或"简策文",把这种账簿称为"简册"。

到了西周、春秋时期,流行把这种"册"装订成捆,然后一捆捆地交给政府收藏。这有点相当于把各单位的会计档案收藏到档案馆里,所以出现了象形字"籍"的名称,"册"和"简册"被"籍"和"籍书"所取代,账簿名称开始向专业化发展。从《周礼》一书中可以看到,当时对会计账簿的专业称谓是"要"和"要会";春秋时期称账簿和会计报告为"计",大概更多的就是想强调"计算""核计"的意思;到了战国时期,账簿也称为"记",也许更多的是想强调"记录""记载"的意思。

战国中期,因为当时的人把"簿"看作"籍"的别称,所以"簿""籍"两字就开始混用了,出现了"籍"与"簿"、"籍书"与"簿书"并用的现象。

到了汉代,统计开始从会计中分离出来,所以"簿"和"籍"这两个名词也有了相应的分工:记录会计事项的简册称为"簿""簿书""计簿";而当用于记录统计事项时,则被称为"籍","籍"被当作"簿"的一种,但因为统计的内容和形式与会计已经分离,所以它就有了独立的名称如"户籍""名籍"等。需要指出的是,这时候的"簿"和"簿书"也不仅仅是指会计账簿,它还包括其他所有文献记录;但显而易见,它离今天"簿"的概念更进了一步,如账簿、会议记录簿等。

第1章

会计思想：吾将上下而求索

南北朝时期，"簿"和"帐"开始并用了（参见本书第 2 章"记'帐'还是记'账'"）。

唐代开始，因为纸张得到普遍应用，竹木简牍作为记账工具已被淘汰，而在展开长方形的纸上直接进行记录，看上去就像是把今天的卷筒纸拎在空中打开一样，有点像古代的幕帐，所以称"帐"的时候越来越多。

而到了宋代，基本上"簿"就都称为"帐"了。从字面上看，"帐"是指对财物出入的记载，有时也可以直接指记载财物出入的本子，那就是"帐簿"的意思了。而"簿"是指簿子、本子。这样连起来，"帐簿"就是指记载财务收支、物品进出等的本子。

"帐簿"除了会计账簿，宋代还有新旧官员交接财物时的清单"交头帐"、财物盘点表"漏底帐"、罪犯名录"囚帐"等。但"帐"用得最多的还是与经济事项有关，至于它所记载的内容究竟是会计还是统计，这就要看它的全称了。例如，"租帐""课利帐""钱帐""粮帐""钱谷帐""库帐""粮草帐""出入帐"等，属于会计账簿；而"户帐""甲帐""丁帐""图帐""地步帐"等，则属于统计账簿。

明末，"簿帐"渐渐地被称为"帐簿"，或单称"帐"或"簿"。常见的账簿是蓝布封面、粘贴红色标签，用墨笔写上账簿类别如"流水帐""誊清帐"等。但民间的账簿名称并不统一，而且为了讨吉利，往往会用吉祥用语暗示账簿性质，如用"万金宝账"代表记录股东入股资本的账簿，用"一本万利"代表进货账，用"利市大吉"代表门市销售账，用"利达三江"或"万商云集"代表应收款账，用"源远流长"代表应付款账，用"谊结金兰"代表往来账，用"本固枝荣"或"根深叶茂"代表年终决算等。相应地，会计辅助记录也是如此，如用"光前裕后"代表存货盘点记录，用"万象回春"代表呆滞报损记录，用"堆金积玉"或"日积月累"代表利润盈亏记录等。

进入民国后，随着西式会计的引进和中式会计的改良，西式账簿逐渐取代中式账簿，但"帐簿"这一名称一直在用。20 世纪 30 年代，俄文中既有"簿记"也有"会计"的名词；30 年代后，因为把会计仅仅当作经济核算的一个组成部分，所以又出现了"簿记核算"一词。苏联对民国的影响很大，所以传入中国时便照搬照抄为簿记核算。

新中国成立后，仍然是"簿记"与"会计"混用，认为两者相差不大。究其原因在于，当时的会计也确实主要就是记账和算账。20世纪80年代初，由于拓宽了对会计职能作用的认识，所以开始逐渐恢复簿记的概念和本来面目，把它仅仅框定为会计工作中事后记账、算账的那种基础工作。

直到20世纪80年代，中国的一些财经院校中依然设有"簿记"（而不是更常见的"会计"）专业，就是试图表明该专业毕业生侧重于对用人单位的实用性。80年代末，本书作者代表某局去招聘会计，其中就有一名是刚从"簿记"专业毕业的。

中国会计起源于西周

在中国，"会计"一词最早出现在什么时候，历史上有起源于夏代、西周、战国三种说法，但实际上，应该是起源于西周。

说会计起源于夏代，依据的是《史记》（卷二·夏本纪第二）中的这样一句话："自虞、夏时，贡赋备矣。或言禹会诸侯江南，计功而崩，因葬焉，命曰会稽。会稽者，会计也。"意思是说，从虞舜、夏禹时代开始，进贡纳赋的规定就已经完备了。有人说禹在江南会见诸侯（召开全国乃至全球第一次会计审计工作会议），计算贡赋、考评业绩、计功加爵（用今天的话来说就是考核绩效、兑现奖惩）。他因为是在考核诸侯功绩时死的，就葬在那里了，所以把埋葬禹的茅山改名为会稽山。会稽，就是会计（会合考核）的意思。

而实际情况是，公元前2072年，在外治水13年"三过家门而不入"的治水英雄禹，做了夏代开国皇帝后，建立起了国家税赋制度，所以，按理说当时就应该有经济记录和核算了，开始有"政府会计"了。禹把中国分为九州，从此就有了"天下九州"和"神州中华"的说法。今天的浙江省绍兴一带，是当时越国的战略要地，而那里的茅山（又称"苗山""亩山"等）是古代九大名山之一，所以禹经常去那里进行视察。要知道，他一生中的另外

第1章
会计思想：吾将上下而求索

三件大事("封禅""娶亲""计功")就都发生在那里。

公元前2062年，他在茅山会见各诸侯，考核他们的治水功绩和缴纳贡赋情况(史称"会稽")。会后，他在狩猎时不幸病逝。九州诸侯们于是一致决定把他就葬在茅山，并将茅山更名为"会稽山"，直到现在。

容易看出，这里的"会稽者，会计也"，实际上相当于今天"年终总结、当面(会)考核(稽)"的意思。上面提到，夏代时已经确立贡赋征收制度，由此推测当时就已经出现管理财政收入的会计合情合理。夏代设有"百官"制度，其中监督奴隶耕作的小吏"啬夫"就兼任会计核算的职责，但当时还不一定有"会计"这名词。司马迁写《史记》是很严谨的，就连他也不敢确认，所以才会说"或言"(有人说，不能肯定)。

说会计起源于战国时代，依据的是《孟子·万章句下》中的这样一句话："孔子尝为委吏矣，曰：会计当而已矣。尝为乘田矣，曰：牛羊茁壮长而已矣。"意思是说：孔子曾经做过管理仓库的小吏，说，出入的账目清楚了；又曾经做过管理牲畜的小吏，说，牛羊长得都很壮实。

历史上虽然对"会计当而已矣"这句话有各种解释，但是在《四库全书》中，这句话的15处解释内容基本一致，那就是"出入的账目清楚"，体现的是孔子对工作认真负责的态度。用今天的话来说就是，孔子认为要做好会计工作，就要对资料的真实性、完整性尽到责任。当：清楚也。

从当时的情形看，孔子是在19岁娶了妻子宋人亓官氏、结婚生子后找的第一份工作。他说："吾少也贱，故多能鄙事。君子多乎哉，不多也。"意思是说，我年轻时家庭困难，所以干过许多粗活。生活富足的贵族会像我这种穷小子那样学到这么多技艺吗？不会的。

孔子在鲁国大贵族季孙氏家里当"委吏"(相当于今天的"粮库保管员")，这份工作看起来容易，其实要做好并不简单。要知道，他的前任就是因手脚不干净嫌疑被辞退的。难能可贵的是，孔子尽职尽力去做了，也就没什么理由会做不好。

当时的孔子作为非会计科班出身，担任委吏只是一种兼职。用今天的话来说，相当于一个"年轻的小会计"，说不定还是"兼职""实习生"；只因为他曾经被传授过包括"数"在内的六艺,与数字打交道比别人多一些,才被叫去记记算算的,所以彼"会计"非此"会计"也。

据《周礼·天官·小宰》记载,当时委吏的工作职责主要是每天按照财物类别进行登记,以便每月考核、年终上报;粮库保管仅仅是粮库管理的一种,虽然也要记记账,但还不能等同于会计(当时的会计职业还没有独立出来),而是什么都要做的。

而孔子当时的登记,并不需要写,实际上是用刀在青竹片上刻字。那时候,一支竹简一般只刻写一列,少则七八个字,多则二三十个字,只记录一笔收支业务,相当于今天的一张会计凭证。遇到复杂的业务,最多刻写两支竹简,相当于今天的连号凭证。但与过去相比,这种方式已经简便得多了。从孟子引用"会计当而已矣"这句话的情景看,其用意是更多地强调年轻人踏上社会后要"先就业,再创业",先找一份工作认认真真地做起来,在其位谋其政,尽心尽力去把它做好,孔子就是他们的榜样。[①]

所以,如果你看到现在有许多文章在介绍"会计当而已矣"时说,其意思是表示会计核算要"恰当""平衡""真实""准确"等会计本质属性,甚至引申为类似于今天我们所说的会计的"真实性""客观性"原则,实在是过于拔高了。由此认定孔子是会计的老祖宗,也实在是认错了祖宗。因为孔子所说的"会计"根本就不是我们今天所说的会计的含义,而仅仅是指"出入的账目",所以不能说是孔子最早提出了"会计"的概念,因为当时"会"字的意思还是"合"。

说会计起源于西周,依据的是西周中后期农业、手工业生产和商业得到了极大的发展,金属货币使用范围也扩大了,更重要的是这时候才出现"计"字。而在此之前,既没有"会"字,也没见"会""计"两字连用过;用来表达开会、集会、相会以及事物数量增加的都是"合"字。

所以,无论是从社会背景、文字的出现还是从会计含义的形成看,会

[①] 刘常青:《孔子"会计当而已"思想及其研究成果的财产评估》,《贵州财经学院学报》2009年第5期(总第142期),第45~50页。

第1章
会计思想：吾将上下而求索

计的概念都应该是西周才有的。说起源于夏代证据不足（缺乏文字考证）；说起源于战国，《孟子》成书于战国，但孔子是春秋人，这本身就自相矛盾。而到了西周，当时的青铜器铭文上已经出现"會"和"計"这种形状的字体，并且含义也基本定型——"會"上面是个"合"，下面是个"曾"。"曾"在古代是"增"的通借字（例如"曾祖父"就是比祖父更"增"一辈），所以"會"有增加、聚合、汇总之意。从这个角度看，"会计"就是"合计"。再来看"計"。它的偏旁是"言"，古人称直说为"言"、难言为"语"，所以这个偏旁有"直说不妨""务必准确"之意。为什么要务必准确呢？因为当时食物奇缺，你瞒报了，饿肚子的人就更多了，人吃人现象就会更严重，所以绝不允许瞒报、少报。右边的"十"字，是古人把自己所住的地方称为"中央"、周围称为"四方"，"十"由"一"和"丨"组成，分别代表东西和南北方向。那时候出去狩猎、采集，首领会派人从四面八方分四路散开，收工时再按原路返回，如实上缴收获并统一分配，这就是"十"的含义。而各分队向首领口头汇报收获都要用语音来表达，这就是"言"旁的来历。两字合一，就构成了"正确计算"的意思。

关于这一点，东汉文学家许慎在《说文解字》中就已经对"计"说得很清楚了。而清代数学家焦循针对西周时人们对"会计"概念的认识指出："零星算之为计，总合算之为会。"

另外，还能为西周才出现"会计"一词佐证的是，从周代开始才有独立的会计官职来掌管赋税收入、钱银支出等。并且，古代最早记载包含经济核算含义的"會計"一词的文章或图书便是西周的《周礼·天官》和《六韬》中的"計會"。

在现有古文字材料中，"會"字最早出现在商代甲骨文，"計"字最早出现在东周。汉代之前有时称"會計"，有时称"計會"。前者侧重于总合计算，认为总合算是关键，零星算是基础，如《管子·四时》中的"效会计，毋发山川之藏"；后者更强调零星计算，认为零星算是关键，总合算是后续，如《六韬·龙韬·王翼》中的"法算二人，主计会三军营垒、粮食、财用出入"。到了汉代之后，"會計"一词才成为固定的单一用法，原因在于渐渐认识到了管理中总合计算更重要。

汉末，由于受草书的影响，"會"字率先简写为"会"、"計"字简写为"计"，但仅限于非官方文件。"会计"简写正式出现在官方书面语中，距今还不到70年历史。1935年8月21日，为扫除文盲，中华民国教育部公布《第一批简体字表》，其中明令以简体"会"字代替繁体"會"字，"計"字不改（因涉及"言"旁的汉字太多了），但因存在争议，该方案于1936年2月5日"暂缓推行"。1956年1月31日，国务院公布《汉字简化方案》，其中规定"会"是规范用字，"計"改成"计"需试用（1964年3月7日颁布《简化字总表》后，"计"字正式成为规范用字）。

可以说，"会计"一词出现在西周，与会计是人类社会发展到一定阶段的产物是吻合的，体现了会计在管理经济中发挥的重要作用。从此以后，会计就从国家职能的附属部分中分离出来，成为一个独立的部门；同时，也是中国古代会计理论从西周发端的一种表现，理当是中国在会计发展史上的一大贡献；从那时候开始，以"入""出"作为记账符号就一直贯穿于两千年的封建社会。之后，会计在中国就一直称为"会计"（实质是簿记），而在西方则经历过从 bookkeeping 到 accounting 的发展过程。

西方会计起源于伊朗

在西方，伊朗人一直认为"会计"一词是伊朗发明的，理由是会计的基础是数学，而伊朗学者穆罕默德·穆萨·克哈拉兹密（公元前850—公元前780）是"数学之父"。他所处时代与中国西周同期，从小就钻研伊朗的古印度[1]数学，并通过他撰写的《印度方法之后的加与减》一书，把古印度数学引入伊斯兰世界，后来还写过一本《简明算术：求全法与平差》。所

---

[1] 世界四大文明古国古巴比伦、古埃及、古印度、中国，分别对应着世界四大古文明发源地。今天的埃及与古埃及、印度与古印度是完全不同的地域概念，古巴比伦更是不复存在，它们的灭绝时间距今均已超过2 000年；只有中国从来没有中断过古代文明，所以也就根本不存在"古中国"一说。

以,伊朗人相信,既然他们有如此之高的数学水平,那他们的会计水平也应当是当时世界上的最高水平,否则说不过去呀。

确实,早在公元前41世纪左右,在今天伊朗的邻国伊拉克境内、当时名叫巴比伦和尼尼微的这两座城市就是著名的商业中心,并且留下了世界上最早的商业文书。那时候的巴比伦人非常重视会计,还以立法形式确定,以"受托责任账户"来明确委托人与被委托人之间的契约关系,活跃着一批相当于今天"会计师"身份的记账人员。

考古发现,砖书上记载有公元前11世纪之前的一家"埃古贝尔兄弟商店",埃古贝尔兄弟既从事贸易也经营银钱,还接受宫廷财政委托,为国库征收地租、什一税和公路使用费,并且具有较高的记账水平,所以他们留下的账簿记录已十分复杂。而在新巴比伦王国时期的尼普尔城,一家名叫"穆拉苏兄弟商店"的经营范围更大,除了贸易业务已经延伸到批发领域,还经营矿业和房产,所以它的账簿记录和财产清单更为复杂;并且记账人员还不止一人,是由多人分工合作来完成的。

当时,在古埃及的纸草上登记的账簿虽然还是流水账,但已经具有比较统一的登记规则,并且有了"定额账"和"收入明细账"的编制,这表明他们已经知道了"总账""主要账""辅助账"之间的区别。在公元前1450年至公元前1200年的古希腊迈锡尼时代,流水账虽然是记在泥板上的,但记录相当有规则。古希腊早期的"银行"账簿设置就更为完善,并且已经有了借方科目和贷方科目的列示,这说明当时的希腊会计同样处于世界领先的水平。

公元前6世纪末至公元前1世纪下半叶的古罗马共和制时代,官厅会计中"备忘录""日记账""总账"三者设置已比较完备,并且转记关系也有相对明确的规定;而这一时期的民间账簿设置更为先进,如放高利贷者除了这三者之外还有"往来账""现金日记账",每个客户一张账页,分成借贷两方,并可作为呈堂证供。关于这一点,在世界文明古国中都是具有共性的,那就是商业账簿在账簿设置中处于领先地位,并且对后来的复式记账产生过重要影响。

到了公元前四五百年的古希腊时期,在当时规模最大、最文明的城市雅典,最兴盛的业务是高利贷性质的货币买卖,从而也带动起了土地抵押、房产抵押、船舶抵押业务的开展。名目繁多的转账、计息和费用清算,培养出了世界上最早一批旧式金融行业的"会计师",正式奠定了日后地中海国家会计师职业发展的历史基础。

相较而言,到了公元前11世纪之后的原始社会末期,中国和印加才出现结绳计量、记录的方法。这种结绳计量,说穿了就是在几根不同的绳子上分别打结,每根绳子表示一种经济活动,并且会用不同的结来表示不同的数字,这比几万年之前的结绳记事有了质的进步。

就好比说,结绳记事只是一种定性方法,而结绳计量既有定性也有定量,这就更加科学、更加准确了,为原始会计打下了基础,并且这就应该看作会计的起源。因为这种结绳计量已经体现出今天会计账簿记录的原理,能够从中看到会计账簿的几个要素如记录对象、数量、(数量)变化和结果;具有明确的数字与事物之间的对应关系,并且有具体的计算方法、过程和结果;同时,还是文字创造方法"六书"中"指事""会意"两种方法的具体运用。如果再引申开来,其中还体现了统计的起源。

另外就是,由于这时候是刻记计量和结绳计量并存,所以实际上已经体现为一种象形文字了,具有了经济类"书契"的基本特征。这种书契不再像简单刻记一样非得刻在岩石上,而是可以刻记在能够移动的陶盆、甲骨上,这样就更便于对这些记录载体进行收藏和保管。换句话说,这就为保管这些"会计凭证和账簿"及其系统化创造了便利条件。

回过头来继续看伊朗。到了10世纪,也就是差不多在中国五代十国时期,由穆罕默德·阿卜凡飞·波茨加尼撰写的《簿记员与商人账户精义》一书,成为伊朗国内第一部实务性会计指南。正是在此基础上,伊朗会计对这些具体的会计方法作出了进一步的规定,并且在实践中加以运用。11世纪,伊朗逐渐形成有关审计师与官厅会计人员的职业规范与道德守则,并汇编成册,从而把会计发展推向一个新阶段。

世界上最早的原始凭证

世界上最早的会计原始凭证是书契。

书契是指古代一种正面写字、侧面刻齿以便验对的竹(木)质券契。书契的"书"是指在简牍正面写字,"契"是指在简牍侧面刻齿。

与黏土标志相比,书契当然又进了一大步。在纸张发明之前,书写的主要载体是简牍,所以,书契在当时人们的经济生活中司空见惯。在重要场合如粮钱物出入、执行边防任务进出关口时,就常常要出示书契。

虽然当时并没有规定书契只能记录会计事项,但事实上,古人最重要的书契记录,除了关卡通行证,就都与经济有关了,尤其是粮、钱、物的出入。从这个角度看,说书契是最早的会计凭证是很好理解的。

《易·系辞传下》中记载:"上古结绳而治,后世圣人易之以书契。百官以治,万民以察。"意思是说,上古时代没有文字,所以人们只好结绳记事、治理天下。后来,有杰出的人物发明了文字(人们就不用再结绳记事了,而是可以用写字来代替;不过那时候并没有纸张,所以这些文字是用刀刻在陶器或龟甲兽骨上的),从此官员们就用文字来治理政事,百姓们用文字来知晓事理。

需要提醒的是,书契的本义是"书两札,刻其侧"。意思是说,在两件简牍上都写上字,双方各执其一;然后,把两者并在一起,在一侧刻上一定数量的齿,以便日后进行验对,作用相当于今天的骑缝盖章。

关于这一点,《周礼·质人》中写得很清楚:"质人掌成市之货贿、人民、牛马、兵器、珍异。凡卖儥(买)者质剂焉:大市以质,小市以剂。掌稽市之书契,同其度量,壹其淳制,巡而考之。犯禁者举而罚之。凡治质剂者,国中一旬,郊二旬,野三旬,都三月,邦国期。期内听,期外不听。"意思是说,质人(经纪人、市场管理员)掌管和评定市场上的货物、奴婢、牛马、兵器、珍异之物的价格,凡是从事买卖的都要授予质剂(做凭证):大(成人、成年牲畜)买卖用质做凭证,小(小孩、幼年牲畜)买卖用剂做凭证。掌管考察市场上交易的书契，统一度量标准，统一布匹的幅宽和匹长，巡行检查。如果有违犯规定的，就要没收货物并处以罚款。凡是处理有关券契的诉讼（期限），规定为都城中 10 天、远郊 20 天、远郊之外 30 天、小都大都 3 个月、诸侯国 1 年。在约定的诉讼期内（前来投诉）就受理，过期就不再受理了。

公元前 11 世纪左右，在今山东省济南市龙山街道出土的黑陶片上就留下过这样的刻画符号，这些符号由原始汉字构成，属于中国最早出现的书契形态，只是它还不能说是真正的书契，因为它不是刻写在竹木简上的。

考古证明，这是一则关于捕鱼的记录，一共有 9 个字，其内容是"齐人网获六鱼一小龟"。从会计记录角度看，这则记录非常简单明了：记录主体是"齐人"（当时当地属于谭国，是齐国的附属国，所以这里的齐人实际上是当地人谭人[①]），捕鱼方式用的是"网"，收入性质是"获"，实物单位是"鱼"和"龟"，数量分别是"六"和"一"。

可以说，这是中国史前保留下来的最为完整的一项考古实证记录，世界上绝无仅有；并且，这正好能够说明那时候的会计记录已经进入了书契阶段，比结绳记事前进了一大步。[②]

历史上，书契这种会计记录规则与方法直接影响到了夏代；但汉代之后就不用了，因为东汉时已经纸、简并用了。虽然目前还没有发现任何留存下来的竹木书契实物，但这在历史记载中是言之凿凿的；最大的原因可能是竹木简牍容易腐朽，根本无法保存到现在。

书契在汉代时称为"符券"。甘肃省敦煌市酥油土汉代烽燧遗址出土的一件木质符券长 14.5 厘米、宽 1.2 厘米，正面写的是"平望青堆燧警候符左券齿百"。下端穿孔中有一条黄绢绳，作用主要是便于佩带。这件警

---

① 张书学、宁荫堂：《神秘古国——谭国》，章丘网，2011 年 8 月 17 日。
② 郭道扬：《〈中国原始计量记录时代与夏代会计传演对接研究〉导读》，《会计最新动态》2014 年第 32 期（总第 232 期），第 17 页。

候符的上端右侧有一刻齿,齿的缺口中有一个"百"字的左半个。①

容易看出,只要把这张券(左券)与另一张券(右券)即古代文献中经常提到的"左契""右契"的刻齿对上,并且上端缺口中的"百"字两半也能密合,这样的双重保险就能充分验证持符者的真实身份。就像过去地下工作者联络时对暗号,以及现在网上交易时手机短信发送验证码一样,假冒者是怎么也对不上的。

从考古发现看,古代的各种书契上刻的主要是数字,最多的是用来表示债务数额。不用说,数字是经济事项中最重要的元素。就这样,记录经济事项后来慢慢地形成一种特定的职业,那当然就是会计了。

留存至今的第一张账单

目前发现的世界上最早的账单,原本藏匿在古巴比伦(今伊拉克)的齐古拉特祭祀塔。

齐古拉特(Ziggurat,意为"天堂之家")创建于公元前18世纪,约公元前7世纪重建,是当时世界上最高、最宏伟的建筑之一。而这份世界上最早的账单上的计数符号,虽然既有文字又有数码,却贯穿着数字的演算和计量关系,含有"＋－×÷"之义。由此推断,当时古巴比伦的经济活动已经发展到了一定的高度,因为数学起源于经济动机。

顺便一提的是,历史上发现的最早的文献都是账单;直到公元前30世纪后,才出现账单、契约和符号表以外的文献。由此可见,最早的符号和文字记录包括从结绳记事开始,都是围绕经济活动来展开的。

事实上,在原始社会末期,父权制取代母权制之后,一夫一妻制和私人占有财产关系就开始明朗化,耕地、住宅、生产工具等逐渐私有化并进入交换领域。早期子虚乌有的所谓"神",正是部落酋长或军事首领依仗权势虚构出来的化公为私的一大借口:为什么这些剩余物品和女人、奴隶

---

① 林沄:《说书契》,《吉林师范大学学报(人文社会科学版)》2003年2月第1期,第85页。

要归"我"而不是"你们"所有呢？因为这是"神的旨意"。就这样，原本剪不断理还乱的分配关系，在所谓神的旨意下，快刀斩乱麻似地轻松无比地就化为了私有，而且让别人哑口无言。

而上面提到的如此重要的账单，之所以存放在建筑物顶部的神龛里，除了妥善保管会计档案之意外，还有代表最高财产分配权力的"神的旨意"的意思。就像现在家庭中重要的账目和发票存根都要妥善保管在隐蔽之处一样，一般人根本就接触不到。

古代的账单有许多是结绳记事这一类。别说结绳记事无法表达复杂经济事项，要知道，从12世纪开始，南美洲印加帝国的结绳记事已发展到非常完美的地步。庞大的印加帝国在16世纪初达到鼎盛时期，那时候其结绳计量、记录方法和制度堪称世界之最：凡是需要用到会计、统计的地方，如土地界线和方位、战争投入兵力、刑法典章制度等，都用结绳来表示。

通常是，在固定的室内（这就相当于今天的会计部门了），在两根柱子之间牵着一根粗绳（相当于今天的账簿），然后从粗绳上悬挂各类绳索（称为主绳，相当于会计科目或分类账），再用不同颜色的细绳垂直地系在主绳上，黄色表示黄金、白色表示白银、绿色表示谷物、褐色表示马铃薯、红色表示兵力、黑色表示时间。依次排列，很有章法，甚至能看到后来用算盘表示数字那样的规律：单结表示10、双结表示20、重结表示100、双重结表示200，等等；在数位上，距离主绳最远的结为个位，其次为十位、百位等。遇到反映各类家畜数量用不同颜色的绳索来表示不够用时，干脆就用不看颜色、只看次序的普通绳索来计数：第一绳为牡牛、第二绳为牝牛，接下来依次为犊、羊，数量和家畜年龄等也全都用结绳来表示。

或许这在今人看来十分复杂，但当时肯定需要这样做才能分得清这么多种类的家畜，实际情况肯定比这还要复杂。

不过，如果能换位思考的话就能理解：现在的会计账簿和科目，对非会计人来说难道不显得异常复杂吗？对此，印加人早就想到了这一点，所以，当时每个单位都专门设有一种名为"结子官"的职位来传授"绳法"，这就有点相当于今天的会计辅导和培训了。

焚券市义与湘军报账

债据是会计上十分重要的原始凭证,不能轻易损毁。所以,历史上《战国策·齐策》里记载的"焚券市义"故事,历来是有争议的。

话说冯谖是战国四大公子之一田文(谥号孟尝君)门下的食客。有一次,齐相国田文贴出布告说,要招人替他到封邑薛城(今山东省枣庄市薛城区)收债,有人推荐了冯谖,他也爽快地答应了。出发前,他对田文说,债收回来了要买什么带回来吗?田文说,你自己看着办吧,你看看我缺什么就随便买些什么吧!

冯谖到了薛地后,叫官吏把那些欠债的人全都召集起来还债,结果只收到利息10万,其他人都还不出。冯谖等到把所有能够收到的欠债都收上来后,便用收到的这些钱买酒买肉招待所有欠债人,一边饮酒一边验对借条(书契)。当时的书契是刻写在竹木简牍上的,把放债款项、利率、双方签字等全部刻好后一剖为二,双方各执一片;收债、还债时两相核对,如果能严丝合缝,便能证明凭证不假。冯谖"假传圣旨"地对那些还不起债的人说,他来的时候田文告诉他,你们既然还不起债那就不用还了,说完就收回书契当众焚毁。那些穷人这时候感动的呀,连呼"万岁"!

冯谖的这一做法,实际上就相当于私自豁免了这些穷人的债务。从所有者角度看,他并没有这个权力,所以他只能假称是田文体恤穷人要他这样做的。他当众焚券的举措,客观上开创了财务活动公开、透明的先河。

冯谖回去后,田文问他都买了些什么回来?他回答买来了"义"。他解释说,你整天对外放高利贷,害得穷人都还不起;现在我替你烧掉了所有借据,人民都高呼你"万岁",这就是替你收买人心啊。田文虽然很不开心,但木已成舟也没办法,于是气呼呼地说,你别说了,一边凉快去吧!

一年后,齐湣王感觉到来自田文功高盖主的威胁,随便找了个理由就要让田文挂印退隐。没办法，田文只好返回自己的封邑薛城。可是没想到，就在他离薛城还有百里之时，老百姓就早已扶老携幼地在路旁夹道欢迎他归来了。他这时才算真正理解了冯谖的做法。

冯谖之后，从秦代开始才有正式的私人印鉴，并广泛应用于中式会计。而东汉造纸术发明后，因为印鉴可以盖在纸上了，所以开始在官厅会计中得到普遍应用，明清时期则广泛使用在票号和钱庄中了。

焚券市义这样的例子在历史上非常少见；相反，更多的是"深入挖掘"各种票据、伪造原始凭证入账，这在今天依然经常发生。

19世纪中叶太平天国运动时期，湘军统帅曾国藩历时10年打败太平天国。就在手下纷纷弹冠相庆时，他却忧心忡忡起来。因为仗虽然打赢了，可是接下来要报销这多达数千万两白银的军费开支就难了。清代原本实行中央集权式财政，收入分为"起运"与"存留"两部分；可是战乱期间却推出了财政改革，把财权和兵权都下放给地方，实际上是实行包干制度。而这样一来，曾国藩每年就都要向中央上报收支情况（称为"奏销"），这一制度十分严格，一旦发现造假行为将会受到严厉惩处。

曾国藩太清楚了，战乱期间物价飞涨，里面夹杂着许多假账，奏销这一关肯定通不过。于是他行贿户部郎中王文韶，王文韶联合兼管户部的大学士倭仁紧急请示恭亲王，建议免除曾国藩等将帅的奏销。最后，连夜起草文件，天亮之前紧急求见两宫太后，得到批准后立刻宣布进行"奏销改革"，一早就把圣旨用八百里加急发往江南，这才让曾国藩化险为夷。[①]而这一招，实际上与焚券市义也有异曲同工之妙。

会计报告源自郡国进贡

会计报告也称财务会计报告、财务报告，是指企业对外提供的反映企业某一特定日期财务状况和某一会计期间经营成果、现金流量的文件。

[①] 雪珥：《湘军报账》，《财会信报》2012年12月20日。

第 1 章
会计思想：吾将上下而求索

会计报告的主体是会计报表；此外，还有会计报表附注和财务情况说明书。当然，这只是现在的说法，早期的会计报告都是用文字来进行叙述的。

从会计发展史看，会计报告是西汉时配合郡国向朝廷进贡出现的。因为当时的商品经济不发达，剩余物质主要用来进贡和纳税，很少有到市场上去互通有无的，所以当时的会计记录和报告也主要是用于进贡，包括地方向中央进贡、郡国向朝廷进贡等。

对于郡国，每一次向朝廷进贡都是一件大事，所以总得首先要有一个"预算"，造个清单，甚至需要提前几年做准备，看看我郡国究竟能够进贡些什么稀世珍宝（包括人、财、物），并且又能控制在财力允许的范围内，讨朝廷喜欢。而朝廷呢，也总会根据每个郡国的"国情"，或明或暗、有的放矢地提出一些特殊的进贡要求。西汉时，郡国向朝廷进贡物品时呈报的财务收支簿（会计报告的雏形），被称为"上计簿"。

在今天的日常生活中，似乎也能看到这种影子。比如说中秋节快到了，两个子女要去看望父母，便会预先通个电话约好什么时间去、送些什么礼物（这样才供需匹配），然后全家一起吃顿团圆饭。而父母呢，也会直言相告，根据每个子女的家庭情况，表达自己的真实想法，既各取所需，又不浪费。例如，两个子女商量好每人给父母 1 000 元"过节费"。老母亲在电话里很可能会对条件较好的女儿说："钱你就不必送了，我们两人的退休金都用不完，你就带两瓶好酒、一条烟孝敬你老爸吧！"然后对条件稍差的儿子说："钱你就不必送了，现在这年头赚两个钱也不容易，你就带盒月饼过来吧，还是去年的那种苏式月饼。大家晚饭后一起在院子里赏月，每人吃块月饼就算是过节了。"

15 世纪开始，地中海沿岸经营活动的连续性引致了定期编制会计报告的需求；再加上企业寿命已经不仅超过一次特定商业冒险行为的期限，而且还超过企业股东个人的寿命。这时候，定期编制会计报告的必要性就凸显出来了。否则，股东们又怎么去了解企业经营状况、考核经营利润以及获取红利呢！不用说，税务部门和法律也会要求企业这么做。可以说,定期编制会计报告是进入近代会计与初步形成会计理论的前提。

例如,清代时查账主要就是查会计报告。康熙亲手缔造出一个太平盛世,却留下吏治腐败、国库亏空的严重后遗症。雍正登基之后仅仅一个月,就下达全面清查钱粮的命令,随后在全国开展了一项历时三年的、大规模的财政审计活动,查账簿、查报表,既整治腐败又充实国库。四大名著之一《红楼梦》中曹家的由富而贫,正是这项审计导致的直接结果。

当时,曹雪芹的父辈江宁织造曹頫因亏空库银被查处,1723年(雍正元年)给户部打报告,请求用三年时间将亏欠库银补上,得到准许。一年后,雍正派两江总督查弼纳等人"回头看",发现亏空依然巨大。曹頫一次次要求宽限赔付期限,都得到了雍正的准许,可是1727年勒索驿站钱财之事就不能再放过了,结果还牵带出暗中转移财物之事,最终迫使雍正新账旧账一起算,12月24日传旨抄家、没收所有财产。就这样,一个四次接驾帝王的兴盛家族以家破人亡为归宿,当年曹雪芹12岁。[①]

财政赤字源自朱出墨入

中国古代是没有财政预算的,至多只有一些暗箱操作的财政计划。

从会计发展史看,"预算"这一名词起源于英国,后来通过日本传入中国。1895年,清朝驻日公使王遵宪在他刊行的《日本国志》一书中最早是这样介绍西方预算制度的:"泰西理财之法,预计一岁之入,某物课税若干,一一普告于众,名曰预算。及其支用已毕,又计一岁支出,某项费若干,某款费若干,亦一一普告于众,名曰决算。其征敛有致,出纳有程,其支销各有实数,于预计之数无所增,于实用之数不能滥,取之于民,布之于民;既公且明,上下平信。"并且介绍说:"日本仿泰西治国之法,每岁出入,书之于表,表示于民。"

这种财政开支有预算、有决算,并且还要把政府预决算向社会公开的

---

① 《〈红楼梦〉背后的审计故事》,中华财会网,2014年1月15日。

做法,是中国传统财政根本不敢想象的事,所以在当时引发一阵轰动。尤其是驻英公使郭嵩焘认为,英国正是由于有这种先进的财政制度才会使得万众一心、国富民强,更是在知识分子中引起强烈反响。

要知道,在此之前,中国封建王朝一直实行的是秘密财政,政府收支数据和方向只有皇帝和高级大臣才知道。并且,秦始皇统一中国后财政就分为皇室财政和政府财政两大块,即使政府高级官员也可能只是略知皇室财政收支。皇帝拥有生死予夺的大权,谁又敢冒杀头的危险,去泄漏一丁点儿秘密或者怀着某种好奇心去打听皇家的"私人账本"呢!例如,宋代就规定,皇室财政管理者如果对外透露收支情况,一律砍头。

唐代,有的皇帝把政府财政全权交给太监管理,就连高官大臣也都蒙在鼓里。明代李自成打进皇宫后,一看皇帝小金库里有几千万两银子,这样的小金库就是那些高官大臣谁也不知道的。当时人们都有一种最朴素的想法:缴纳"皇粮""国税"是子民的义务,一旦缴上去后"皇帝(政府)"怎么用、够不够,就不用"我等百姓"操心了。[①]

鉴于国情,南北朝时期西魏的苏绰从公元前51世纪至公元前31世纪仰韶文化的朱墨两色花纹中得到启发,于536年(大统二年)左右发明了在记账、户籍中使用的"朱出墨入记账法",规定以朱记出、以墨记入,这就多少有点像今天用蓝色墨水记账、红色墨水冲账、红字更正的做法了。虽然会计电算化和电子发票实施后,红字冲销法已经用得很少了,划线更正法更是基本绝迹,但这一方法给后世会计记账带来的影响是巨大的,差不多流行了1 500年。

正是由此开始,今天耳熟能详的"赤字"概念如"财政赤字""预算赤字""赤字预算"等词语出现了。因为红色墨水专门记"出",而无论是"只出不进"还是"出大于进"就都意味着亏本;并且,这种赤字多用来描述财政计划,表示一个财政年度内支出大于收入的差额,证明这部分支出所形成的社会购买力并没有相应的社会产品做物质保证。所以,正确的财政

---

① 梁发芾:《预算公开百年梦》,《中国经营报》2010年3月1日。

原则应是"量入为出""略有赤字";除非发生战争、严重自然灾害等意外,导致财政收支严重失衡,一般不主张预算赤字;否则,为弥补财政赤字不得不增发纸币,就必定会造成通货膨胀。

后来,这一记账方法又演变为"红头文件"的做法。具体地说就是:朝廷(泛指上级)下发的文书用红色(朱标),下级上报的文书用黑色(墨标)。这种做法一直沿用了近1 500年,直到现在依然能看到其影子。只不过,现在的文件无论是下发还是上报全都采用大红标题、红色印章了,所以才称为"红头文件"。严格地说,红头文件程式也是苏绰发明的,并不是法律概念。

不过,这种朱出墨入记账法也有问题,那就是账面上红黑颜色夹杂,令人眼花缭乱,反而容易出错,这是导致古代中式账簿为什么会有那么多乱账、糊涂账的原因之一;当然,也不排除有人趁机故意使坏、中饱私囊。

明成祖的"一亩三分地"

人类早期的经济活动主要是农耕,具体地说是采集、狩猎和耕种,这些都属于"大农业"范畴,这也是为什么今天会在产业划分中把"农业"(包括林业、牧业、渔业等)列作"第一产业"的原因。

农业在各大产业中出现最早、资格最老,所以会计最早时就是为农业生产劳动和成果分配服务的。这也直接导致中国历史上一直重农抑商。商业出现后,会计受商业环境的影响更大,以至于几千年来会计在中国一直不受重视。

2001年7月,本书作者家乡的村民在取土时挖掘到多种玉器和大量的建筑遗迹,引来南京博物院在这里进行了历时15天的考证,随后将此地命名为"堰南遗址",距今约有5 000年历史。令这些考古学家们兴奋的是,这里首次挖掘到了比甲骨文还要早1 000多年的众多"山"字型符号,这些"山"字型符号正是良渚文化时期的某种刻记记事。如果说这"山"字型符号真的是表示今天"山"的含义的话,那很可能恰好说明了当时这里的富裕。《康熙字典》中对"山"的一种解释是："山，产也。产万物者也。"由此可以联想到，当时的经济记录也比较发达。因为经济孕育会计，会计从古到今一直伴随着人类的狩猎、捕鱼、采集、牧养、物物交换、商品经济等活动，来作为生产、分配、交换、消费的计量手段和依据。

话说"农本立国"使得中国人崇尚"衣食足"然后"知荣辱"。从周代到清代，皇帝每年都会亲自种地。当然，他们一般都是做做样子、点到为止。周代时，天子、诸侯都有自己的籍田，数量是"天子千亩、诸侯百亩"。用今天的话来说就是，这相当于他们的"责任田"。这些田地属于天子、诸侯，但同样需要由奴隶或农民进行耕种。春节过后、春耕之前，天子总会率领诸侯举行"亲耕礼"，以示自己重视农业，同时也是为了祈求农业丰收，然后才会开始大规模的春耕生产。

有道是"土地是财富之母"。依照官职大小每人享有一块面积不等的土地，官员们自然也就拥有了他们该有的财富等级和身价。即使是现在，如果你什么都没有，却拥有一块面积不小的土地，不要说所有权了，即使你拥有这块土地50年的使用权，那也是一笔巨额财富。

历史上，无论是汉代的汉文帝，还是唐代的唐太宗、唐玄宗，直到清代的雍正帝，都有亲自下地农耕的记录。尤其是雍正，不但在位13年里每年都要坚持耕作籍田，而且还颁诏，要求官府置籍田、设先农坛，恢复周代的那种行"耕籍礼"。清代260多年，一共祭祀先农坛240多次。皇帝耕种的粮食秋天收获后，会与平民百姓一样缴纳皇粮国税，然后再被藏入号称"天下第一仓"的先农坛神仓供祭祀之用。

今天耳熟能详的"一亩三分地"，最早就来自皇帝的籍田面积。那是1420年（明永乐十八年），明成祖朱棣按照南京旧制在北京天坛对面建先农坛，作为祭祀农神的场所。先农坛设有观耕台，作为皇帝检阅大臣们农耕的地方，表示皇帝是重视农业生产的；而观耕台南面的这块空地，就是大臣们耕作的农田，被称为"演耕田"，长11丈、宽4丈，折算成当时的面积便正好是"一亩三分"。从此以后，人们便用"一亩三分地"来形容自己的"小地盘"或"势力范围"。

历史上的九大会计学派

自从 1494 年"近代会计之父"卢卡·帕乔利的《数学大全》[①]创立会计理论研究以来,会计便开始成为一门系统性科学,并随之出现许多会计学派。这些学派不但都有自己的理论体系和代表人物,而且在历史上的不同阶段都产生过重大影响。只是由于社会发展阶段的局限性,其中大多数目前已"一声不吭"了。这里选择其中的九大学派作一简要回顾。

第一个会计学派是会计工具论学派。该学派重点强调会计的核算和管理作用,尤其是前者,认为会计主要是一种"核算工具"。这一观点 20 世纪五六十年代在苏联、东欧地区和中国十分流行,但这显然只是对会计职能最早也是最肤浅的认识,所以现在已经没人提它了。

第二个会计学派是会计艺术论学派。该学派重点强调会计的艺术性或技术性,认为由于会计师个人偏好不同,会导致他所采用的会计方法也与别人不同,从而出现不一样的核算结果。通俗地说就是,同一本账在两个不同的人手里所得到的结果可能会完全不同,却又都符合会计原则。这种观点从 19 世纪上半叶开始流行至今,但现在提的人已经很少了。

第三个会计学派是古典会计学派。该学派重点强调在会计研究中要采用归纳法,在计量模式上要坚持历史成本会计模式,在对业主权益的认识上要坚持"业主主权理论"和"企业主体理论"。这种观点 20 世纪上半叶曾经在会计学界占据主导地位。

第四个会计学派是规范会计学派。该学派重点强调要采用演绎法来确定"会计应当是什么、应当不是什么"(规范性理论)或者"现实是什么"(描述性理论),其中又可分为许多次级学派,如真实收益学派、决策有效性学派、事项会计学派等。这种观点在 20 世纪一度很流行。

---

① 原书名为 *Summa de Arithmetica*,*Geometria*,*Proportioni et Proportionalita*,潘序伦译为《数学大全》,也有人译成《算术、几何、比及比例概要》《算术、几何、比与比例大全》《算术、几何、比例总论》等。

第五个会计学派是经验会计学派。该学派重点强调要以客观事实为依据来检验会计假设,并由此产生了诸多分支学派,如实证会计学派、行为会计学派、证券市场研究学派、人对信息处理研究学派等。这种观点在20世纪同样具有很大影响力。

第六个会计学派是行为会计学派。该学派重点强调人类行为与会计的紧密关系,以及会计信息对个人和团体行为会产生什么样的影响。如前所述,这是20世纪50年代在经验会计学派基础上兴起的一门边缘学科。

第七个会计学派是实证会计学派。该学派重点强调会计理论的实用性,20世纪70年代开始从经验会计学派中分离出来,试图通过实证研究来解释和预测不同的人会选择什么样的会计准则以及为什么会这样做。它虽然适合所有会计领域,但重点瞄准的是会计报告。

第八个会计学派是会计信息系统论学派。该学派重点强调会计在本质上是一个信息系统,会计提供的是一种特殊门类的信息服务。它的某些观点与规范会计学派的分支决策有效性学派不谋而合。自20世纪50年代以来,该学派是世界会计学界影响最为深远的学术流派之一。

第九个会计学派是会计管理活动论学派。该学派重点强调会计的本质是管理,会计的概念本身就具有计算、记录、考察、监督等含义,所以会计一开始就是经济管理的重要组成部分。自20世纪50年代以来,该学派也是世界会计学界影响最为深远的学术流派之一。

1949 年以来的会计

1949 年新中国的成立开辟了一个新天地,从此社会、政治、经济环境发生了巨大的变化,同时也把会计发展推向新阶段。所以,本书在这里单独用一节来归纳一下这个时期发展至今的会计简史。

新中国成立以来,会计的发展可以从四个不同阶段的会计"流行语"上得到初步反映:

第一个阶段是 1949 年至 1977 年,称为"社会主义计划经济阶段"。

其中,1949 年至 1957 年的主流行语是"新中国会计"或"社会主义会计"。派生流行语之一是"收付记账法"与"借贷记账法"孰优孰劣;之二是过于强调会计的"阶级性"而非技术性;之三是认为会计对象是"社会主义再生产过程中的资金运动";之四是"工具论",认为会计不需要进行预测与决策;之五是会计职能"反映论"和"监督论";之六是大量颁布"统一会计制度";之七是根据不同生产规模实行不同的"行业会计制度"。

1958 年至 1965 年的主流行语是"会计制度",先是"大跃进时期"对会计制度的"大破大立";然后是"三年调整时期"所进行的会计整顿与改革,在一定程度上恢复和建立健全了企业会计制度。派生流行语之一是"会计制度放权";之二是"简化会计制度";之三是 1958 年一味要求简化乃至废弃会计制度所出现的"以单代账""以表代账""无人出纳""无人发工资"的"无账会计";之四是 1958 年秋季开始的"整顿会计制度";之五是 1961 年冬季开始的"恢复会计制度";之六是 1965 年冬季开始的"重建会计制度"。

1966 年至 1977 年的主流行语也是"会计制度"。派生流行语之一是"文化大革命"初期以阶级斗争取代会计而导致的"废除会计制度",当时提出的口号是"要算政治账,不要算经济账""三年不算账,钱也跑不到外国去";之二是 1966 年商业部门开始推行的"增减记账法";之三是 1970 年冬季开始的"整合会计制度"。

第二个阶段是 1978 年至 1991 年,称为"中国特色社会主义时期"。

其中,1978 年至 1988 年的主流行语是"重建会计体系"。派生流行语之一是 1978 年 9 月开始的"恢复会计制度";之二是以 1978 年葛家澍《必须替借贷记账法恢复名誉》一文为标志的、在会计界打响拨乱反正第一枪的"借贷记账法",以及会计的"阶级性""技术性",认同记账方法无阶级性,并在商业系统之外基本恢复借贷记账法;之三是推翻会计工具论之后的"管理活动论与信息系统论";之四是 20 世纪 80 年代初对会计的"反映、监督和参与决策"职能的重新认识;之五是会计对象是"资金运动"的主流观点;之六是 80 年代后期西方会计对中国产生影响后的"会计六要素",即用"资产、负债、所有者权益、收入、费用(成本)和利润"六要素来代替会计对象;之七是 1985 年施行的《会计法》;之八是"中国会计特色"。

1989 年至 1991 年的主流行语是"会计国际接轨"。派生流行语之一是"会计准则";之二是"引进西方会计理论"。

第三个阶段是 1992 年至 2016 年,主流行语是"中国会计国际趋同"。

其中,1992 年至 2001 年的主流行语是"市场经济会计模式"。派生流行语之一是"两则+两制",即彻底结束过去实行了 40 多年的计划经济会计模式,陆续发布了会计准则、财务通则、13 个行业会计制度、10 个行业财务制度;之二是 1993 年 12 月 29 日、1999 年 10 月 31 日分别修正或修订《会计法》;之三是 1998 年 1 月 1 日起施行的"预算会计体系",行政单位会计与事业单位会计相分离;之四是"资本市场会计";之五是"实证会计研究";之六是"会计信息质量";之七是"不做假账"和"会计诚信";之八是"独立审计准则";之九是"内部会计控制规范";之十是"企业财务会计报告条例";之十一是"企业会计制度"。

2002 年至 2005 年的主流行语是"会计国际化"。派生流行语之一是 2005 年末开始的"会计准则国际趋同";之二是 2005 年末开始的"审计准则国际趋同";之三是"内部控制体系";之四是"小企业等新会计制度体系";之五是"财务会计概念框架";之六是"新领域会计",如环境会计、人力资源会计、网络会计、社会责任会计、资源会计、无形资产会计、反倾销会计、企业核心竞争力会计等。

2006 年至 2016 年的主流行语是"新的企业会计准则"。派生流行语之一是"会计准则的实质趋同与持续全面趋同";之二是"特殊审计、双重审计叫停";之三是"中欧会计准则、内地与香港会计审计准则等效";之四是"会计准则大规模修订";之五是"公允价值";之六是"企业内部控制规范";之七是"行政事业单位会计改革";之八是"会计从业资格证取消"。[1]

---

[1] 许家林、朱廷辉、李朝芳、杨孙蕾:《新中国六十年会计变迁——基于会计流行语的视角》,《财会通讯》2009 年第 10 期,第 6~14 页。

第四个阶段是2017年至今，主流行语是"会计信息化与人工智能"。

其中，2017年至2022年的主流行语是"区块链与财务机器人"。派生流行语之一是"会计信息化"；之二是"财务机器人及其解决方案"；之三是"区块链电子发票"；之四是"电子凭证与纸质凭证等效"；之五是2020年末的智能财务机器人"崔筱盼"；之六是"财务云"。

受托责任与阶级性

所谓受托责任，是指受托人在受托责任关系的基础上，以最大的善意、最经济有效的办法，最严格地按照当事人的意志来完成委托人所托付的任务。这种受托责任关系，既可以是普通的托付行为，也可以是通过聘请、任命或民主选举产生。

受托责任关系古今中外无处不在、无时不有。例如，政治家对选民负责，人民公仆对人民负责，职业经理人对董事会负责，董事会对股东负责等。这里涉及两个方面的当事人：一方是委托人，另一方是受托人或代理人。

会计的受托责任特性显而易见，唯独与阶级性无关。所谓阶级性，是指阶级社会中处于一定阶级的人的思想意识所共同具有的阶级特点，反映的是本阶级的特殊利益和要求。会计作为受托方，涉及的委托方形形色色，它们并不构成同一个阶级。然而，关于会计是否具有阶级性，新中国成立后有过长期而激烈的争论。

1951年1月，新中国成立后的第一份全国性会计月刊《新会计》创刊号上，发表了中国人民大学教授邢宗江、黄寿宸《怎样建立新中国会计理论基础》一文，认为会计具有强烈的阶级性，因为"社会性质决定会计的特点……资本主义会计理论是建立在资产阶级经济学的基础上，是适应并维护着资本主义经济制度的，它在屈从于资本主义的目的和利益的前提下，宣扬一套欺骗性的和麻醉性的会计理论，掩盖资本主义下的剥削关系，遮蔽住会计的阶级性并散布单纯的技术观点""新中国的建立，标志着

第 1 章
会计思想：吾将上下而求索

一种性质完全不同的社会经济制度的形成，这就要求建立与资本主义会计完全不同的社会主义理论的基础"。

上述观点显然是吸收了列宁的观点。列宁认为，在社会主义条件下，核算和监督首先是为劳动者阶级服务的，是党的事业，会计具有阶级性和党性。[1] 会计核算和监督是最重要的管理职能，这是社会化劳动过程的本质所产生的。但是，核算和监督作为管理资本主义生产的职能，还有其特殊的性质，即核算具有剥削的职能。因为尽可能多地生产剩余价值，从而尽可能多地剥削工人的劳动，这是资本主义生产过程的既定目的。同时，追求企业主私人利益的资本主义核算，是掩盖个别企业活动结果的工具，也是保护商业秘密的工具，它永远不可能被提到全国和全民利益的高度。"监督的全部问题归根到底在于谁监督谁，就是说哪一个阶级是监督阶级，哪一个阶级是被监督阶级。"[2]

鉴于当时的政治形势，很少会有人公开发表不同意见。但国际书店总店会计师陶德看到 1950 年 8 月斯大林在苏联出版的《马克思主义和语言学问题》一书认为"语言没有阶级性"后，也在《新会计》1951 年第 4 期上发表了《〈怎样建立新中国会计理论基础〉读后》一文，认为"会计理论基本上是一种经过实际经验和长期研究所产生的有系统的会计知识，在本质上无所谓阶级性，它只是文字和数量相结合的应用技术"，意即会计作为商业语言也可"类推适用"、"无所谓阶级性"。

此论一出，立刻遭到全国性的大批判。接着，陈重丞在 1951 年第 8 期《新会计》上发表《会计学的科学与阶级属性》一文，认为会计具有"双重性"——其内核即其本身属于应用技术范畴，具有技术性；其外延属于社会科学范围，具有阶级性。这一观点同样遭到大批判，从而进一步推动起漫长而激烈的会计性质大讨论，直至 20 世纪 80 年代初达到高潮。

1952 年第 4 期《工业会计》杂志发表了正在中国人民大学援教的苏联专

---

[1] 谢万健:《百年回顾:本世纪我国会计界三次学术争论之二"记账方法"与"会计属性"的争论》,《财务与会计》1999 年第 7 期,第 45～46 页。

[2] 《列宁全集》第 26 卷,北京:人民出版社 1984 年版,第 332 页。

家马卡洛夫教授的《论会计核算的阶级性》一文,严厉驳斥"在中国某些知识分子中间,关于一些经济科学的阶级性问题直到现在还没有一个明确的概念。目前还散布着关于许多经济科学没有阶级性的这种论调,这是完全错误而又十分有害的论调。会计是一种有阶级性的科学,是永远执行着该社会统治阶级所赋予它的那种目的和任务的科学……苏联的经验就证实了这一点。在苏联,会计已逐渐取得了只为社会主义经济核算所特有的那种特殊的形式和技术"。

该文被称为"新中国会计界划时代的重要文献",因为它第一次在中国引入了"会计阶级性"的观点。文章发表后的 20 多年里,全国几乎所有会计刊物都会不时地发文批判会计的单纯技术观点,让那些认为会计没有阶级性、否定"算盘声里有枪响,账本里面有敌情"的人"大吃苦头"。

1956 年中苏关系恶化后,我国开始建立自己的会计理论体系,于是"双重性"观点从 20 世纪 60 年代起开始被大多数学者所接受。

"文化大革命"结束后,1978 年第 4 期《中国经济问题》上发表葛家澍的《必须替借贷记账法恢复名誉》一文,在会计界打响了拨乱反正的第一枪。文章认为,记账方法并无阶级性,给任何记账方法戴上"资本主义"或"社会主义"的帽子都是不恰当的。

会计的"双重性"观点于 20 世纪 80 年代开始占据主导地位,但具体表述有所改变,即从原来的"技术性和阶级性"变为"技术性和社会性"。会计的社会性是指会计作为一门科学,紧密地依存于特定的社会经济环境,会计方法和理论都是社会环境诸因素综合作用的结果;会计不属于上层建筑,所以不具备阶级性,把它作为阶级斗争工具更是无稽之谈。上述观点目前已被会计学界普遍接受。[①]

会计尚未实现世界大同

从世界范围看,会计大致上可以分为东方会计和西方会计两大流派。

---

① 谢万健:《百年回顾:本世纪我国会计界三次学术争论之二"记账方法"与"会计属性"的争论》,《财务与会计》1999 年第 7 期,第 45~46 页。

第 1 章
会计思想：吾将上下而求索

其中，东方会计流派起源于以中国为代表的文明古国，在会计发展史上一度处于领先地位，直到 15 世纪；而西方会计流派直到资本主义萌芽之后才有，但后来者居上，尤其是在英国产业革命后开始超过前者，直到现在。

在西方会计流派中，又分为以英国、美国为代表的"英美派"，以及以德国、法国为代表的"大陆派"，它们相互推动西方会计的发展，并渗透至东方会计中。其中，将东西方会计融会贯通得最好的是日本。

总体来看，虽然世界各国会计都在朝国际化①、统一化方向发展，但现在要说世界大同还为时太早。不但一些小国家现在各行其是，即使在几个主要大国包括西方大国中，也很难做到不分你我。

例如俄罗斯，会计史上受德国的影响最大。自从 18 世纪彼得大帝将齐默尔曼（Zimmerman）任命为会计师以来，这一影响就一直存在，19 世纪时影响更大。1991 年苏联解体后，俄罗斯虽然两次推出全新会计准则，但其中只有 50% 左右与国际接轨。目前，其差异主要体现在以下五点：一是没有通货膨胀会计概念；二是经常不编制合并财务报表；三是没有关于特定资产减值会计核算的任何规定；四是没有具体的企业合并规则；五是没有涉及衍生金融工具、套期会计等。为什么会这样？是因为俄罗斯会计还停留在簿记阶段；会计报告的使用者主要是税务局，会计更多地偏向于税务而不是财务。

20 世纪 90 年代初以前，澳大利亚的会计思想和实务受英国影响较大，偏向于追随变革与对世界主流观点的认同，而实际改革举步维艰。直到现在，澳大利亚会计更多的是关注公司个别资产和负债信息，而不是整体估值；并且，过于强调僵硬的规则范式，在合理性方面解释得不够。

在中国，总体来看，由于古代一直实行保守的重农轻商和闭关自守政策，很少与海外国家发生联系，所以对会计发展并不重视，几千年来进步不大，春秋战国之前就更别提了，几乎可以忽略不计。即使是在号称古代学术黄金时期的春秋战国，除了孟子碰巧引用孔子所说的一句"会计当而已矣"之外，在会计知识方面的其他贡献几乎没有。甚至可以说，直到现在，社会

---

① 会计国际化与会计全球化的概念略有不同：前者更强调国家主权；后者更显平等，但缺少权威组织去协调这种平等。前者 2006 年前用得较多，之后基本用后一概念。

上对会计职业还多少存在着一种轻蔑的态度。当有人提到说某人是"会计"时，对方会很勉强地应一声"哦"，后面紧接着的很可能是潜台词"呵呵"两字，远没有像提到"老板"那样令人羡慕甚至眼睛发亮。在古装戏和电影中，每当出现账房先生的形象时，总是手拨算盘珠、脸上耷拉着一副深色眼镜，滑稽的圆镜片后面发出两柱绿色的光，连小孩子也知道这是"坏人"，是帮助老板欺诈穷人的，与国外对会计的重视差距不小。

20世纪上半叶，工业革命的迅速发展促使企业与企业之间、国家与国家之间展开激烈的竞争，并最终爆发了两次世界大战。这样的工业和经济竞争，归根结底是对企业效率和效益的追求。由此，也迫使会计从过去侧重于向股东和债权人报告财务状况的财务会计，向侧重于加强企业内部管理、提高企业内部效益的管理会计方向发展。而财务会计和管理会计两大分支的形成，正式标志着"现代会计"的产生。

进入21世纪后，现代会计正在向宏观会计发展。这主要表现在以下两方面：一是以企业微观会计为主的现代会计正在向微观社会会计与宏观社会会计相结合的宏观会计转变。微观社会会计仍然以企业为主体，用来计量和报告企业活动对社会影响的效果，又称企业社会会计或企业社会责任会计，简称社会会计；宏观社会会计则以整个国家为会计主体，核算和监督的对象是整个国民经济[①]，它是在现代会计基础上企业会计、基层单位会计等微观会计的发展和延伸。二是伴随着这种转变，会计核算与控制本身也在从静态向动态发展，提供的经济信息从重视对外向重视对内、从重视过去向重视未来、从单纯提供信息向能动地运用信息并参与决策转变，从而使得会计能够更好地同时驾驭过去、现在、未来三种时态。

展望未来，会计要想实现世界大同，发展趋势是在实现国际会计一体化基础上，向全面控制和宏观控制转变。这又可以分为两个方面：

从国际会计一体化角度看，在当今世界经济一体化浪潮下，会计作为商业语言，走上这一步是迟早的事。要知道，15世纪初之所以复式记账会在意

[①] 宏观社会会计也称国民经济核算体系，英文 A System of National Accounts，简称SNA。它从形式上看虽然借用了会计的传统方法，如设置账户、复式记账、编制报表、货币计量等，但其实采用更多的是统计的方法，所以在中国通常把它纳入统计体系。

大利出现并推广到全世界,正是"地理大发现"的结果。那么,在每个国家国情不同的情况下,怎样实现这种会计国际一体化呢？方向很可能是通过国际性组织或专门机构的协调,在承认国与国之间差别、国家化的同时,逐步消除彼此差异,提高一体化比重。但显而易见,这将会是一个长期的、复杂的、利益攸关的、非常缓慢的历史过程。

再从全面控制和宏观控制角度看,全面控制要侧重于把过去、现在和未来结合在一起,把事前、事中、事后结合在一起,把微观、中观、宏观结合在一起;宏观控制则要侧重于从宏观角度来解决企业的社会责任计量和反映问题。

第 2 章

会计方法：柳暗花明又一村

会计萌芽于结绳计数

那时候的原始人刚从"动物"那里进化过来，但已经比其他动物聪明了，标志之一在于会记录、总结和分析了。虽然在距今约 300 万年前至 1.5 万年前的漫长的旧石器时代，无论是狩猎还是采摘，收获大小主要是看气候、碰运气，但为了能够在收成好的时候剩下部分食物来以丰补歉，他们会在打到猎物后，在绳子上结个疙瘩，表示具体发生了某件事。在还没有出现文字时，他们只能用这种方式来记录收成、储存和分配。就这样，用"数"来反映人类日常活动的会计思想萌芽了。

到了 1.5 万年前至 5 000 年前的新石器时代，结绳记事开始向"会计化"方面前进了一大步。主要体现在能够将经济事项进行分类和计量了，比如打到了多少猎物及其品种、多少果子及其种类等。这是因为，新石器时代的狩猎工具和劳动工具更先进了，劳动成果的数量和种类也更多，需要做进一步的归类和统计。

具体方法是，在不同的绳子上系上不同的动植物样本以示区别。例

第2章
会计方法：柳暗花明又一村

如，在一条绳子上拴上狐狸耳朵，这时候这条绳子上所打的结就表示是有关狐狸的收获；而在另一根拴着兔子耳朵的绳子上所打的结，则表示是与兔子有关的收获。容易看出，这不同的绳子显然有点像今天的会计科目分类。别笑，如果发生在今天，你很可能会在会计账簿上这样做分录："原材料——狐狸""原材料——兔子"。就这样，会计的分类艺术出现了。

应该说，那时候的原始人也只能这样记账。一方面，当时的劳动成果数量极少，并且品种也简单，没有太多的食物剩余；另一方面，当时并没有出现货币，所以只能是实物记账。后来，随着劳动成果越来越多，劳动分工便越来越细。也就是说，这时候的原始人已经有精力和能力从事狩猎和采集之外的劳动了，用今天的话来说就是，已经开始从第一产业农业中分化出了第二产业工业和第三产业服务业。这样一来，那些从事狩猎和采集的人同样需要工艺品和休闲娱乐，而另一些从事非狩猎和非采集活动的人当然也需要填饱肚子，物物交换就出现了。请记住，当时还没有出现货币，所以只能是物物交换。但千万不要小看这一点，正是这种简单的物物交换，进一步提高了结绳计数（会计核算）的复杂程度。

计数技术相对复杂了，所以，从事这项业务的人就必须经过专门的学习和训练，于是最古老的"古代会计"即"兼职会计"出现了（当时的生产力发展水平还很低，所以还不具备设立"专职会计"的条件）。

总体来看，当时的会计记录主要侧重于"记录"而不是"核算"。这种记录千篇一律采用的是文字叙述法，即单式记账法；粗略地看，有点像今天我们所说的流水账。

今天我们所称的"利润"概念，也是在有实物剩余时才出现的。狩猎和采集的结果表现为"资产"，收获的数量就表现为资产的增加，消耗的数量表现为资产的减少，剩下的资产才是利润结余。

考古证实，至少在公元前61世纪至公元前11世纪期间，当时世界上最富有的古印度，其会计技艺和实践活动就已经非常发达并系统化了。他们经常会提到"土地""多产的""肥沃的土地""荒原""田地""共有财产""费用""劳工""无债""债务""买卖""钱币""黄金""白银""交换""价格"

"商人"等关键词,表明当时的经济记录已相当完备,否则不会留下这些名词。

刻符记事或记账

会计的历史起点,出现在从旧石器时代中晚期的简单刻记与直观绘图记事到中石器时代至新石器时代的刻符记事与抽象绘图记事那里。

从具体时间看,在距今 10 万年之前的旧石器时代早中期,一般只有直观的简单刻记;只有到了距今 10 万年至两三万年之前的旧石器时代中晚期,才出现过简单刻记与直观绘图记事并存的情形。直观绘图记事的图形线条比简单刻记要丰富得多,有的就像一幅精美的图画,无论是谁,一看就知道画(记)的是什么;只是,它还谈不上是象形文字,所以画这个是很费气力,也很费时间的,但不用说,它已经比简单刻记要进步不少。要知道,取得这些进步可不容易,每个"学期"都要上万年。

为什么这种直观绘图记事会出现在旧石器时代中晚期呢?因为当时随着剩余产品的出现,原始人的经济关系已经开始变得复杂起来,单靠头脑记忆和默算已经胜任不了了(当然,不要说那时候的笨脑袋了,即使今天智商极高的人恐怕也应付不过来),用简单的语音和手势来比划也无法胜任,所以必须想办法把它记下来,这就叫"好记性不如烂笔头"。

大约到了距今 1.5 万年至 5 000 年前的中石器时代至新石器时代,这种刻记计量记录得到了进一步的完善,内容更加丰富,数字表达也更为准确;尤其重要的是,符号开始慢慢统一了,这就向原始文字的出现前进了一大步。无论是在中国还是中东地区,曾经都挖掘到用绘图来计量、记录的黏土标志。比如,在公元前 31 世纪至公元前 11 世纪的中国新石器时代仰韶文化时期的人面鱼纹彩陶盆、远古时代中东地区原始人把不同农业收获的黏土标志刻上特殊符号来记录计量等,就都标志着刻记记事、绘画记事在向书契计量过渡。

刻画记事和直观绘图记绘在哪里呢?最简单的载体是石头、树木和

第 2 章
会计方法:柳暗花明又一村

骨头。石头和树木自不必说,原始人吃剩下的各种动物骨头包括人骨随处可见(他们或者被其他动物吃掉,或者吃各种动物包括生身父母),算是真正的废物利用。这样的资源可以说取之不尽、用之不竭。

甲骨文就是这样来的。在距今 3 000 多年前的商代,文字记录方式已很丰富。最常见的书写方式有笔墨书、契刻、铭铸;文字载体有甲骨、玉器、青铜器、陶器、石器、竹简、木牍、缯帛等。由于简牍和缯帛等载体容易腐烂,所以能够留存到今天的只是在其中占小部分的甲骨。甲骨上记录的通常是有关卜求(决疑、祈请)、决策等的"皇家档案",所以才会采用这种费时费力又昂贵的契刻方式。[①]

只不过,甲骨上记载的文字已经远远超越了简单的刻画记事阶段。在甲骨文之前,也就是我们今天旅游时在岩洞里能看到的那些非常逼真的岩画,其中就有许多属于这类记事。那可绝不是原始人吃饱了没事干在那里闹着玩,实在是他们想通过这种方式向后人表达些什么,没想到现在的人依然领会不了,这就不能怪他们了。其中,有相当一部分会涉及经济内容,尤其是会计。

例如,法国罗尔特人在他们居住的山洞内以捕获驯鹿为背景绘制的"鹿群泅水过河图"、西班牙阿尔塔米拉人在他们居住的山洞内绘制的"洞顶动物图"、中国内蒙古阴山地区的岩画等,这些今天被称为艺术品的刻画,当初的主要功能都是为了严肃地把某件事情认认真真记录下来,其中有相当一部分就涉及经济和计数、记事。

目前世界上发现最早的刻符记事实物,是在非洲乌干达与扎伊尔交界处的伊尚戈渔村发掘到的一根计数刻骨,考古学家称之为"伊尚戈骨头"(Ishango Bone)。这根骨头的神奇之处,不但在于它是公元前 86 世纪前的新石器时代早期留下的,更在于它的一端居然还镶嵌着一小块石英,并且上面有三排分别刻着代表数字 11、13、17、19、11、21、19、9、3、6、4、8、10、5、5、7 的线纹。虽然这些数字究竟表示什么意思,现代人还搞不

[①] 徐义华:《商代契刻卜辞于甲骨的动因》,《河南社会科学》2022 年第 1 期,第 14~22 页。

明白,但有一点是确定的,那就是:它肯定是对某件事物的数量记录;也就是说,与当时的会计记录有关。

另外,在法国南部奥瑞纳村(Aurignac)挖掘到的一根两三万年前的幼年狼的胫骨,长约18厘米,上面共有55道深深的刻痕,分上下两组,中间相隔一定的距离,并且被一根线条间隔开来。上面这组刻痕共有30道,下面是25道,是分两次刻上去的。考古学家们坚信,这些刻痕绝不是他们刻着玩的,很可能是用来记录猎物的数目。从今天的猜测看,这些刻痕中应当包含着会计凭证、科目、账簿的意思在内。

到了公元前4世纪左右的战国中后期韩襄王与厘王时期,这种刻符记事内容就更完整了,并且可以用文字(小篆体)叙述方式记得很清楚,从原来的原始凭证发展到了账簿形式。例如,1998年在河南省新郑市郑韩故地就出土了有45根牛骨的账簿,其中39根上有文字记载,记录了近40个人的借贷记录,详细记载了当时郑韩两国国库里存放的棉麻织物进出及储备情况,所有肋骨上都写着"缊"(乱麻)。[1] 这表明,这很可能是一本专用物资账,项目有物品编号、存放位置、人名、数量、纳入、支出、借贷、结余等(但不知道为什么没有"时间"),这就已经摆脱了商周以来的那种原始计量记录法。尤其值得一提的是,在这些从左至右排列、从上到下书写的文字中,居然有一列文字从上到下被拉了条竖粗线,表明这项记录已经被取消。[2] 这就有点像今天会计记录中的划线更正法了。

黏土标志会计法

黏土是指一种有黏性的土壤,沙粒成分少,所以水分不容易从中通过,具有较好的可塑性。黏土分布在世界各地,早在距今约1万年前的中

---

[1] 孟起:《郑韩故地出土墨书账簿释文补释》,复旦大学出土文献与古文字研究中心网,2015年1月9日。
[2] 蔡全法:《新郑郑韩故城出土战国牛肋骨墨书账簿考》,《华夏考古》2014年第4期,第72～84页。

第 2 章
会计方法:柳暗花明又一村

东地区,即现在的伊朗、伊拉克、以色列、黎巴嫩、土耳其、叙利亚一带,就流行以黏土标志来记事并运用于会计了。

这是一种介于刻符记事与绘图记事之间的方法。开始时,把一组黏土做成球形、圆盘体、三角体、长方体、圆柱体等,放在同一个黏土壳内。值得注意的是,往往是同一种类型的黏土才会放在同一个黏土壳内。也就是说,在这些原始人眼里,这一个个黏土就好比是一个个会计事项,同一个黏土壳就相当于今天的会计科目或账簿。这不仅会让人联想到我们今天家里逢年过节做团子、包饺子,往往也是把同一种馅的团子加上标志做成同一个形状,一看到这种形状就知道里面是什么馅心了。

但后来渐渐发现,捏成一个个黏土团时或许还知道这究竟代表的是什么,时间一长就会忘了。因为原始人要记录的经济事项相对较多,不像今天家里做团子、包饺子的馅最多只有三五种。怎么办?所以他们便改为在黏土团上刻上符号、绘画和造型,来帮助日后回忆。并且,黏土放入这一个个壳里后,上面还会加上封印,表示这组"会计档案"不能再随便打开了。不过,总有需要打开的时候,这样就会破坏封印;并且,这印记多了,后来者便无法搞清究竟哪儿跟哪儿,于是便出现了一些抽象的符号,如用一个简单的"·"来加以区别等。考古学家认为,这些抽象符号便是后来象形文字的先驱。就这样,黏土标志计量、记录经济活动的功能出现了。

考古学家通过对距今 1 万年至 5 000 年前的约 8 000 个黏土标志进行研究,认为其中可分为两大类:一类反映的经济事项比较简单;而另一类则相对复杂,在时间上填补了人类从刻符记事、绘图记事向书契记录时代的过渡。相对复杂在哪里呢? 就是这些黏土标志的形状更奇特,由此推断它所表现的会计事项也更复杂。例如,其形状有各种各样的器皿状、碗状、弯弯曲曲状等,刻画符号也更复杂,如出现了打点、穿孔、线绕等。

1929 年,在伊拉克境内考古发掘出的"库辛泥板",被称为世界上最早的账本。该泥板属于公元前 3400 年至公元前 3000 年的乌鲁克城

(Uruk,美索不达米亚①西南部苏美尔人的古城),内容是"37个月收到29 086单位②大麦,签收人库辛"。这里的"库辛"(Kushim)很可能是人名,也可能是官职。如果是人名,他就是人类历史上第一个留下姓名的人,并且记住,他是个负责仓库管理的"会计师"。

容易看出,这种特殊的黏土标志在记事和计数结合方面显示出了它的某种先进性,尤其是为保证会计资料准确性和真实性所做的封印,体现了责任认定和系统的会计方法,因而被后世誉为"黏土标志会计"。

考古证明,至少在距今1万年前的美索不达米亚,人类就已经在石头上用刮痕来记录事务往来和交换事项了。考古学家发现,公元前506年至公元前497年波斯波利斯(今伊朗境内)的城堡残片(防御工事)和国库碑上,已经记载着当时修建军事工程的档案和国库档案,以黏土标志的形式存放在一起。在伊朗南部苏萨(Susa)地区的埃兰文明中发现的岩石记述表明,当时(公元前31世纪)在伊朗海克海曼尼西亚—波斯波利斯帝国时期对会计记录的记载已经长达数千年。

针对这种当时在中东地区非常流行的会计核算方法,英国理查德·马特斯奇教授风趣地说:"会计其实是一门充满泥土气味的古老科学,是一门的的确确出生于地球上黏土或泥块家族的科学。"

官厅会计凭证的演进

会计凭证是会计核算的基本依据。尤其是在单式记账时代,会计记录的差错和遗漏很多,会计凭证对准确核算的影响作用更大。

从会计发展史看,中国官厅会计凭证的演进大致经历了以下三个阶段:

---

① 古希腊对"两河(幼发拉底河与底格里斯河)流域"的称谓,地理位置包括今天的伊拉克、伊朗、土耳其、叙利亚和科威特的一部分。苏美尔人是已知世界上最早使用文字的民族,主要成就有"将1小时分成60分钟、1分钟分成60秒""确定了今天星期的名称和7天1周的规定"等,被称为"人类文明的摇篮"。

② 考证认为,相当于今天的3 800蒲式耳,或83吨大麦。

第一个阶段是经济凭据阶段,时间跨度从夏代至春秋时期。

那个时候的社会生产力发展水平不高,所以会计记录仅仅是一种文字式的经济叙述,还没有把它们与账面记录联系在一起考虑。所以,这时候还不能称它们是会计凭证,只能说是经济凭据。虽然这些凭据已经分为收入和支出两大方面了,但由于当时都是刻记在竹木简牍上的,保存至今的尚未发现,所以,今天对夏、商时期的经济凭据缺乏有力佐证。

西周时期的经济凭据已能起到某些原始会计凭证的作用了,那时候的经济凭据(原始凭证)称为"法""式法""书契""官契""木榜"等(到了春秋时期,又出现了"券""券书"的称呼)。无论是征税还是财政开支、委托加工,都要有这些凭证为依据,这就比较严格了。

第二个阶段是原始凭证阶段,时间跨度从战国时期到鸦片战争前的清代。

战国在继承西周、春秋两代沿用经济凭据的基础上,已经对这些凭据与账簿登记之间的关系有了一些认识,于是开始把它从原来只作为财物收支的依据上升到作为登记账簿的原始凭证了。这些凭证被称为"书",刻记在竹木简牍上,不仅作为账簿登记、财物出入、官员交接的依据,而且还卷束成捆,保存起来用于以后核查,原始凭证的味道更浓了。

秦代的原始凭证已经分为收入和支出两大类,并且在支出类中还有专门用于报损的凭证。一些事关财物的凭证,都要刻写在小木板上,然后一分为二或一剖为三,相当于今天的一式两联或一式三联,上面有经办人和主管官员的印鉴等内容。其中,留存的一份就是记账凭证了。

汉代的经济凭据与秦代一样,也称为书或券;但除此之外,还有加盖官方印章或私章的官方律令,以及与收支相关的各种名籍等,也都用来作为记账凭证。更重要的有两点:一是这种券书被写进了法律,是受法律保护的,有点像今天《会计法》那样的要求;二是部分原始凭证上已经开始有编号了,这样更便于事后进行查核。

唐代的原始凭证称为"契""券""文符""符碟""印纸""令式"(支出命令)等。基层财务部门一般用木契,通常是雌雄两式,相当于今天的一式两联，也相当于20世纪90年代中国还在使用的那种号牌——如果你去布店买布，店堂内上空会牵着一根根粗铅丝，一头连着开票人员，一头连着收款柜台（那时候结算都用现金，可没有微信、支付宝、二维码，也没人使用银行卡刷卡消费）。小票一式三联，夹在一起滑给收款柜台；柜台收款后，留下收款联，再把开票联和顾客联以及找零通过这根铅丝滑回来。这时候，你才能拿到顾客联和找零，同时把货提走。而这种方式正是唐代发明的。这样做，就把财务管理与会计核算结合起来了，尤其是多联次原始凭证的使用，能够起到相互牵制作用，所以为后来每一朝代的统治者所欣赏。并且，唐代的专用原始凭证格式统一、内容完整、手续完备，已经达到很高的使用水平。

宋代有三类原始凭证：一是收入类，如农赋税契、商业税契等，一式两联，一联纳税人持有，一联会计入账；二是支出类；三是报损类。此外还有订本式账簿类原始凭证，称为"券簿"，日常发生的支出就直接登记在券簿上，以此作为原始凭证，定期核销。20世纪80年代初，本书作者参加工作时单位里就有这样的券簿。当时的联络方式主要是从邮局寄信，一张邮票8分钱。传达室一下子从邮局购买20元邮票，邮局是不会提供有税务章的正式发票的，只会在通用格式的单据上盖上邮戳以示证明。这显然不符合财务报销的要求，于是寄信人在收发室寄信时，先要在登记簿上签字，载明寄件人、时间、邮资、寄往何处等项，然后由传达室定额或定期向财务报销。因为这20元邮资开支后面都附有签名，金额又小，所以用这种方式来承担原始凭证的作用，财税部门都是认可的，看起来有点像今天的"团购"。

元代的原始凭证仍然分为收入、付出、报损三大类，名称有"券""单""票""帖""状"五种。多数凭证的格式是统一的，加盖有官方印信，目的当然主要是防止发生舞弊行为。

明代在元代基础上的最大变化是，几乎所有收入和支出凭证都必须要有统一、合法的原始凭证，以凭证来解除会计的经济责任——你看看，这些都是有原始依据的，不是我会计胡作非为，这样会计的责任就轻了。

清代至1840年鸦片战争前,在原始凭证的使用上,表面上还是相对规范和统一的,不但连续编号,而且开始分环节设置专用原始凭证。但由于政治腐败,所以这种方式往往流于形式,篡改凭证的现象很严重。

第三个阶段是会计凭证引进改良阶段,时间跨度从鸦片战争后的清代开始至民国时期。

光绪年间,清政府在中国历史上第一次规范了各项收支凭证的统一票式,装订成册、长期保存。大清银行成立后,会计改良时对各项原始单据也作出了统一的规定。尤其是谢霖、孟森1907年在日本出版的《银行簿记学》中,不但介绍了日本银行会计的做法,而且还第一次把"传票(原始凭证)"的概念引入中国,对中华民国时期引进西式会计后明确把会计凭证划分为原始凭证、记账凭证两大类起到了有力的促进作用。

重义轻利导致无证记账

与官厅会计相比,民间会计凭证可谓"自由散漫",这是中国民间会计早期长期落后于官厅会计、后期长期落后于西方会计的主要原因之一。从会计凭证角度看,中国民间会计长期处于"无证记账"状态,直到清代末年才有所扭转。

从会计发展史看,民间会计凭证的演进大致经历了以下两个阶段:

第一个阶段是经济凭据阶段,时间跨度为夏代至元代。

这一阶段,事关经济事项的凭证起到的是一种凭据而不是记账凭证的作用,当时起凭证作用的是"草账"。就好比说,这些原始凭证都是存放在"业务科",而不是交给"财务科"附在会计凭证后面的。

究其原因,在于中国传统文化一直宣扬"君子不言利",表现在民间工商业中则是长期"重义轻利",通俗地说就是过于讲义气。而一讲义气,就必然会不重视或故意忽略相关证据和凭证。就好比亲朋好友之间借钱,在讲义气的情况下就不必或不好意思要借据了。没有借据,这笔借贷业务自然就少了最重要的原始凭证。在有些人看来,更重要的凭据是"信义"两字。还记得"信义值千金"这句古训么,他们认为,如果借款人有信用,借了钱自然会按约偿还;否则,即使签了借据也没用。绝不要低估这种传统习俗的力量,直到今天,这样的想法在熟人和亲友之间依然比比皆是。还有一种情况是,有些人虽然签了借据,可是等到欠账归还后,双方就当面把借据撕掉了,结果还是没有可供入账的原始凭证。

从某种角度看,"君子不言利"是统治者的愚民观点和自欺欺人,这是导致今天人们不能客观进行利益诉求和表达的核心原因之一。相反,如果"君子明言利",各种利益关系理顺了,许多事情反而好做而且效率更高,因为正确的利益传导具有真正的吸引力和约束力。

本书前面提到,西周就出现了一种名为"木榜"的买卖凭据,战国时称"券书"或"券契",连同汉代的"券约",它们都相当于今天的一式两联或三联凭证,具有合同作用;但遗憾的是,这些都是作为经济凭据而不是记账凭证使用的,多是存放在"业务科"的。

到了唐代时,情况有了发展。当时的经济凭证有三类,分别是"契(契书)""券(券书)""帖"。其中,前两者主要起法律凭据作用,与会计记账没多大关系;而后者"帖"则因为涉及经济关系,如柜坊和质库的"存帖""取帖"等,必然要涉及"人欠"和"欠人",所以当然就义不容辞地要更多地作为会计凭证来使用了。

宋代、元代与唐代差不多,虽然有部分经济凭证在作为会计凭证使用,但多数依然只能起到经济凭据的作用,用于会计记账的仍然是草账。

第二个阶段是原始凭证阶段,时间跨度为明代至清代。

到了明清时期,开始出现了资本主义经济的萌芽,经济凭据作为会计原始凭证的作用逐渐受到重视。所以,从明代开始,在典当行、票号、钱庄、银号等规模较大的商号,在原先以草流代替原始凭证的同时,已经有部分经济凭据如进货凭据和销货凭据在作为原始凭证使用了。

直到出现龙门账和四脚账之后,原始凭证的使用范围扩大了,手续也更为完备。从原始凭证的签批、传递、审核、保管到事后稽查,不但比过去有很大的进步,而且超过了官厅会计的要求。这是因为,这些私人商号的利益事关每一位老板,比概念模糊的官厅更清晰、更实在。到民国时,民间会计与官厅会计的水平已不相上下,包括对会计凭证的使用。

国外的会计凭证意识

从中外对比看,国外对会计凭证的意识较强,经济凭据作为会计原始凭证的时间也早,这是西式会计尤其是近代以来西式会计远远领先于中式会计的主要原因之一。为什么?因为会计凭证是复式记账的基础,皮之不存,毛将焉附!

从会计发展史看,早在公元前18世纪古巴比伦王朝汉谟拉比国王统治时期,在其颁布的《汉谟拉比法典》第104条、第105条中就明确规定:债主在把资财交给行商去出售时,行商应该给债主结算银价,而债主在收到银价后,应该给对方一份盖了章的凭据;如果该凭据因疏忽大意没有盖章,将来它就不能作为款项结算依据。

从中容易看出当时对经济契约的重视程度,并可由此进行推测,当时这种经济契约的签约率应该很高,因为在这背后有国家法律做保障。

只不过要注意的是,在这其中,还只是强调这种经济契约作为款项结算的依据,并没有上升到要求作为会计原始凭证的地步。就好比前面所述,这些原始凭据还都只是存放在"业务科",并没有规定必须交给"财务科"附在会计凭证后面。原因在于,当时的会计记录不发达,还不可能意识到把它作为会计原始凭证的重要性和必要性。但既然已经作为款项结算的依据了,就表明它已经初步具备了会计原始凭证的功能。

可以为此佐证的是,大英博物馆里至今保留着的公元前24世纪至公元前6世纪的古巴比伦契约记录板,就是当时这种经济契约的一种。在一份公元前555年至公元前538年时留下的古巴比伦人的"支付命令书"上,签发人姓名、支付人姓名等项目一应俱全。这说明,当时在会计原始凭证上又比之前的经济契约更进了一步。

在古埃及,公元前2494年至公元前2345年的第五王朝时期,也已经流行在纸草上签订各种经济契约了。

又过了2 000年,到公元前509年至公元前27年的古罗马共和制时代,不但民间签订借贷合同已非常流行,而且政府财计(财政和会计的合称)部门中也开始采用这种做法。政府要求专门负责放贷的官员签订"借贷合同",以确保资产及收益安全。而在接下来公元前63年到公元68年的古罗马帝政时期,政府已经习惯了长期保存这样的"借贷合同",并用它来追讨旧债。这表明,这种经济契约又从经济凭据向会计原始凭据前进了一大步。

可以说,重视会计凭证和信息公开在一定程度上成就了世界历史上最重要的人物之一、罗马帝国的第一位元首盖维斯·屋大维·奥古斯都。

屋大维(公元前63—公元14)统治罗马43年,奠定了之后近200年里罗马政局的稳定、文化的繁荣;"条条大路通罗马"的谚语,更是形象地描述了当时罗马帝国的交通发达和商业盛况。所有这些成就的取得,都与他亲任罗马帝国"总会计师"有关——他建立了由奴隶组成的帝国收支统计处,定期编制国库和私人财产账簿。他亲自掌握这些账目,准确记录国家财务状况、军队和建筑工程的数据,并注明财产来源。他特别喜欢将大量的数据尤其是建筑物、宗教祭祀场所的价值和剧场演出的开支等公布于众,主观上是想展示自己的丰功伟绩,客观上却确立了罗马帝国的会计信息披露制度。他借此对各地经济水平和居民收入状况拥有务实的认识,并据此制定合理的赋税制度,真正地将会计核算用作了管理和执政手段。

到了3世纪左右,古罗马帝国出现了履行会计警察职能的官员"财务官"(quaestor,意思是"提问的人"),主要工作是调查谋杀案件。为什么会有谋杀案件呢,猜测很可能与保存或毁灭会计原始凭证有关。当时担任这种会计警察的门槛很高,至少需要在军队服役10年,所以他们的年龄至少在30岁;而其工作职责主要是监视军事财政,制止浪费军事开支。虽然他们的职责不够明确,但已经初步具备了立法监督精神。尤其是古罗马帝国的最高行政机关由两个权力相等的执政官来掌握,彼此牵制而单独权力则有限,显示出他们在这方面已很先进。①

到了 476 年至 1453 年的欧洲中世纪时代,经济活动中已经越来越注重发挥凭据的作用了,凭证式样越来越多、手续越来越全、保存越来越好,并且还出现了收藏热。到了中世纪末,银行和合伙企业的出现,使得这种对凭证和信用的重视程度也达到最高境界。随着资本主义的出现带动会计地位提高后,对会计凭证的要求就更高了,作用发挥得也更大了。例如,在 1494 年帕乔利的《数学大全》一书中,就非常详细地阐述了各种原始凭证收藏的重要性和保管方法,并且还特别提到与中国草流相似的"备忘录"的使用。只不过,他在书中并没有明确交代这些会计凭证与会计账簿之间存在着什么样的关系。这说明,很可能当时意大利的会计凭证运用水平并没有超过中国。

19 世纪,欧美国家的工业会计、商业会计获得飞速发展,在处理比较复杂的经济事项尤其是生产成本和销售成本核算时,为了能够提高核算速度和质量,就必然要把相同的原始凭证集合在一起,分别汇总,这样就又把会计凭证和分类核算结合在了一起,然后再确定会计科目和方法。

正是在这个时候,"记账凭证"的名称出现了,并且由于支付凭证需要在会计部门按规定程序传递,所以又称之为"传票"。从此,原始凭证和记账凭证出现了分工,标志着会计凭证的运用进入一个新阶段。而其直接结果是,促成了单式记账向复式记账的转变。因为在单式记账时,只需要有原始凭证做依据就够了;可是当遇到复杂的经济业务、需要采用复式记账时,光有原始凭证还不够,还需要有记账凭证来为它服务。

所以说,仅仅从复式记账首先出现在地中海国家,也能从一个侧面证明国外的会计凭证意识及使用要比中式会计更早。

存货核算和仓库盘点

存货核算和仓库盘点是十分重要而又出现很早的一种会计方法。

---

① 张连起:《古罗马的会计警察》,《中国会计报》2014 年 7 月 16 日。

早在原始社会末期、产品有了较多剩余后,会计概念上的存货及其核算萌芽就出现了。并且,会计计量单位也开始从实物向数量过渡,具体阶段出现在公元前31世纪之前。中华人文初祖黄帝就推出了一种名为"黄钟黍"的计量单位。这种计量方法虽然很粗糙,但寸、尺、丈这些计量单位及其十进制一直沿用到现在,并且还通过黄钟黍进一步确定了合、升、斗、斛等体积计量单位,这些都是存货核算和仓库盘点时要用到的。

《周礼》记载,周代财物保管工作由相当于现在国家审计署的"小宰"主管,下属的"宰夫"则相当于审计署特派员。特派员在各地检查账目时,必不可少的一个环节就是要进行存货盘点(临时盘库),但具体采用什么方法现在不得而知。这表明,当时的会计核算部门(司会①)与财物保管部门是分开的,并且除此以外还有单独的审计稽核部门。

春秋时已经出现专门的仓储保管制度,在中央设一级专仓,地方上设二级大仓。范蠡在今江苏省无锡市贩卖陶器,就非常注重仓储和货物周转,并且已经懂得"勤进快销"的商业原则,这就势必需要经常用到准确的库存盘点。他因此赚得太多,违背了"君子不言利"的古训,还给今人留下了"骂蠡港"和"骂蠡港桥"两处地名。

秦代时,《仓律》和《效律》上都记载说,当时的盘点制度有临时盘点和年终盘点两大类,前者主要发生在官员交接时,后者则是为了岁计而展开的。主要盘点方法是粮草以"积"(1万石)为单位,钱币以"畚"为单位,盘查后要盖上仓库保管官员和抽查者印章,以明确责任。

从西汉开始,历代都非常重视储备粮仓建设。因为粮食是古代最重要的经济来源,也是社稷稳定的重要保障,所以有关粮物出入和盘点的制度都十分严格。而中式会计的财物盘点制度,也正是从秦汉开始形成的。

到了宋代,财物盘点制度比过去更先进了。宋太祖时规定,州官到任都必须亲自检阅分管账簿,盘查清点官物。并且官库中已经用上了今天仓库中卡片账的那种"牙钱",内库存放的财物每1 000个用一个牙钱做

---

① 这里的"会"读guì,表示总计。在1771年(乾隆三十六年)出版的《御制增订清文鉴》中,"会"的书面音guì开始被口语音kuài所取代,"会计"读kuài jì,沿用至今。

第 2 章
会计方法:柳暗花明又一村

标记,不同的财物种类对应的牙钱标记颜色都不一样,两者之间的对应规则只有皇帝本人和少数几个官员才知道。

这样一来,经过登记后的各种颜色的牙钱用专门的盒子收藏起来,直接存放在皇帝身边,就能随时抽查库吏有没有搞鬼。从这个角度看,牙钱与卡片账的区别在于:卡片账是公开的,目的是便于财物的保管和进出;而牙钱则是保密的,是用来抽查对账的。所以,宋太宗把这个方法视为传家之宝,晚年时经常向儿子赵恒(后来的宋真宗)传授秘诀说,在内库管理方面,只要把这个办法保持下去就可以高枕无忧了。[1]

换句话说,这种存货核算和仓库盘点制度在那时候已经常态化,而不仅仅是临时盘点加年终盘点了。例如在明代,就一律要求"盘点见数",即账实相符;必须有盘点表,称之为"盘点清册",并且这种清册会像会计报告那样分成年度的、季度的、月度的,并有官员交接时的临时盘点,种类可谓十分丰富。

清代时的仓储管理是分环节、分类别进行的,方法有逐类盘点、抽查盘点、交叉盘点三种,并且还进行过两次大规模的突击抽查:一是 1756 年(乾隆二十一年)主要针对宫廷范围内进行的;二是 1782 年(乾隆四十七年)在全国范围内实施的大盘查。[2]

在国外,从考古发掘看,公元前 6 世纪左右波斯帝国首都波斯波利斯的泥制碑牌上,就已经有了关于存货的明确记载,并且手续完备、条理清晰。当时的存货管理人直接代表着国王,因为"普天之下,莫非王土",所有资源都是国王的。这些存货品种有食物、商品、原料等,对面粉、肉类、酒类等的消耗都有明确记录,并且还有国王个人、其他同伴、同僚、下属使用数据的具体分类账,每个存货项目成本通通都记录在泥制账页上。

那么,这种泥账具体怎么制作呢? 首先,仓库保管员将黏土用力地、紧紧地压在木板上,直至呈扁平状,制成一块碑牌;然后,一旁的监督者在碑牌的另一面上盖章,以示确认;最后,送去与其他会计记录一起储藏。

---

[1] 康均、王涛:《北宋时期的仓储管理与会计制度》,《财会学习》2006 年第 4 期,第 69~71 页。
[2] 杨良成:《我国古代的财物盘点制度漫谈》,《财会信报》2014 年 1 月 7 日。

储藏时,先用特殊的钉子为每一块泥制碑牌做标志,然后由存货管理人在外部密封后盖章,以示确认。移交结束后,由接收人在底部或背部盖上接收人印章。这种手续就很像今天会计凭证的交接了。

俗话说,"泥菩萨过河,自身难保"。泥账当然是不便于保存的,这一点古人也知道,所以他们对每张碑牌都做了备份。通常是一份"正本"(原件)、一份"副本"(复制件),就像今天开票时的一式两份。原件留在本地保管,而复制件则要送往首都,这就又相当于今天的会计报表一份自留,另一份报告给上级主管了。

因为保管的存货数量并不少,所以当时的人会分门别类地把它们存在不同地方。考古学家猜测,其分类依据是不同的时间和场所,因为在这些标签上都有存货名称、存放场所、经办人姓名、接收日期等。

记"帐"还是记"账"

历史上,会计核算中的"帐"和"账"字往往会混用。直到现在,依然可以在一些权威媒体上看到这种情景。那究竟应该是"记帐"还是"记账"呢?其实,这两个字究竟用哪一个,过去一直存在着争论。争论的焦点主要是两者哪个更正确、更规范,而其内涵实质相差并不大。

"帐"的本义是一种日常生活用品,如张挂在床上的布帐、锦帐,以及军用帐幕、帐棚,今天最常见的是蚊帐和帐篷,与会计本无联系。考古表明,"帐"最早与经济核算有关起源于南北朝时期。

在此之前,"帐"字与会计没有丝毫关系。商代的账簿称为"册",西周开始更名为"籍"或"籍书",战国时称"簿书",西汉时称"簿"。

到了南北朝时期,皇帝及达官显贵喜欢外出巡游。而每次出游,都会沿路派人张挂帏帐,帐内备有各种价值连城的生活必需品及装饰品。这种帏帐称为"供帐",相当于今天自驾游时的房车。

为了维护帐内那么多贵重物品的安全,并且一路吃喝玩乐花费巨大也需要准备许多银两,所以,随从中必定会配有专职人员负责在供帐内就

第 2 章
会计方法:柳暗花明又一村

地办公,既看管财物,也核算经济事项,称为"记帐";所记账簿则称为"帐簿",简称"帐"。之后,这一名称便逐渐延伸到整个会计领域,到了清代,"帐"和"账"两字就互相通用了。这是一种说法。

另一种说法是,古代的坐商通常是前店后坊,即前面开店销售货物,后面是生产作坊,中间用一"布帘"隔开,这种布帘称为"帐帘"。也有的是,前半部分销售货物,后半部分是办公区域,这在今天许多写字间和路边小店依然可以看到——老板或营业员坐在后半间,在办公桌或柜台上随时登记账目、开发票;为了内外有别,也为了保密,中间便用一帐帘隔开。久而久之,这块专门用于登账、开票的办公区域便称为"帐房",登记账簿自然也就称为"记帐"了。

"帐"字普遍用在会计上是在唐代之后,因为那时候纸张已经得到普遍使用。在纸上记账,一笔一笔又一笔,就好比今天从卷筒纸垂直拉出来一大片长方形的纸张一样,与幕帐很像。

到了明末清初,随着商品货币经济的进一步发展,有些人觉得"巾"字旁的"帐"用在账簿上有些不妥,于是开始用"账簿"来代替"帐簿"。但由于受习惯势力影响,再加上这也并非政府强力推行,所以实际上"帐簿"和"账簿"一直是通用的。

1940年《会计丛报》曾经对究竟是该用"帐"还是"账"字做了一系列的探讨。因为最早采用的是"帐",而"账"字则是生造之词,在当时的《辞源》中是查不到的,所以称"账簿"至多是一种俗称。当时有人建议,因为"帐"并无会计和现代货币之意,建议学国外复式记账的总账为"丁"字账而称为"伥",以示借贷平衡,但没有得到更多人响应。因为中国文字相当复杂,并非每个字都要表面上一眼就看出其含义。这场讨论还引来当时担任广西省会计长的张心澄的加入,他发表了《帐账伥张之我见》,引经据典地认为"帐"是从"张"假借而来,既然这样,那还不如直接叫"张簿"好了,音相近、形相似、意相通,倒也痛快。[①]

---

① 汪一凡:《从"帐"到"账"的演变》,《新理财》2009 年 9 月 16 日。

新中国成立后,1980年版的《新华字典》上对"帐"字有以下三种解释:①用布或其他材料做成的帷幕;②关于银钱财物出入的记载;③债务。并且在括号中表明,在表示第②和第③种意思时也可用"账"。有意思的是,与1940年时的《辞源》一样,在它上面同样也是查不到"账"字的。究其原因,可能是与繁体字"賬"一样,因为过去属于生造字"出身不好"而受到主流字典的歧视。

仅仅三年过去后,1983年中国社会科学院语言研究所词典编辑室编辑的《现代汉语词典》中,就已经有了"账"字,却归在"帐"字下面,"账"字本身没有任何单独的解释。这说明,"账"字开始报上了户口,但其含义并没有"帐"字广,会计上用哪一个都可以。而又过了10年到1994年时,该词典中已经把"帐"和"账"字分开来单独注释了,注明"帐"同"账"。也就是说,在应该写作"账"的时候写"帐"也是可以的,只不过要注意前后一致;但"帐"同"账"并不等于"账"同"帐","帐篷"是不能写作"账篷"的。为了避免这种纠缠,会计上一般干脆都采用"账"字了。

到了教育部、国家语言文字工作委员会2002年3月31日施行的《第一批异形词整理表》中,已明确规定"账""帐"两字分工如下:"账"字用于货币和货物出入的记载、债务等,如"账本、报账、借账、还账"等;而"帐"字则专门表示用布、纱、绸子等制成的遮蔽物,如"蚊帐、帐篷、青纱帐(比喻用法)"等。这样一来,在2002年版《现代汉语词典》中,也就只剩下"账户"词条,再也没有"帐户"词条了。

也就是说,从2002年开始,在表示财物出入记载和债的义项时,就只能采用"账"字,不能写作"帐"了。

免遭谴责的单式记账

单式记账是最古老的记账方式,是人类"最先想到"的记账方式,也是后来孕育复式记账的"精子"和"卵子"。

标准的单式记账具有三大特点:一是文字叙述式;二是序时、流水账;

第 2 章
会计方法:柳暗花明又一村

三是只反映经济事项的一个方面。

为什么会最先采用单式记账呢?一方面,当时的会计核算对象主要是物资,适合一笔笔记录下来;另一方面,当时的财政税收是单向的,记账方法只需反映经济活动的某一方面。除此以外,单式记账有一大好处,那就是用这种像口头汇报一样的叙述来反映经济事项,虽然显得啰里啰唆,却有足够的篇幅可以把问题说清楚,从而免遭"神"的谴责。

在中国,单式记账方法大致经历了三个不同的历史发展阶段:一是原始计量记录阶段,时间跨度主要在原始社会;二是文字叙述记录阶段,时间跨度主要是夏商至春秋战国时期;三是定式简明会计记录阶段,时间跨度是秦汉至明清时期。

在原始社会的原始计量记录阶段,这种单式记账十分简单,就是事无巨细把所有事情一股脑儿按照时间顺序全部记录下来,并且因为还没有出现文字,所以都是用一些符号来进行标记。而究竟记的是什么,有时候只有当事人自己知道,甚至连他自己过后都会忘了。所以,严格地说,这还不能称为记账,只能说是会计的萌芽或雏形状态。原始社会末期出现的书契,是原始计量记录阶段向文字叙述记录阶段过渡的标志。

在文字叙述记录阶段,因为引入了文字,所以这种单式记账所采用的语言叙述开始复杂起来,目的主要是想把问题描述得更清楚些,但依然没有一定的记录规则,可以说是想到哪里写到哪里。

从商代甲骨文考古中可以发现,当时的每一笔经济事项都是以文字叙述方式记录下来的;并且,每一笔记录只反映一个方面,不会考虑到这项经济活动与其他方面还有什么样的内在联系,而这正是单式记账最基本的特征。商代时这种叙述方式已经有所简化,一块竹木简牍上一般只叙述一件经济事项,就好像今天用手机发短信,每条短信都有字数限制似的。春秋战国时期,因为计算工具算筹的出现,文字比过去的象形文字有大的简化,所以会计记录方法开始简单并规则起来,正在向定式简明会计记录过渡。

在定式简明会计记录阶段,也就是说,从秦代开始,单式记账格式取代文字并固定下来,"入出会计记录法"开始成型,西汉时期已完全定型,一直用到明清时代都一成不变,可见其影响之深。

入出会计记录法也称"入出记账法"或"收付记账法"。称"入出记账法",是因为战国至秦汉时期,当时的会计记账符号是"入"和"出",其基本特征是"上入下出",会计计算基本公式是"入－出＝余",这也是三柱结算法的来历。称"收付记账法",是因为秦汉时期随着商品货币经济的发展,其中有相当一部分经济活动需要用钱币来进行计量,记账符号开始变为"收"和"付"。不过,这时候它依然属于单式记账,基本特征仍然是沿用入出记账法的那种上收下付。从入出记账法向收付记账法演变,是中式会计得到初步发展的重要标志。

别看这种方法在今天看来过于简单或幼稚,但与之前那种单纯的文字叙述相比,已经有了质的飞跃。就好像今天在记录一项经济活动时,学过会计的人会用会计语言来表达,否则只能像记日记那样一项项地照实记录下来,两者之间在专业功底上有本质区别。

这种记账方式可能会用草流来代替原始凭证,但只有原始凭证,没有记账凭证;会有简单的会计报告,但无法构成会计报告体系。同时,因为没有科学的分类核算,所以计算盈亏时只能算一下总的盈亏。

单式记账法在唐代得到了完善,主要体现在,在序时记录时,局部会把相关账目联系在一起进行登录,从而使得整个账面更加条理清晰;并且,已经开始普遍使用会计体数字(如壹、贰、叁等)来防止篡改账目了。当然,这是指官厅会计。民间会计依然各行其是,但也已经强调账簿记录的简单明了了。尤其是民间会计中普遍设立"支出簿",是一大进步。

宋代单式记账法的突出特点是账簿已经采用订本式。明清时期,由于工商业高度发达,民间会计核算水平已经超过官厅会计。

在国外,文明古国如古巴比伦、古埃及、古罗马、古希腊、古印度等的单式记账在第一和第二阶段与中国相似,时间上也差不多,甚至比中国要更早一些。例如,公元前256年古埃及成为古希腊的一个行省,这样,古埃及的责任户籍制度和纸草簿记技术便由此进入古希腊,并在古希腊普及开来,会计方法上也有了巨大的飞跃。当时古希腊有一位名叫芝诺(Zenon)的行政长官,有段时间还荣耀地被邀请为财政大臣阿波罗尼奥斯管理个人财产,原因就在于,他所记录的账目不但系统、完整,而且后面都附有原始单据,这样就便于查验真伪了。在此基础上,他还连贯地编制出了月报、年报、三年报,这为后来复式记账的产生打下了基础。

与上述这些国家相比,其他国家在单式记账法上的进展不大。例如,13世纪意大利佛罗伦萨的银行簿记、14世纪德国的一些商业账簿,依然残留着叙述式记账法的痕迹。不过,这种落后情形很快就在十分科学的分栏式西式簿记记录冲击下荡然无存。

伟大发明的复式记账

复式记账的出现,是会计史上的一次重大革命。德国诗人歌德曾在诗中这样称赞道:复式记账是人类智慧的结晶,是伟大的发明。为什么?因为没有复式记账,也就没有会计学。

复式记账与单式记账是相对而言的。单式记账的主要特点是:平时只记载现金的收付和各种往来,并不涉及财产的增减与损益;期末采取实地盘点和估价方法来编制财产目录;期末财产总值减去期初财产总值便是本期损益。而复式记账的主要特点是:平时会对每一笔会计事项都在两个及以上相互联系的账户中加以反映,并确保会计等式平衡;定期或不定期地根据账户记录进行试算平衡,以验证账户记录的正确性;期末要根据实地清查各项财产的盘存清单,调整账目,确保账实相符。

1933年,美国会计学家A.C.利特尔顿在他的著作《1900年前的会计发展》中,提出了复式会计产生的七大要素:一是文字以及由文字形成的书写方法的产生;二是算术的产生;三是私有财产制度的产生;四是货币经济的产生;五是信贷的产生;六是商业的产生;七是资本的产生。其中,前面三个要素是最基本的,并且同样也是单式记账法产生的前提;而直到出现了"资本",资本主义经济关系就最终成了催生复式记账法的临门一脚。换言之,复式记账法产生的基本前提主要有两个:一是资本主义经济关系的产生和发展;二是单式记账法打下的基础。

复式记账法出现的时间,大约在欧洲大航海时期。

欧洲大航海也称"地理大发现",是指由欧洲人开辟横渡大西洋到美洲、绕道非洲南端到达印度的新航线,以及第一次环球航行。这一人类文明进程中最重要的历史时期之一,时间段从15世纪末到17世纪,正好对应于中国的明代(1368—1644年)。环球航行和海上贸易需要大量的资金做后盾,单靠个人或某个企业已无能为力,所以必须有借贷;并且,这时已经出现了专门从事放贷的银行家。这样,也就产生了静态反映资产负债表的会计等式(会计第一等式):"资产=负债+所有者权益"。

借来的资金形成了企业资金流入的来源之一,同时,流入的资金还可能是企业收入或股东投入;同样的道理,企业流出的资金也不一定就非得是耗费,除了成本、费用、支出,还可能是还贷或分红。这样,就对"收入"和"费用"的定义提出了范围更大、概念更为明确的要求,于是出现了静态反映利润表的会计等式(会计第二等式):"收入-费用=利润"。

这两个等式相结合,就覆盖了会计核算的六个主要方面,即会计六要素,从而把会计核算内容从过去只核算事物的自然属性扩大到了权属关系。复式记账法的出现,标志着近代会计的形成。

顺便插一句:上面提到的复式记账法、复式记账的产生,从萌芽到接近于完备状态,前后历时约300年(从13世纪初至15世纪末),并且大体上包括三个不同的发展阶段,才最终奠定了复式借贷记账法的基础:一是佛罗伦萨式复式记账的"萌芽阶段",时间是1211年至1340年;二是热那亚式复式记账的"改良阶段",时间是1340年至1494年;三是威尼斯式复式记账的"完备阶段",时间是1494年至1854年。

最新研究表明,更早的复式记账法或许是出现在韩国的。在韩国高丽王朝(918—1392年)期间,松岛(今朝鲜开城,当时是高丽王朝首都)地区的商人就已经在使用一种十分独特的会计方法了,名为"四介松都治簿法"。它同样分为资产(韩国人称之为"捧次",Bong-cha)、负债(韩国人称之为"给次",Gueb-cha)、利润与损失四个部分,结构上很像200年之后意大利的复式记账法。"四介"的本来含义是指组成记账活动的四根支柱,账簿分为日记账、总分类账(用于登记销售的账簿称为"他给长册",用于登记采购的账簿称为"外上长册")、总账(称为"会计册")。

到了13世纪至16世纪,意大利北方城市掀起一股簿记变革热,形成了以复式记账为标志的产权簿记思想体系,会计发展进入新阶段,从而发生了从古代会计向近代会计的根本转变。

顺便一提的是,西方主要资本主义国家经济的高速发展,逐渐把中国封建王朝经济甩在了后面,也渐渐拉大了借贷复式记账法出现后中式会计与西式会计之间的差距。

目前公认的是,新中国成立前的300年间即1650年左右至1949年间,中式会计的发展几乎是停滞的;但如果由此就认定复式记账法完全是从国外引进的,也不一定符合事实。因为在此期间,中式会计虽然故步自封,但其本身还是在像蜗牛一样蠕动着前行的。郭道扬认为,当时中式会计中的三脚账就属于一种不完全的复式记账,处在单式记账向复式记账过渡的阶段。

意大利式复式记账

许多国家对复式记账法的建立和发展贡献了智慧和力量,这里以最典型的意大利为例来加以说明。

从1096年开始的长达两个世纪的十字军东征,客观上沟通了东西方之间的经贸关系,刺激了地中海经济的发展。意大利佛罗伦萨、热那亚和威尼斯等城市一度成为欧洲经济中心,从而带动了会计的发展。

到了13世纪初,商业活动的活跃使得银钱经营业在佛罗伦萨异常繁荣,这便是早期的商业银行。这些银行原来采用的是单式记账,但由于银钱过割关系发生频繁,带动了单式记账向复式记账的转变。这样做的好处是,银行可以根据债权债务关系从借和贷两个角度代客户进行转账。

当然,同时也是需要进行两笔相对应的会计记录的。

举例来说,某银行有 A、B、C 三位客户,A 客户原来的账面余额是 3 000 杜卡特(当时通用的一种金币),B 客户是 2 000 杜卡特,C 客户是 1 000 杜卡特。这时如果 A 从 B 那里购进商品一批,货款是 2 500 杜卡特,B 从 C 那里购进商品 1 800 杜卡特,均委托该银行转账,该银行的处理便是:

A 客户:借:2 500;　　　　贷:3 000;　　　　余:500
B 客户:借:1 800;　　　　贷:2 000、2 500;　　余:2 700
C 客户:　　　　　　　　　贷:1 000、1 800;　　余:2 800

值得一提的是,上面的"借""贷""余"还不是我们今天复式借贷记账法中的概念,而是银行从记账角度出发,分别针对 A、B、C 三位客户所做的单式记账,有点像记日记。大约 100 年过去后,复式记账法才有比较完备的应用。

在会计学界公认的世界上最早的一本比较完善的复式记账账簿中,就能印证这一点。这本 1340 年热那亚市政厅的总账账簿,目前保存在热那亚古文馆里。记载该总账的官职名叫"马萨里"(Massari),可能相当于今天的财务主管或主管会计之类。账簿不仅有反映债权债务关系的人名账户,还有商品账、现金账、计算盈亏的损益账户;除了总账,还有分类账和日记账。不用说,这些账户都是用数字来进行记录的,已经有了很好的归类,而不是再像过去那样是文字描述式记录。

从外形上看,这本总账账簿有点像今天的日记本,每个账户占一页,每页分为左右两方,左边为"借"方、右边为"贷"方,左右相互对照。这种结构被后来者称为"对照式"会计记录,而这种账页则被称为"两侧型"。从现有考古成果看,这种记账方式在当时复式记账法中是最先进的。

这里有两点特别值得一提:一是账簿中人名账户的设置,其中收入列入借方、支出列入贷方,然后运用借贷差额进行试算,检查双方是否平衡。这一平衡试算原理对后来 15 世纪的威尼斯式记账法产生了直接的影响。二是每一项经济业务都要在两个以上相对应的账户中去进行记录,从左

第 2 章
会计方法：柳暗花明又一村

右两边的"借""贷"中来对照反映其来龙去脉，并且数额必然相等，这就很接近于今天的借贷记账法了。

由于当时地中海商业经营风险较大，所以一般采用勤进快销的商业原则。为适应这一特点，当时的会计核算在反映盈亏时主要是按每次、每批的商品大类进行计算的。限于当时的手工计算条件，这一点很好理解。如果要像今天这样核算到每一种商品的每一个规格，难度可想而知。

并且，因为这是市政厅财政收支的账簿，从中也容易看到其设置了一种相互牵制的办法以防作弊，而这就可能是意大利审计的萌芽了。热那亚市政厅的这本总账账簿分为一式两册，原始账簿由两名职位较高的马萨里记录，复制账簿则由另外两名职位较低的马萨里抄录后保存。

大约又过了 100 年，意大利东北部城市威尼斯成为地中海沿岸一带的商业经济中心。而威尼斯商人在意大利借贷复式记账法的基础上，进一步提高了簿记技术，甚至还出现了"安德烈亚·巴尔巴里戈父子商店"簿记这样的"高峰"，在世界会计发展史上写下重要的一笔。

该簿记主要有以下五大特点：一是用日记账形式详尽记录大小交易，用分录账来区别"借"（前置词为 Per）和"贷"（前置词为 A），用总账来按照会计科目分类进行记录，三账相互衔接，既协调、统一又简单。二是初步建立起了完整的账簿体系，如人名账户、工资账户、手续费账户、家事费账户、私用账户、利润账户等，并且设置资本账户和余额账户来进行转账和试算平衡。三是有规则的复式记录，奠定了"有借必有贷、借贷必相等"的基本原则。例如，在该店 1430 年的账簿中，分录账按照账户集合的要求能够与总账两侧型左右对照式会计记录完全吻合，并且可以参照页码的标识和日期记录相互印证，从而成为账目检索的主题线索；账簿中有专门的、独立的金额栏，并且记账符号整齐划一，所以，虽然记账金额是阿拉伯数字和罗马数字混在一起，却依然可以看得很清楚，并且给查验带来方便。四是专门设立了损益账户，并且对利润形成因素进行细致分解，不定期地将商品大类损益结转到总损益账户中去，从而使得商业盈亏考核达到一个新的水平。五是通过年终转账结平旧年账户，既结清了账目，又能试算平衡,尤其是其中"余额账户"的设置在借贷平衡关系中起到十分重要的作用。因为这种"试算平衡"所采用的"借贷试算表",正是今天"资产负债表"的雏形。

帕乔利和斯蒂文时代

文艺复兴之初的14世纪,意大利已经成为世界商业中心。在这样的宏观背景下,1250年至1400年期间的商业和金融簿记实务中,在意大利城邦已经出现了复式记账。

1494年,意大利数学家卢卡·帕乔利的《数学大全》一书在威尼斯出版后,复式记账得到广泛普及,已经开始出现资产负债表(最初是余额表)和损益表;并且,为了便于分配利润,已经有定期结账,只是会计还没有被看作管理的工具。该书共分36章,系统论述了以威尼斯式簿记为代表的意大利复式记账理论和方法,以及三种主要账簿即日记账、分类账和总账的设置。

1534年,就在意大利人为新式簿记高唱赞歌时,威尼斯的数学和簿记教师多梅尼科·曼佐尼出版了《威尼斯式总账和分录账》一书,先是忠实地翻译了帕乔利的著作,然后通过300道例题详细介绍总账和分录账的具体使用方法;同时,通过降低日记账的地位,简化了账务处理、提高了会计效率。该书后来多次再版,并以《按威尼斯式簿记法记录的按字母顺序排列的分录账和商人账簿》书名,输出至荷兰、法国、英国、西班牙等国,与帕乔利的著作一起被誉为簿记学之典范。[①]

1605年,荷兰数学家西蒙·斯蒂文在继承和发展前者的基础上,出版了《数学惯例法》(又译《传统数学》)一书,其中同样充分体现了产权簿记的思想。所以,这一两百年在会计发展史上被誉为"帕乔利与斯蒂文时代"。

[①] 文硕:《曼佐尼的簿记学之典范》,《中国会计报》2009年3月27日。

第 2 章
会计方法：柳暗花明又一村

有人问，在帕乔利已被称为"近代会计之父"的基础上，为什么会把斯蒂文抬得这么高呢？原因主要有以下五点：一是他创立了以业主产权保障为核心的簿记学原理、方法和技术体系；二是针对财产权益问题，创建了人的拟人学说和物的拟人学说，奠定了近代簿记学理论基础；三是以产权要素为基础，确立了簿记学中的要素体系，创建了建立在簿记学基础上的产权簿记方程式；四是开始以经济学、法学、管理学理论为依据，从核算和管理两个角度来阐明簿记学原理；五是从维护业主财产所有权出发，研究委托代理关系中的簿记原理和实务，对后人的研究产生了重要影响。[①]

在接下来的 17 世纪至 18 世纪，无论是会计实务还是簿记理论中到处都流行着他们的观点，并且产生了丰硕的理论研究成果。

除了前面两位，当时的著名学者还有简·英平、萨瓦里、格拉夫、纽利海姆、波特、琼斯等。其中，影响最大的学者是帕乔利；影响最大的学派是佛兰芒会计学派。佛兰芒会计学派整整支配了整个 16 世纪，该学派最著名的两个人物便是一头一尾的简·英平和斯蒂文。简·英平在会计方法和处理素材上与帕乔利完全一致，并且他把威尼斯会计学派的知识进一步传播到荷兰、法国和英国，第一个倡导在会计中设置余额账户，从而将会计向前推进了一大步；而斯蒂文的簿记原理与"所有"(property)的开始和终结有关，被称为"二账户系统"理论先驱，并且他还把簿记延伸到公共管理领域，进一步扩大了复式记账范围。

直到今天，对会计初学者来说，最关键的仍然是掌握复式记账，因为只有这样，才是真正地会做会计分录，否则必将无从下手。

按照现行会计程序，会计核算（记账、算账、报账）的基本方法一共分为以下七个环节，分别是设置账户、复式记账、填制并审核会计凭证、登记账簿、成本计算、财产清查、编制报表，取其每一句话第一个字的谐音组成一句顺口溜叫"是否天灯成彩编"。即使在电算化系统下，最关键的环节仍然是填制并审核会计凭证，其核心内容便是编制记账凭证；之后的数据

[①] 郭道扬：《人类会计思想演进的历史起点》，《会计研究》2009 年第 8 期，第 3～13 页。

输入和系统自动处理、信息(报表)输出只不过是水到渠成的事。会计事项虽然庞杂,但常用的会计分录不过10多种,掌握起来不难。

从这些方面看,同样能够证明帕乔利与斯蒂文总结出来的簿记原理对现代会计的重要性,称之为"一个时代"实不为过。

顺便一提的是,在帕乔利之前,意大利的内代托·科特鲁依实际上已经在1458年8月25日完成了《商业和精明的商人》一书,比帕乔利的那本书要早36年;但遗憾的是,由于印刷技术所限,直到115年之后的1573年才出版面世。两者相比,该书才是全球成书最早的会计著作,而《数学大全》则是全球出版最早的会计著作。① 事实上,帕乔利在《数学大全》中也强调,他论述的簿记系统在威尼斯已经使用了200年以上,并非他原创。

《商业和精明的商人》共有51章,第13章"复式簿记法"认为它是避免诉讼、纠纷、不和的重要手段,也是所有商业活动即债权债务、商品成本、损益等的备忘录;介绍了借贷用语、账簿记录和账簿组织(日记账、分录账、总账);对年度决算进行了较为详细的论述,指出每到年末应核对总账和分录账,并编制余额试算表(这里没有提及损益账户)。第8章"债权回收方法"、第9章"债务支付方法"中,则指出应该对债权进行每月检查,避免发生迟滞现象,对债务履行支付义务,不得延宕时日。

记账符号从入出到借贷

记账符号是会计方法中记账方法的重要组成部分。

现在最常用的记账符号是"借"和"贷",不过,不久之前还用过"收"和"付",而更久之前还有"入"和"出"等,不一而足。另外,在中国,还采用过"增"和"减"。这里就来看看记账符号的演进规律。

记账符号的作用,主要是帮助会计业务登记者、使用者、稽核者简明

---

① 文硕:《〈商业和精明的商人〉:成书最早的复式簿记著作》,《中国会计报》2009年2月27日。

扼要地概括经济事项和明确记账方向。

从中国会计发展史看,记账符号变化经历了一个从不自觉到自觉的演化过程,大致上可以分为以下五个阶段:

第一个阶段是记账符号的不固定时期,时间跨度是商代之前。

那时候的会计记录并没有统一的记账符号及用词,通常会用一些不固定的行为动词来代替记账符号的作用。例如,用"箙"来表示持箭射杀、用"伐"来表示用利器刺杀等,这些都是"用牲"支出;用"获"表示狩猎而来的猎物、用"毕"(畢)表示张网捕来的猎物等,这些都是"狩猎"收入。而到殷墟甲骨文时,基本上都用"毕"了,这也就意味着记账符号开始接近于统一。

第二个阶段是记账符号的确立时期,时间跨度从西周开始到春秋战国结束。

商代虽然开始大量出现"毕"字,但会计记录还处于啰里啰唆的文字叙述阶段,所以记账符号的作用不大,只能算是处于萌芽状态。

从西周开始,虽然采取的仍然是叙述式记录,但刻记在竹木简牍上的文字叙述已大大简化,这时候记账符号的作用就一下子凸显出来了。同时,简与简册之间已经有了一定的分类,记账符号的位置虽然仍不固定,但由于当时"入"和"出"两字已经频繁出现在经济事项记录中,所以可以基本确定"入"和"出"记账符号以及"入出记账法"在西周确立了。

第三个阶段是记账符号的统一时期,时间跨度从秦汉开始至唐代结束。

秦始皇统一中国,秦代官厅会计中"入"和"出"的记账符号也已经上下统一,并且成为当时会计人员的口头术语。

有意思的是,西汉时期官厅会计的记账符号虽然依然是"入"和"出",可是民间会计中的记账符号却已经在用"收"和"付"了。开句玩笑,这就叫"民不与官斗",或者叫"花开两朵,各表一枝"吧。不过,其实质是一样的。并且,这两种记账符号都有一个共同特点,那就是"入""出"、"收""付"的位置已经固定到每笔经济事项的开头,而且会写在账簿封面上,如标明是"谷出入簿""钱出入簿""谷收付簿""钱收付簿"等。顺便一提的是,这两对记账符号掺杂使用的情形也有,即民间会计中有时也会使用"入"和"出";官厅会计中有时也会使用"收"和"付",甚至还有用过"受"和"用"的。

第四个阶段是官厅会计与民间会计记账符号趋于一致时期,时间跨度从元代开始一直到清代。

这个时期官厅会计与民间会计的记账符号开始趋向一致。通常是:官厅会计日常核算用"收""付(支)"作为记账符号,年终结算以"入""出"作为记账符号;民间会计则一律使用"收""付"作为记账符号。正因如此,这种记账方法渐渐地被称为"收付记账法"。

第五个阶段是引进借贷符号时期,时间跨度是中华民国。

民国初期,官厅会计和民间会计大多沿袭清代的做法,但在会计报告中会以"岁入""岁出"作为标记。后来,随着西式记账法的引进,开始采用世界上使用最多的"借""贷"记账符号。

从世界会计发展史看,最早在古希腊的经济记录中所采用的记账符号也是不确定的行为动词,如官厅会计用"收到"或"接受"来表示纳税收入,纳税人则用"贡献"或"缴付"来表示纳税支出;发展到后来,官厅会计则慢慢地以"收入"和"支出"来表示国库财物收支。也正因如此,国库官员被称为"收支官"或"出纳官",国库签发的凭证被称为"支付命令书"或"收入命令书"。这种情形,在其他文明古国如古埃及、古罗马中也基本类似。

到了古罗马时期,为了尽量减少借贷双方的经济纠纷,要求借贷双方当众宣誓其债务往来的真实性。这种当众赌咒发誓,对有些人是有用的,可是对不讲道德的人来说丝毫不起作用。所以,后来法律要求必须签订"合同"。在这些"合同"中,为了明确双方在账簿记录中的关系,便出现了"借"和"贷"的记账符号。从这个角度看,"借""贷"记账符号是首先从民间产生的,并且早在单式记账法时代就已经出现了,并不是复式记账法的产物。

第 2 章
会计方法：柳暗花明又一村

从入出到收付记账法

如前所述，收付记账法最早出现在战国至秦代，当时称"入出记账法"，记账符号是"入"和"出"。因为当时采用的是单式记账，所以基本特征是"上入""下出"。

秦汉时期，随着商品经济的发展，用钱币作为交换媒介的越来越多，所以遵从钱币"收"和"付"的习惯，记账符号更多地出现"上收""下付"，这种记账法名称也就慢慢地改为"收付记账法"了。其实这也很好理解，因为"收"和"入"、"付"和"出"本来就是同一意思。

秦汉时期，随着单式记账逐步取代文字叙述式记账并固定下来，这种收付记账法就定型了，西汉时期完全定型，从而标志着中式会计得到初步发展。为什么？因为与过去的文字叙述记录法相比，数字记录怎么说也有了质的飞跃。后来，这一方法一直沿用了上千年。正是在"收、付、余"基础上，出现了"三柱结算法"。

从元代至清代，这个阶段无论是官厅会计还是民间会计，记账符号都已经慢慢地统一到"收"与"付"（支）上来了，所以，收付记账法的名称最终得以定型。

当时的背景是，明代民间采用的收付记账法虽然仍然是单式记账，但与唐宋时期相比已经有了一定的改进。主要体现在三点：一是各账目之间开始划分界限，而不再连头连尾；二是每笔账目的记录既简明扼要又内容完整，不再像过去那样冗长拖沓；三是在分项核算上有明显改进，例如在总清账中已经可以通过分项核算囊括全部经营成果，包括收入、支出、盈利以及红利分配。尤其是订本式印格账簿的使用，使得账目看上去更加整齐划一，来龙去脉十分清楚，已经很接近于近代账目的处理了。

只不过到了清末，由于受西式会计的影响，中式会计在西式会计借贷记账法冲击下溃不成军，所以收付记账法只好且战且退、一败涂地。

新中国成立后，上海《大公报》分别于 1950 年 1 月和 3 月发表章乃器撰写的《应用自己的簿记原理记账》以及《再论应用自己的簿记原理记账》两篇文章,主张统一依据货币收付关系来进行记账,这就是后来发展起来的"现金收付记账法"。他认为,收付记账法是"民族的、科学的、大众的",呼吁打倒"洋八股"(指借贷记账法)。

但问题是,当时中国一边倒学苏联,而苏联也在使用借贷记账法,所以各种观点针锋相对。为此,1951 年中央①财政部制定总预算会计和单位预算会计制度时,只好"和稀泥"——"采用复式簿记原理和现金收付记账法,如果需要可改用借贷记账法"。1951 年 10 月,修改为"采用复式簿记原理,借贷记账方法登记账目,但各组总(单位)会计得参照事实需要改用收付记账方法",从而确定了两种记账方法的主辅关系。

随后,从 1951 年至 1979 年间共冒出至少 10 种收付记账法,即现金收付记账法、资金收付记账法、资金运动收付记账法、钱物收付记账法、财产收付记账法、科目收付记账法、写实收付记账法、四符号(收付增减)记账法、取用记账法、入出记账法。其中,除了复式记账法,连单式记账法也用上了,有的寿命较长,有的昙花一现,区别主要在于记账主体不同。其中影响最大的是以下三种:

一是现金收付记账法。这实际上是在三脚账基础上发展起来的,在民国时期就有应用;新中国成立后,银行、供销社、事业单位以及不少工商企业都用过。主要特点是,以现金收付为中心,对涉及现金的收付业务采用单式记录,对不涉及现金的收付业务采用复式记录。

二是财产收付记账法。主要特点是以财产为记账主体,用收付为记账方法,采用收入减支出等于结存的公式。后称"以钱物为主体的记账法"或"钱物收付记账法",1963 年之后主要是在农村生产队使用。

三是资金收付记账法。这是新中国会计史上唯一由政府规定并在行政事业单位使用时间最长的记账方法,主要特点是以预算收支活动为中心来组织会计核算。1965 年,国家财政部在制定行政事业单位会计制度

---

① 1949 年 10 月 21 日,中华人民共和国中央人民政府设立政务院,其组成部门称为"中央"部、委、办、局;1954 年 9 月,国务院取代政务院,其组成部门改称"国家"部、委、办、局。

第 2 章
会计方法：柳暗花明又一村

时推行资金收付记账法，1997年发布《事业单位会计准则》后被借贷记账法取而代之。1966年，全国供销系统也全面推广资金收付记账法，但很快就因为1970年7月全国供销合作总社与国家商业部、粮食部、工商行政管理局合并组建成新的国家商业部后，弃而改用城市商业系统所采用的增减记账法。不过，这两种资金收付记账法名称虽然相同，但实际方法却不一样。

借贷记账法的前世今生

借贷记账法是世界上使用范围最广、历史最悠久的记账方法。

借贷记账法起源于记账符号"借"和"贷"，而"借""贷"记账符号萌芽于公元前9世纪开始的古罗马时期。当然，那时候还没有"借"和"贷"这两个字，也就谈不上是借贷记账法了。

当时，古罗马的有钱人常常会把余钱拿出去放债。这些人贪得无厌，并且会巧立名目地获取高额利息，所以常常会因此与借债人发生纠纷。与此同时，他们放债后会在"现金出纳账"上逐笔记录把钱借给了谁，还会在"辅助登记簿"上设置"主人账户"（借主账户），做出更加具体的叙事式记录，用"应给"和"应得"来表示"人欠"和"欠人"。

关于这一点，已经从1211年佛罗伦萨的银行账簿记录中得到证实，他们已经流行按照债主姓名来设立账户了。每个账户分成上下两块记账的地方：上方称"no avere"，意思是"你应给我"，简称"（你）应给"；下方称"di avere"，意思为"我应给你"，简称"（你）应得"。久而久之，前者就被称为"借"，意思是"你借我的"；后者被称为"贷"，意思是"我该还你的"。

只不过，当时的这种记账还是单式记账。后来传到热那亚后，热那亚人对这种方法进行了改进，把每个账户分为左右两半，分别称为"借方"和"贷方"。后来又传到威尼斯，威尼斯人在此基础上又加以改进，加入了"收入""费用"等损益账户以及"资本"（权益）账户，最终在月末结账时全都转入"利润"账户，并通过"利润"账户过渡到"资本"（权益）账户。这样，作为复式记账基础的"收入""费用""资本"就确立了。后来,为适应商人需要,在此基础上完善了其他要素,构成了"意大利式借贷记账法"(或称"威尼斯式记账法")。

当然,在此期间经历了非常曲折的过程,才最终找到"借"和"贷"这两个字作为记账符号。研究表明,这一过程长达300年(从13世纪初至15世纪末),经历了12次变化,记账符号才被最终确定为"借"和"贷"。直到1494年帕乔利在其著名的《数学大全》一书中对"借"和"贷"两个字的意义和用法做了明确说明,才渐渐扩大这对记账符号的影响,并逐步得到推广。考证表明,大约在1690年左右,用"Dr"表示"借方"、用"Cr"表示"贷方"才最终得到统一并加以推广。

1873年,日本在引进帕乔利的著作时,著名启蒙思想家福泽谕吉在《账合之法》(又译《记账方法》)这本译著里,第一次把"debit"和"credit"翻译成"借"和"贷",意思为这是从某处"借"来而形成的债务、"贷"给某处而形成的债权。

在中国,1905年出版了曾随使美国、秘鲁、西班牙的中国学者蔡锡勇的遗著《连环账谱》一书,这是中国介绍借贷复式记账的第一部著作,但并没有得到应有的重视。因为当时的人都不知道借贷记账法对中国人有什么用,所以影响不大。1907年,留日学生谢霖和孟森正式引进了借贷记账法。1908年创办的大清银行率先运用借贷记账法,这也是中国企事业单位运用借贷记账法的开端。

当时的背景是,随着西方企业纷纷进入中国开办工厂、商行、银行,以及中国海关、铁路、邮政部门在不平等条约下沦为西方国家控制,所以这些部门必定会最早接触到西式会计,借贷记账法便这样呼之欲出。

只不过有意思的是,虽然"借"和"贷"这两个字在国外理解起来很困惑,可是没想到这一情形在中国更为严重。确切地说,"借"和"贷"这两个字在中文中实际上属于同义词。例如,"告借无门"和"告贷无门"说的都是借不到钱,"银行借款"和"银行贷款"所表达的也完全是同一件事,这就不得不让人感到困惑了,所以在中国推广起来尤其艰难。

实事求是地说,在整个民国时期,"借"和"贷"作为记账符号使用范围并不广。当时的中国既有引进的借贷复式会计,也有改良后的中式会计,两者是并存的。一般来说,大型工商企业中多采用借贷记账法,而在中小型工商企业中多采用中式收付簿记。即使到了20世纪30年代会计师徐永祚发起中式簿记改良运动,并且在1933年拟定《改良中式簿记方案》、12月15日出版《改良中式簿记概说》专著,依然未能有效地广泛推行借贷记账法。相较而言,同一时期会计师潘序伦通过创办立信会计师事务所、立信会计学校和立信会计图书用品社,由于其自身就拥有翻译、出版多种会计书刊的能力,所以他的借贷复式记账推广工作力度更大,影响也更广。

正因如此,借贷记账法引入中国后的100多年来,屡屡有人提出各种替代方案,并一度梦想成真,最终冒出了一对新的"增""减"记账符号。只不过,由于增减记账法并不符合世界潮流,所以最终只能是其兴也勃焉,其亡也忽焉(读者可参见下一节《来去匆匆的增减记账法》)。

回过头来说,为什么当时意大利人会最终选择"借"和"贷"这对今天看来容易混淆的字作为记账符号呢?最大的理由可能是,借贷记账法当时已最早出现在私人放贷行业中,用"人欠/欠人"来表达,最准确也最自然。所以,当时的人一定没觉得这个符号有什么不好理解的,因为这个行业本来就是在"人欠"和"欠人"中反复倒腾赚取息差的。而当后来复式记账扩大到其他各行各业后,用"人欠/欠人"就不再完全贴切了,所以才改用"借"和"贷"来表示,这时候才会有"好用而不好解释"的感觉。

来去匆匆的增减记账法

增减记账法在中国是1964年试点、1966年全面推行的,20世纪六七十年代得到广泛推广,主要使用在商业领域,工业企业和其他行业也有少量运用,其理论基础是"资金占用=资金来源"。

从历史上看,增减记账法最早是20世纪40年代提出的。1947年,梁润身在《公信会计月刊》第 11 卷第 2 期上发表《以增减分录法代替借贷分录法之商榷》一文，同卷第 3 期上更是一连刊出三位作者的三篇讨论文章，不过随后这个话题就被打入"冷宫"。

1962 年全国会计工作会议后，一方面，在贯彻"调整、巩固、充实、提高"的经济建设总方针中，重新提出了要恢复和健全基本会计制度、整顿和充实会计队伍，1963 年还颁布了《会计人员职权试行条例》；另一方面，在《鞍钢宪法》[①]背景下，要让那些非会计专业人员（工人）参与经营管理、理解借贷记账法难度也实在太大，于是改革记账法的呼声骤起。时任国务院副总理李先念要求国家商业部部长姚依林对各种记账方法进行比较研究，最终，由国家商业部财会局会计制度处的张以宽等人在总结前人的基础上，推出了通俗易懂的增减复式记账法。从此以后，大专院校会计专业既教借贷记账法，也教增减记账法等，并在邻国日本等引起一阵不小的讨论。

这种增减记账法把全部账户固定地划分为两大类：一类是资金来源账户，另一类是资金占用账户。复式记账时，用"增"和"减"作为记账符号。当一项经济业务只会引起资金来源账户或资金占用账户发生内部变动时，用相等的金额在同类账户中分别记"增"和"减"，口诀是"同类账户，有增有减"；当一项经济业务会同时引起资金来源账户和资金占用账户发生变动时，用相同的金额在不同类账户中同时记"增"或"减"，口诀是"异类账户，同增同减"。该法不允许设立双重性账户，如不能把"其他应收款"账户和"其他应付款"账户合并为"其他往来"账户，不得把"应付账款"账户和"预收账款"账户等合并为"应收账款"账户等。

增减记账法简明易懂，试点期间就很受一些企业经理和会计人员欢迎，于是 1965 年 12 月国家商业部正式印发《财会制度改革第一步方案

[①] 《鞍钢宪法》曾是中国 20 世纪 60 年代初至 70 年代末国营企业管理的基本原则和方针，因种种原因至今已无人提及。它有两大组成部分：一是在国营工业企业中实行党委领导下的厂长（经理）负责制和职工代表大会制；二是"两参一改三结合"（即干部参加集体生产劳动，工人参加企业管理，改革不合理的规章制度，在生产、技术、管理等改革和改进上实行领导干部、技术人员与工人相结合）。

《修订本)》，宣布1966年起在商业部系统所有企业和单位采用增减记账法。

1993年7月1日《企业会计准则》实施后，增减记账法完全被借贷记账法所覆盖。这自然不能表明增减记账法与借贷记账法孰优孰劣，而只是为了能够与国际接轨。

从历史上看，增减记账法与借贷记账法之争在中国众多记账方法争论中最为突出，时间点主要集中在两个阶段：一是"文化大革命"开始前的1964年至1965年，这两年中仅仅是国家财政部主办的《会计》杂志就分别收到讨论记账方法的来稿600多份和900多份，其中支持采用增减记账法的分别为400多份和200多份；二是"文化大革命"结束后的20世纪70年代末至80年代末。1983年，梁润身在《江西会计》第4期上发表《增减记账法问世记》一文，在介绍自己1947年那篇文章的内容后，回顾了文章发表后曾经引发的一些争议，这其中有些故事还是蛮有意思的。[①]

古人是怎么结账的

会计结账是指对一定时期内的经济活动过程及其结果进行的总结。

在中国，会计结账大致经历了以下三个时期：

第一个阶段是会计结账的盘点结算时期，时间跨度大约从原始社会末期至及商代早中期。

当时的所谓会计记账，实际上是一种文字叙述式单式流水账，所以结账主要是靠实物盘点。确切地说，就是通过盘点库存实物，来验证经济记录是否正确，并得出结存数。

这种盘点结算，主要是对实物进行盘点（那时候还没有货币，货币是商代才出现的）；并且账簿设置零星分散，账目记录十分混乱，账与账之间没有勾稽关系，所以无法进行账实核对，年终结算主要是根据盘点所得为

[①] 成圣树、郭亚雄：《回眸20世纪中国会计论坛的记账方法之争》，《上海会计》2001年第12期，第3~6页。

依据,也没有那个能力建立"收-支=余"三者关系,更无法通过盘点来挖掘"增收""节支"潜能、合理控制支出。

第二个阶段是运用三柱结算法结算时期,时间跨度从商代后期至战国。

三柱结算法本身是根据本期收入、支出、结余三者关系来进行会计结算的,所以自从商代中后期至西周分类设置会计账簿,把出纳账簿分为收入账簿、支出账簿、余财账簿,分别由职内、职岁、职币掌管后,会计结账就显得相对容易了。只要从这相互独立的三者之间轧出账面差额,然后从司书掌管的汇总会计账簿中对这三个数额进行核对,就能实现账面结算了。这就有点像今天的总账与明细账核对。而这时候虽然也要进行盘点,但这种盘点是为核对并调整账面数额服务的,与第一个阶段的盘点结算完全根据盘点后的实物结存为结算依据有本质不同。

由于这种三柱结算法的先进性,所以没过多久就从萌芽状态进入普及应用阶段。在民间,不但已经通过"入-出=余"公式来进行当期结算,而且水平已经超过官厅会计。不仅如此,还会进行公式变换,即已知两柱求得另一柱,这说明当时对"上期结存"的概念已经有了初步认识,以便与"本期收入"相区别。只是他们还不知道这两者与"本期支出""本期结余"的关系,但这却为后来四柱结算法的产生打下了认知基础。

到了春秋战国时期,官厅会计已经普遍采用三柱结算法进行结算,并把结果向上级报告,此即上计制度。

第三个阶段是运用四柱结算法结算时期,时间跨度从秦代到民国时期。

2002年从湖南省龙山县里耶镇挖掘出来的37 000多枚秦简证实,秦代已经出现了四柱结算法。其中一枚秦简上这样明确记载着:上期结存169(当期收入0),总计收入169,本期支出7,本期结余162。

并且能看到,秦代官厅会计中已经用"凡"字来作为"小计"或"总计"了。例如,用"入凡"表示收入总数、用"出凡"表示支出总数等。

汉代时,这种四柱结算法在官厅会计和民间会计中已经得到初步运

第 2 章
会计方法：柳暗花明又一村

用，这一点在汉代《永元器物簿》中就有所表现。

唐代时会计结算周期已大大缩短，出现了旬结、月结、季结、年终决算四种，差不多已经发展到如今的水平。从中唐开始，"上期结存""本期收入""本期支出""本期结存"开始分别称为"旧管""新收""开除""实在"（或称"见在"），计算公式为"旧管＋新收－开除＝实在"，这种方法一直沿用到民国时期。

以上是会计结算方法在中国的大致演进过程。从国外来看，早期的会计结算方法现在还无考古实物佐证，原因同样是当时的会计账簿设置凌乱、记录不完整，无法保存到现在，所以不为今人所知。但可以推论，那时候同样主要是采取实物盘点结算方式，以盘存数额为准。

到了奴隶社会中后期，古巴比伦商人在"现金记录"账簿中，已经会把各项收入加起来，然后减去各项支出合计，从而求得"本期现金"余额。同一时期，古希腊商人也在用这种方法清算债权、债务关系，这与中国商代早中期采用三柱结算法结算的萌芽状态相似。

在这其中，古罗马人已经知道在收入、支出、结余这三者关系中，把较小的两个数字加起来，看是否等于最大的那个数字，以验算是否平衡，这被看作后来会计平衡公式的萌芽。在三柱结算法结算时期，有一个共同特点，那就是还没有意识到"上期结存"独立出来的必要性，都是把它当作"本期收入"来看待的，否则也就进入四柱结算法时期了。

到了14世纪40年代，热那亚官厅会计中已经会用借贷差额来试算平衡，这表明西式会计中的平衡结算法已经产生。但因为当时的会计账户是根据人名来设置的，并没有损益账户和资本账户，所以只能求得人名账户下的结算平衡，无法求得整个物名账户的平衡。这个过程直到100多年后才告完成，关于这一点，集中体现在1494年帕乔利出版的《数学大全》一书中。

他在该书中第一次根据复式记账原理，提出了"一人所有财物＝其人所有权总值"这样一个借贷复式记账第一方程式，这也标志着西式平衡结算法的正式创建完成。

中式三账与西式三账

中国古代的账簿最早被称为"册"(因为它刻在竹简上),后来称为"简册"(因为它刻在木片上),然后才有"籍""籍书""簿书""帐"等不同名称。西周时会计账簿已经开始采用中式三账了。

所谓"三账",指的是这种会计账簿的骨干是"草流""细流""总清"这三本账。其中,草流也称底账,是最基础的流水账,它强调的是随时随地做记录,发挥的是原始凭证的作用,有点相当于今天的日记账;细流是将在草流上经过整理后的账目规规矩矩地摘抄下来,它的重点在于整理、转记,有点相当于今天的各种分类账;总清是在细流基础上定期归纳、整理后抄录下来的,它的重点在于归类、整理,一般一个账页只记一个事项,当然这就很像今天的总账账簿了。

中式三账从西周开始经历了上千年的历史,到南北朝、宋元时得到极大的发展,清代得到完善。成熟的中式三账体系中,草流和细流账簿一般分为银钱流水簿、进货流水簿、批发流水簿、门市流水簿、其他流水簿等;相应地,总清账簿也有银钱总清簿、进货总清簿、批发总清簿、门市总清簿、其他总清簿等。并且,在此基础上,还有用红纸写的名为"红账"的会计报告,用于贴在墙上张榜公布。

中式三账到清代的四脚账时达到巅峰。这时候的草流,依然主要是各种备忘录;而细流则包括序时账如"日清簿""银清簿""货清簿"等,其中货清簿又可分为"进货簿"和"销货簿"。总清则有"交关总"(如外埠总簿、内埠总簿)、"货总"(如进货总簿、销货总簿)、"杂项总簿"(损益总簿、费用总簿、股本总簿等)。红账(或称"结册")则有"损益表"(称为"彩项结册")、"资产负债表"(称为"存除结册")。

与中式三账相比,西方国家采用的"西式三账"可以说大同小异。以8世纪的中式三账与15世纪的威尼斯式西式三账相比,主要区别有三点:一是中式三账中的草流、细流、总清、红账,在西式三账中的名称分别为草账、分类账、总账、两表;二是中式三账从草流经过整理,转记到细流,而西式三账从草账到分类账转记时要区分借和贷;三是中式三账从细流到总清用的是单式记账法,西式三账从分类账到总账用的是复式记账法。

但随着后来经济制度的不同,两者之间的区别越来越大。尤其是到了元明清时期,一方面是西方会计突飞猛进,另一方面是中国会计停滞不前,形成了鲜明的对比。对应于中国明孝宗弘治时期的 1494 年,意大利文艺复兴时期的帕乔利在威尼斯出版的《数学大全》一书,在会计发展史上则更具有里程碑作用。[①]

为什么会出现这种巨大落差呢?归根结底,是经济发展程度和制度不同所造成的。10 世纪至 11 世纪西欧的封建化过程已基本完成,12 世纪至 13 世纪在一些城市国家已经出现工商业中心城市,13 世纪至 14 世纪以威尼斯为中心的地中海贸易区已经形成,14 世纪至 15 世纪已经出现资本主义萌芽,非人格化的制度保证大大促进了借贷复式记账的发展。帕乔利在该书第一章中就称"商人是共和国的支柱"。可是在中国,封建统治者却一直在推行抑商政策,什么都想用人格化的"关系"来摆平,这就使得中国从 15 世纪中叶开始在政治、经济、文化、科技方面全面落后于西方国家,最终也导致东西方会计原来的那种先进与落后整个被颠倒。

流水账是怎么来的

所谓流水账,会计上的正式名称为序时账或序时登记簿。通俗地说,就是把每天的经济事项按照时间发生先后顺序一笔笔地记录下来。今天,最常见的流水账是银行日记账和现金日记账。

本书前面提到的草流,就是古代典型的流水账。之所以称流水账,原因主要有两点:

[①] 这本书奠定了帕乔利"近代会计之父"的地位。他一生中至少出版过 11 部著作,其中两部最有名,另一部是《神圣比例》。《神圣比例》之所以有名,是因为该书所有插图都是达·芬奇画的。帕乔利是达·芬奇的数学老师和好友。

一是它是序时登记的,无论发生什么样的经济业务,不分类别,只是按照时间先后顺序加以记录。用这种顺叙方式进行记录,最大的好处是条理清晰、脉络分明;如果剪裁得当,同样可以做到重点突出。俗话说"时间如流水",所以,称之为流水账是很贴切的。

二是商人喜欢图吉利,总希望自己的财源能够如三江四海不竭之流水,所以很乐意使用这一名称,使得这一名称很快就能推广开来。

最早是《史记·货殖列传》中记载范蠡非常注重"勤进快销"的商业原则:"货勿留,无敢居贵……财币欲其行如流水。"意思是说,只要商品周转速度够快,财富就能像流水一样通达天下。当然,这还只是指货物及钱财周转,还没有用到记账上去。

草流最早出现在秦代。那时候的会计记录是刻在竹简上的,文字非常精练,所以"账页"并不多,一般需要间隔一段时间(通常是一个月)再编纂成册。为了成册时不至于凌乱,所以每一笔经济事项的开头首先要记上日期,当时的规定是不记日期禁止入账,目的是便于成册时能够按照时间先后顺序进行排列。

唐代时,这种流水账不仅在官厅会计中得到广泛应用,而且已经流入民间,有的还按照收入、支出分为两卷。为了标示,也为了图吉利,封面上常常会看到用朱笔写着"流水"字样。直到今天,现金进出仍然经常会被称为"流水"。

到了宋代,这种流水账已经发展成了"流水日记账",所有基础簿账都要求按照序时、连续的原则进行登记。

元代时,这种流水账所用的账簿俗称"腰格通天条账"。账页上居中一条横线称为"腰格",处在人的裤腰带位置;上半部分称为"收方",记收入类账目;下半部分称为"付方",记支出类账目。与腰格垂直的几条红线,称为"天条"。两条红线之间称为"行",每一行记录一笔经济业务,完全遵守序时登记的原则。

明代时,已经出现资本主义工商业的萌芽,所以流水日记账在民间商人中开始得到广泛运用,称为"日流""细流""清流""二流""流水总登""日积月累""堆金积玉""铁板流水"等。名称虽然多种多样,但实际上是一回事。

清代时,随着钱庄业得到蓬勃发展,流水账的设置和记录也日趋完善。一般钱庄除了"外账房"要记录流水账,"钱房"和"洋房"(合称"两房")也是要记录流水账的,并且要分别进行循字流水、环字流水,最终要求相互能够对得上。其中,最典型的是典当行中的流水账,要求做到"以日为纲,以时为序,随手登记,细致不遗"。

直到1938年龚懋德在上海创办"公信账簿印刷厂",分工、商两类设计全套西式账册,现金账、分类账等西方会计簿据一应俱全,中式账簿连同流水账才逐渐从市场上消失。①

四柱结算和四柱清册

"四柱结算"简称"四柱法",是按照四柱的特定格式,定期结算账目的一种会计方法。

所谓"四柱",是指按照"旧管""新收""开除""实在"这四大要素来结算账户,以此表明这四大要素在会计结算中的重要作用就好比是大厦的四根顶梁柱。这里的旧管是指"上期结存",新收是指"本期收入",开除是指"本期支出",实在是指"本期结存"。这样一演绎,就很容易理解了。

而所谓"四柱清册",则是指一种会计报告,即根据四柱结算法编制出来的会计报表,是会计结算的最终成果。

在中国,四柱结算法大致经过了以下四个发展阶段:

第一个阶段是四柱结算法的正式产生和初步运用时期,时间跨度主要是秦代。

秦代,随着三柱结算法在官厅会计中的运用自如,开始有了对"上期结存"的概念,称之为"承"。一个郑重其事的"承"字,实际上就标志着四

---

① 杨良成:《带你见证流水账的来历与演变》,《中国会计报》2015年6月17日。

柱结算法的第一柱已经奠基。通俗地说，当利润中不仅有本年利润还有上年滚存结余时，四柱结算法就瓜熟蒂落地出现了，这就是本书前面所说的秦代出现的"上期结存＋本期收入－本期支出＝本期结存"。

第二个阶段是四柱结算法的普遍运用时期，时间跨度是唐代至五代。

随着三柱结算法的成熟发展和四柱结算法的初步运用，人们越来越认识到"上期结存"对"本期结存"的重要影响，慢慢地一致认为它是一个重要因素，需要从"本期收入"中独立出来。但这经过了一个漫长的认识过程，历经用"承""承迴残""承前账迴残""承前（旧）账""原给"等名词，后来也采用过"原管""前账见在"等，到最后才确定下来用"旧管"，以便与"本期收入"的"新收"相对，突出了新旧对比，这才最终确立了四柱结算的要害问题，正式形成"四柱"。

唐代后期时四柱结算法开始有较多运用，并且四柱清册也已开始出现（只是当时还不叫四柱清册这个名称），五代十国时应用得就更普及了。

一直到现在，会计的基本账户结构依然如此，并且在今后相当长的一段时间内也不会有新的发展，因为一个"上期结存"就已经包括所有的滚存结余在内，再也没有必要非得区分是"上一年的结存"还是"上×年的结存"。

第三个阶段是四柱结算法的普及应用与规范时期，时间跨度主要是宋代。

宋代时，四柱结算法不但在官厅会计和民间会计中得到普遍应用，并且"旧管""新收""开除""实在"的四柱名目表述也开始规范并固定下来，成为系统反映官厅和民间经济活动全过程的科学方法，从而成为中式会计方法的精髓。

尤其是宋代把"量入为出"作为财政原则，从皇帝到大臣都比较注重财政收支平衡问题，所以，普遍采用四柱清册作为向中央政府和皇帝报账的形式。

这种四柱清册主要有两种：一是四柱式会计报告（按四柱要求分别反映各种钱粮的"原、入、出、存"情况，后称"奏销方式"或"报销方式"），包括月报、季报、年报(称"奏销册"或"报销册")。二是四柱移交清册,有点相当于今天官员离任审计时移交的财务清单。南宋时,这些会计报告在全国有了专门的格式,从而开启了中国官厅会计的统一编报制度。

所以说,这时候与之相应的四柱结算法和四柱清册的创立、运用和发展,正好可以用来作为经济考核和检查的手段,这又集中展现了中式会计的基本原理,并且为接下来中式会计从单式记账向复式记账过渡创造了基本条件。

第四个阶段是四柱结算法的成熟运用时期,时间跨度是明代至民国。

元代时,开始有了对上述四柱结算法和四柱清册的理论总结。

明代时,不但会计账簿,就连其他各种名籍也都要求按照四柱来作为基本格式。

明末清初时,开始出现复式记账法的早期形态——"龙门账"。

清代时,四柱结算法已经运用到凭证、盘点清单等方方面面,并且在光绪年间还出现了会计报告的最新格式——"四柱报告表",以至于在民间出现了"四脚账"。

从世界范围来看,"四柱平衡公式"即"旧管＋新收＝开除＋实在"以及"四柱差额平衡公式"即"新收－开除＝实在－旧管",既可以用来检查日常会计记录的正确性,又能分类汇总日常会计记录,从而起到系统、全面和综合反映的作用。它在这方面可比西式会计中平衡结算法的出现要早得多,堪称是东方会计对人类的最大贡献。与三柱结算法相比,它通过划清旧管财物与新收财物的界限,有助于核算当期入出、控制政府和民间收支、杜绝贪污浪费,不但当时在世界上处于领先地位,影响到许多国家的会计核算,而且这种平衡关系至今依然在世界上使用。

三足鼎立的三脚账

三脚账大约是在明代产生的,又称"跛行账",它是在单式记账基础上产生的一种不完全的复式记账法。为什么这么说呢？或者说，为什么称为"三脚"账呢？原来，同一事项如果涉及往来转账，就需要记录两笔账，所以当时形象地把这种复式记账称为"两脚"；而如果是纯粹的现金收付，则只要记录现金的对方就行，所以把这种单式记账称为"一脚"，这样合起来就是"三脚"了，实际上是蛮形象的。

容易看出，三脚账处于单式记账向复式记账的过渡阶段。但由于当时的转账行为很少，大多数业务只涉及现金收付，所以，习惯上依然把它归为单式记账。而从账簿设置看，它也确实与单式记账一样；只不过，不同点在于它的会计记录重点放在了流水账（也叫"日清簿"）上。发展到后来，一些商家又把这种流水账一分为三：一是"货清簿"，相当于现在的商品账；二是"银清簿"，相当于现在的现金账；三是"往来簿"，相当于现在的往来账。

这些三脚账采用的记账符号，主要是"来"和"去"、"收"和"付"。无论是日记账还是誊清账，采用的虽然都是单式记账，但每张账页上都会分成上下两部分，上方称"收方"或"来方"，下方称"付方"或"去方"。因为"来账"在上、"去账"在下，所以在使用"来""去"作为记账符号时，又称之为"来高""去矮"，简称"来""去"；而在使用"收""付"作为记账符号时，则会写明"收……来账""付……去账"，简称"收""付"。明末时，一些商家为了账目汇总和查阅方便起见，将记账符号扩大到三对：一是"来"和"去"，专门用于往来账；二是"收"和"付"，专门用于存货核算；三是"入"和"出"，专门用于现金收付时的费用开支。

三脚账在结算盈亏时，通常是半年或一年结算一次；每月结算的也有，但比例很小。结算盈亏时在誊清账上进行，当然同样要分为上下两部分：上半部分为"来方"，主要记录"业主投资"（即"资本"）和"本期外欠"（俗称"除项"或"该项"，即"负债"）；下半部分为"去方"，记录企业各项财产（俗称"存项"，即"资产"）。这些数据都是从流水账上转记过来的，转记时除了库存现银，其他都是平行转记。也就是说，流水账单现金的收方转记到誊清账上时要写在付方，其他项目位置不变。

盈亏结算公式为：

本期盈亏＝存项（即资产）合计－该项（即负债＋资本）合计

本期盈亏数额如果为正数，就表现为盈利，俗称"净彩"或"纯益"；如果为负数，就表现为亏损，俗称"净损"或"纯损"。

能够看出，这种盈亏结算理念并没有区别对待收入、成本、费用、损益等要素，属于"胡子眉毛一把抓"，因而远远谈不上科学。而只能说，这时候它因为已经部分引入了复式记账，尤其是已经认识到了资产、负债、资本三者之间的关系，所以与过去纯粹的单式记账相比，算是有了质的飞跃，并且为后来龙门账和四脚账的出现创造了条件。

复式记账的龙门账

龙门账是在三脚账基础上发展起来的。

明末清初，在今山西省太原市阳曲县西村，有个名叫傅山（1607—1684）的人，根据四柱结算法原理，设计出了一种新的记账方法，称为"龙门账"，它更适用于民间商业会计的核算。

开始时的龙门账究竟如何，现在还缺乏史料考证。经过200多年的发展，到了清代末年时，记账规则为"有来必有去，来去必相等"。它把全部经济事项分为"进""缴""存""该"四大类：进是指各项进项收入；缴是指各种缴纳支出；存是指各项存货、资产，包括债权；该是指各项负债、资本，包括股本。它们之间的关系是：

该＋进＝存＋缴

或

进－缴＝存－该

它的账簿设置与三脚账基本相同，采用的也是中式三账体系，分为"草流""流水账""总清账"（誊清账）三大类。规模大一点的商号还会在流水账和总清账基础上，设置更为详细的明细账，称为"分流账"和"分清账"。与三脚账不同的是，它的核算重点在总清账上，把分类核算、分项核算、合龙结算、编制结册(即"红账",也就是今天所称的会计报告)的任务全都押在总清账上。

与四柱结算法相比,它的先进之处在于双轨计算盈亏,并检查账目平衡。例如,结账时"进"大于"缴"或者"存"大于"该"即为盈利,这被形象地称为"合龙门","龙门账"的名称就是这样来的。

合龙门也称"轧龙门","合龙"是江浙一带的说法,原本是指古代修建堤坝、桥梁工程时会从两端向中间施工;这样,最后的工程接合便成为关键。所以,这一名称本身就带有某种神圣的意味在内。

龙门账的最大特色是,年末要进行合龙结算,也就是要进行总的"进－缴＝存－该"。如果该等式成立,就称为"龙门相合",用今天的话来说就是"账轧平了";否则,就称为"龙门不合",即"账轧不平"或"没轧平"。要知道,这件事情非常重要———一年到头,股东们都在眼睁睁地看着账房先生怎么合龙门,然后抄出红账,从而在农历新年之前拿到分红呐。所以,账房里常常会人流不息。而那时候的账房先生则是如履薄冰——账如果能顺利合龙,便可以大喘一口气,顺便吹吹小牛,安安稳稳地过个年;如果不能合龙,对不起,加班加点轧账不说,还要处处受人指指点点,被抱怨"水平臭",说不定就会在"财神日"(农历正月初五)召开的股东大会上接受一阵质询后被解雇。

龙门账的理论基础是四柱结算法,标志着中式会计从单式记账向复式记账的正式转变。尤其是在试算平衡公式的运用上,它与西式复式记账不谋而合,为后来四脚账的出现奠定了基础。同时,它还理所当然代表着明清时代中式会计发展的最新水平,正是在此基础上产生了后来的商业会计。

不过,实事求是地说,龙门账与那时候的借贷复式记账相比,在凭证运用、科目设计、账簿设置、计算平衡、成本计算、利润结转等方面还有很大的差距。所以关起门来说,它的出现只是体现了中国固有复式会计的萌芽,与西式会计不可同日而语。

第 2 章
会计方法:柳暗花明又一村

相对成熟的四脚账

在龙门账基础上,清代民间又出现了"四脚账"。四脚账的确切产生时间已无法考证,一般认为是在18世纪中叶的乾隆至嘉庆年间。这两种记账方法都代表着当时中式会计的先进水平,直到1840年鸦片战争后,中国才出现中式会计概念与引进的借贷复式记账两者真正并存的局面。

四脚账也称"天地合账",是一种比较成熟的复式记账法。之所以称为四脚账,是因为中国古人喜欢把所有的经济事项都分为现金交易和非现金交易(债权债务往来交易)两大类,而每一类又都可以分为资金来源、资金去向两个方面,这四个方面组成了整个经济活动,称为"四根柱子"或"四只脚",四脚账因此得名。

所以能看到,它注重经济业务收入("来方")和付出("去方")的账务处理,无论是现金收付还是非现金转账,都需要记录金额相等的两笔("来账"和"去账"),这就有点像西式会计中的复式记账法了。

与龙门账相比,四脚账在传统的中式三账基础上,创建了中式会计历史上最完善的账簿组织,某些方面已经很接近于西式会计的账簿体系了。而在结账与平账方面,它虽然依然沿用了四柱结算法的基本原理,具有浓郁的中式特色,但是在成本结转、盈亏计算、结册编制、平账原理与运用等方面已经与西式会计不谋而合。

四脚账的账簿体系怎么个完整法呢?总体上看,它分为三个部分:一是流水账;二是总账,当时称为"总簿";三是会计报告。

在第一部分流水账中,又有草流和细流之分。前者相当于西式会计中的备忘录,起原始凭证作用;后者是在前者基础上整理后登记的序时账,又分为银清簿、日清簿、货清簿三种,有的商号还会在货清簿下继续分设进货簿(采货簿)和销货簿(兑货簿)。

在第二部分总簿(总清簿)中,经营规模较小、业务简单的商号只设一本总账;规模较大、业务复杂的,会分别设置"交关总"(往来账总账)、"货总"(商品进销总账)、"杂总"(其他总账,相当于普通日记账,主要记录未分配红利、各类公债、计提准备金、股东往来及资本等)。

在第三部分会计报告中,与龙门账一样,把编制报告称为结册,有时也称红册、彩册、红账。整个会计报告分为两种:一是彩项结册,相当于今天的损益表;二是存除结册,相当于今天的资产负债表。它的试算平衡是在存该结册上进行的,分上下两个部分,上部称天方,下部称地方。试算结果如果上下两部分数额相符,就称为"天地符合",否则就称为"天地不合"。

四脚账的账簿组织体系已经朝着证、账、表结合的方向发展了,这是它比龙门账进步的主要标志,也是称它为中国固有的、比较成熟的复式记账法的理由。在此之后,中式会计再无新的发展。究其原因主要在于,清末有了更为先进的西式会计的引入,彻底冲垮了中式会计。

平心而论,与借贷复式记账相比,四脚账的缺点还是很明显的,如账簿组织建设不够严密、核算项目设置不够科学、账户体系不够健全、报告编制缺乏科学性、对会计凭证的运用还停留在比较低级的阶段等,都使得它到了应该"寿终正寝"的地步。

除此以外,是不是还与"四脚账"容易让人联想到背后的成语"四脚朝天"意味着一个人死去有关呢?这就不得而知了。

唐代正式出现会计分析

所谓会计分析,是指根据会计核算所提供的会计信息,运用一定的分析方法,对企业经营过程及其经营成果进行定量和定性的分析。

人类是不是善于从某件事物中去进行总结、分析、反省,是考察能不能从中获得长进的主要依据之一。可以说,人类自从有了会计行为,同时也就有了会计分析,但真正的会计分析是直到唐代才出现的。

从会计发展史看,在中国,会计分析的演进大致经历了以下两个阶段:

第 2 章
会计方法:柳暗花明又一村

第一个阶段是会计分析方法的萌芽阶段,时间跨度为夏代至南北朝时期。

之所以说这个时期是萌芽阶段,是因为当时虽然也有所谓的分析,但只是停留在表面上对会计记录的简单翻阅。例如,无论是西周还是汉代,虽然也有通过上计簿对财政收支情况进行的"分析",但目的主要是为了对官员进行奖惩,完全是浅尝辄止。南北朝时期因为长期战争,一切经济工作都要服从于打仗,所以那个时期就连这种一般性的会计分析(官员考核)也都顾不上了,直到隋代时才有所恢复。

这种只看一个数字兑现奖惩的办法,很像本书作者 20 世纪 80 年代初毕业前老师告诫的,"参加工作后给领导汇报不必说得太'深',大多数经理只会看报表上的'利润'一栏,最多再瞄一眼'营业额',其他数字不是看不懂就是不想看"。当时作者听了感到很惊讶,也很委屈,觉得许多东西"白学了",但走上工作岗位才知道确实如此。因为当时的企业都是国营、集体性质,能够走上领导岗位的多是部队转业或政工干部,所以他们也只看得懂这两个数字;同时,又因为上级只关心他们的规模(营业额)和业绩(利润),于是他们也就顺理成章地只看这两个数字了。他们或许也会要求你递交一份会计分析报告,但交上去后基本上是不看的。

第二个阶段是会计分析方法的产生和发展阶段,时间跨度为唐代至清代。

从唐代开始,会计分析有了明显的进步。无论是唐代的《元和国计簿》还是宋代的《元祐会计录》,都有计账、户籍分析、国家财政收支的对比分析以及各种专项分析;并且,宋代还出现了专门汇集会计资料的重要著作《太平经国之书》[①]和《玉海》。

例如,807 年(元和二年)宰相李吉甫的《元和国计簿》,以及 828 年(太和二年)宰相韦处厚以《元和国计簿》为蓝本完成的《太和国计簿》中,

---

[①] 《太平经国之书》为宋代郑伯谦所著,全书 5 万多字,共 11 卷。第 11 卷中有专门研究周代会计机构和会计制度的《会计上》《会计下》,该书因此成为我国会计史上第一部研究会计发展历史的考据著述。

都收录了唐代人口、赋役、财政、税收等方面的会计(统计)资料,并且是按照国家财政收入项目来记载收录数字的。《元和国计簿》是我国第一部财计著作,共分10章,基本内容分为三个部分:一是列示户籍计账资料,分别从计户纳税地带和不计户纳税地带两个方面,来反映赋税来源和预算收入实现情况;二是按照财政收入项目反映实际收到的收入数据,分析财政收入获取的情况;三是通过与历史资料进行对比,分析存在的问题。这表明,当时的会计报告水平已经发展到一个新阶段。

值得一提的是,在《敦煌掇琐》收录的唐代经济史料中,还能看到其中有四件是管理官员马善昌呈报的"官马死亡状"。用今天的眼光看,这简直就是唐代报损流动资产"官马"的原始凭证。

唐代国计簿的出现,不但标志着中式会计的核算和分析进入一个新阶段,并且是中式会计发展史上的一个重要里程碑。

所以,接下来的宋代及宋代以后,会计分析方法被普遍使用,并且还在唐代国计簿的基础上,有了以年报资料为基础的经济分析文献"会计录",为统治者"量入为出"管理经济提供了极大的帮助——许多问题可以提高到理论高度来认识,就为宋代财政会计理论的发展奠定了基础。宋代《会计录》的编制,则代表着会计分析方法达到中国封建社会的巅峰。

元代,总体来看,在会计方面没什么大的进步,这里按下不表。

到了明代,对会计报告和会计分析还是非常重视的,不但要求按照四柱结算法的规定编制四柱清册,逐级上报,而且还明确规定了统一的编报格式和上报日期。在明代具有代表性的会计著作《万历会计录》中能看到,按照"旧额""见额""岁入""岁出"记载了人户、田粮、军饷、俸禄以及各种税收和交通运输资料,类目编排井然有序,数据排列有规律可循,并且重点突出了财政收支项目的对比关系。可见,当时的会计分类和分析已经达到相当高的水平。

明末清初,会计分析工作又有进一步的提高。明代和清代的《会计录》以及日常会计专项分析,在沿袭宋代的基础上都有部分创新。尤其是到了清代末年,表式会计报告出现了,会计分析时引用数据更方便了,对分析问题的说明也比过去更加简明扼要。

晋商的人力资源会计

人力资源会计是美国于20世纪60年代正式提出的。殊不知,早在四五百年前的山西晋商中就已经普遍实行"人力资源核算"了。

明清时期,晋商在全国最活跃的十大商帮中处于领先地位,称雄中国商界500多年,会计上也有许多创新。大名鼎鼎的龙门账就是与晋商往来频繁的太原人傅山参考当时的官厅会计和四柱清册设计出来的。

晋商堪称是中国股份制企业的鼻祖,其"人身股"制度则是人力资源会计的鼻祖。出现这一幕的前提是,明清时期这些商号最早都是自己投资、自己经营的,然而当资本积累到一定程度、经营达到一定规模时,创始人就没有精力也没有能力继续经营下去了,这时候便会采取委托代理的形式聘请职业经理人,出让资本经营权,从而实行所有权与经营权的分离。

从明代中期开始,晋商就实行这一制度了,一直到民国,历时四五百年。其基本内涵是:企业从业务骨干一直到大掌柜(总经理),都可以顶1股到1厘甚至零点几厘的企业股份。当时的行情是,1股资本股一般为1万两白银,具体顶多少,会在年终由大掌柜提出,然后经全体股东根据该员工的任职期限、能力、贡献大小而定,称之为"身股"或"顶生意";每人顶股数量"上有封顶、下不保底",封顶数大掌柜是"身股"1股,其他员工则要低于该数。

年终结算时,人身股与资本股享有同等权利,一起参与利润分配。每股人身股究竟能换成多少股资本股,会在章程中约定。例如,历经230多年的晋商"大盛魁",员工最多时超过7 000人,该商号就规定每三年为一个"大账期"(会计年度),进行一次决算分红,同时调整身股原数。分红时,按"公积金"增长规模作为主要考核标准,生意最好时1股可分到1万两白银。人身股和资本股实行同股同权,包括已经去世的员工的家属依然可以享受分红。所以发展到后期,人身股的总数会超过资本股数量。

再来看另一家名为"大德通"的票号。票号也称"票庄""汇票庄""汇兑庄",因为起源于山西并且多是山西人开设的,所以也称为"山西票号"。刚开始时,票号主要以经营汇兑业务为主,后来慢慢地发展成存放款业务,到清代咸丰至光绪年间到达鼎盛状态;与此相适应,那时候的会计制度也处在中国古代商业会计最高峰阶段。

据大德通票号1889年的分红账簿记载,1885年至1889年的账期中,该票号共获利2.472 3万两白银,资本股和人身股一共是29分7厘,即29.7股,每股分红850两白银。其中资本股20分(股),23名员工的人身股9分7厘,这23名员工中有3名员工已经去世。而到了1905年至1908年的账期中,该票号共获利74.354 5万两白银,共有资本股和人身股43分9厘5毫参与分红。其中,资本股仍然是20分,而人身股则已经增加到23分9厘5毫,顶股人数增加到57人,每股分红1.691 7万两白银。

不用说,能够获得人身股的员工必定是业务骨干,其基本条件是:三年学徒期满后考核合格,录用为正式员工;然后,再经过几年锻炼,在思想和业务方面表现优秀;再经过短则一两年,长则十几年,才有资格顶股,也有的永远都无法获得这种权利。应该说,这样的条件是很苛刻的,充分体现了人力资本的作用,而这正是晋商长盛不衰的秘密武器。

当时的普遍规定是:人身股不能转让,子女也不能继承。员工正常退休,照样可以根据人身股分红;但如果是被辞退或跳槽,则立即终止。员工死亡后,仍然可以享受一两个会计年度的分红,称为"故股"。如果企业发生倒闭,人身股不用承担债务追索。但晋商会计核算非常谨慎,每年都会从盈利中提取部分人身股红利,相当于现在的公积金;此外,还会按照一定比例从每个人的分红中提取一部分"护本"来,相当于今天的风险基金,票号一旦发生经营亏损,便可从中支取,用预提倒款措施来防范经营风险。通俗地说就是,每年在进行利润分配时会预先提取部分用于将来可能发生的倒账损失(相当于今天所说的坏账损失)。

第 2 章
会计方法：柳暗花明又一村

关于这一点，与晋商当时创立的资本金制度密不可分。晋商很少"借鸡生蛋"，所以，为了确保流动资金充沛，他们创造性地推出了"倍股""厚成""公座厚利"制度。所谓"倍股"，就是前面所说的"护本"，指在利润分配时按照股份（包括人身股和资本股）提取一定比例的红利留在企业参与周转、使用，这部分资金仍然归个人所有，但只支付利息不参与分红，目的主要是扩大企业经营中的流动资本。所谓"厚成"，是指年终结账时将应收账款、现存资产打个折，迫使账面资产低于实际资产。所谓"公座厚利"，就是在按照股本进行利润分配之前，先提取一部分作为公座，这就相当于今天所说的公积金了。①

这种先进的人身股制度，使得当时的山西票号虽然多是家族企业，可是其经营方式和管理已经相当现代化，其中有些金融理念直到 100 年后才出现在美国华尔街上。而这种"人力资源会计"核算，也使得天下英才愿意在此抱团经营，使得一向贫瘠的晋中平原成为当时中国最富裕的地区，没有之一。也难怪，当足迹遍布中美两国的宋霭龄 1915 年随新婚丈夫孔祥熙回山西故里省亲，看到当时虽然已是战后落败了的遗留场景但依然奢华至极时，要称之为 19 世纪"中国的华尔街"了。②

折旧率与成本核算

折旧的概念是 15 世纪末才出现的。伴随着欧洲大航海时期海上贸易的发达，这时候的复式记账已趋于完备，簿记概念也在向会计概念转化，而"折旧"则是其中一个很重要的会计概念。

为什么这么说呢？这是因为，在此之前耐用的长期资产很少，即使有，商人们在会计核算时通常也会选择在报废时一次性冲销、在还没报废或售出时作存货处理，从而在经过年终盘点后，根据市场价值调整业主权

---

① 孔祥毅：《晋商在会计发展史上的贡献》，《山西财经大学学报》2005 年 2 月第 27 卷第 1 期，第 116～123 页。
② 《汇通天下：理念领先华尔街的山西票号》，《中国总会计师》2011 年第 9 期，第 142～144 页。

益。可是，随着工业革命的开展，生产经营中用到的、耐用的长期资产越来越多，已经严重影响到这种业绩的真实评估了。这时候，人们越来越意识到需要通过折旧这样一种方式来分摊成本和费用、均衡资本和收益。

为了区分收益性支出和资本性支出，同时也是为了进行收入和成本费用的恰当配比，再加上当时的企业经营规模越来越大、经营要求越来越高、投资者和经营者已经日益分离，所有这些都从客观上要求对外披露收益表，于是折旧概念应运而生。

此外，工业革命和重工业的发展，也使得在企业规模增大的同时制造费用激增，于是，产品成本成为一个不容忽视的重要问题。尤其是制造程序与费用的归集、分配越来越复杂，这样，就势必要求以存货计价为突破口，形成以历史成本为基础的"成本会计"核算法。

有意思的是，17世纪荷兰之所以会成为航海和贸易强国，就与成本核算有关。当时，他们每次航海时间平均长达30个月，为此专门雇用穷人做船夫，吃得少但干活多，这样船上的储备粮就带得少，运载货物更多。

严格地说，原始的成本会计起源于英国汇集生产成本的一种制度，主要是用来计算和确定产品的生产成本和销售成本，时间是1880年至1920年。在此期间，英国在工业企业中已经采用订单成本计算、分步成本计算法了，后来这一方法传往美国及其他国家。

自从美国会计学家提出了标准成本会计制度，并且在原有成本积聚的基础上增加一项新的职能，即"管理上的成本控制与分析"，这时候的成本会计就从第一阶段的原始成本会计阶段进入第二阶段的近代成本会计阶段，时间段是1921年至1950年。

在此期间，成本会计也就不再局限于过去只计算和确定产品的生产成本和销售成本了，还要事先制定成本标准，并据此进行日常的成本控制和定期的成本分析。正是从成本会计扩大管理职能开始，其应用范围也从原来的工业企业扩大到商业企业、公用事业和其他服务性行业。

确切地说，在20世纪20年代，根据现代企业管理理论和实践的需要，在成本会计基础上又出现了管理会计，这样就又使得传统的会计工作从事后记账、算账、报账，同样也转移到了事前的预测与决策、事中的监督与控制、事后的核算与分析上来。1922年，美国会计学者H. W. 奎因坦斯在其《管理会计：财务管理入门》一书中第一次提出了"管理会计"的名称，只是并没有引起会计界的普遍重视。但管理会计的出现，标志着会计发展史上的一次重大革命。因为正是从这时候开始，现代会计出现了财务会计和管理会计两大分支。

1951年之后的成本会计进入第三个阶段即现代成本会计阶段。其主要标志是，成本概念已不再仅仅局限于产品成本，还包括付出的以及可能付出的用货币计量的所有价值牺牲。也就是说，这里的成本，除了产品成本之外，还包括开发成本、工程成本、劳务成本、资产成本、资金成本、质量成本、环保成本等；并且，根据成本信息需求的不同，形成了各种多元化成本概念体系，包括目标成本、责任成本、相关成本、可控成本、可避免成本等概念。

第3章

会计工具:从结绳到信息化

文字和数字的出现

会计(具体地说是会计数字)的资格要比文字记载老得多。

这其实很容易理解,因为会计本身就是为经济服务的,而经济活动则是伴随着人类的出现同步产生的,经济活动先于文字的产生。早期的人类可以没有政治、没有文化娱乐,但必须有经济、有军事。

"衣、食、住、行"中,"食"最重要,因为所有动物包括人必须首先填饱肚子,然后才能进行各种再生产。而会计一旦离开经济,似乎也就没有了存在的必要。相比之下,文字却是在原始人留下的计量符号基础上产生的"文化",所以,"数字"的年龄和资格要比"文字"老得多。

直到现在,依然能看到一些落后地区尤其是穷乡僻壤,文盲不一定认识自己的名字,却一定认得钞票,甚至会在大城市里的菜场上做生意。

人类社会之初,生产力极其低下。为了生存,这些原始人不得不联合起来,与天斗、与地斗、与人斗(怕被同伙吃掉)、与兽斗(防止被野兽吃掉)。而在这过程中,就需要交流思想、传递信息,需要用到语言和文字。

第3章
会计工具：从结绳到信息化

语言沟通当然方便，但它有个缺点，那就是无法保存，也不能传到很远的地方去。当时可没有录音设备，也没有电话、网络这样的信息传递工具。所以，比语言交流更有优势的是文字；而在文字出现之前，则经过了漫长的堆石记事、结绳记事、刻记记事阶段。

结绳记事在世界各地都出现过，尤其是南美洲的秘鲁最出名。在中国，宋代以后南方依然还有结绳记事。结绳记事主要是帮助记忆一些事情，无法进行语言和思想交流，主要是起表意作用，所以它不可能发展为文字。

刻记记事已经比结绳记事前进一大步。因为它不仅可以定性记录，还可以通过刻记符号来表达数量的多与少。要知道，所有记录中最重要也最容易出现纠纷的是数量，而刻记的最大优势便是可以把数字刻在石头、竹片或木片上。虽然开始时大家所用的符号并不一致，有点像"鬼画符"，但线条再难看，对方基本上也能看得懂，而这就够了。

从结绳记事、刻记记事发展到第三个阶段，便出现了图画文字。与前两者相比，图画文字的优势在于，除了帮助记忆，还能表达思想。当时的图画画的主要是动物和人，只要你画得不太差，就能让人一看便知道画的是什么；然后，语言（看图说话）就出现了。

比如，大家看到上面画的是一只老虎，就可能会说"虎"；久而久之，就会把这个图像画下来，慢慢地画成象形文字"虎"。而在此之前的结绳记事、刻记记事阶段，就只能发出某种声音（语音），无法转化为约定俗成的语言。直到有了约定俗成而广泛使用的语言后，才会形成文字。而图画记事，则介于图画和文字两者之间。

随着图画数量越来越多，图画文字也就不用再像过去那样画得逼真了，潦草一点大家也都知道画的是什么，这样就出现了象形文字。时间一长，图画向文字方向转变，就可以直接用文字来表达意思了。

当然，那时候的文字中多少能看出这种图画文字的模样来，这就是象形文字。两者的区别是：图画需要画得像，而文字不用画，是写出来的；图画不能读，但文字可以读；图画是画出来的，费时费力，而文字是写出来的，一挥而就。显然，在用于交流和经济记录上，文字比图画要优越得多，结绳记事、刻记记事与之相比不是一个级别。

接下来的第四个阶段便是文字,仓颉造字。仓颉是黄帝的史官,公元前26世纪黄帝统一华夏后,觉得用结绳记事的方法太落后了,所以交给仓颉一个任务,要他想出一个更简单的记事办法来,于是仓颉便想到了造字。因为当时的图画文字已经成熟,脱离图画单独用字来记录的条件已初步具备。

怎么造字呢？开始时仓颉也想不出好的办法来。突然有一天,他看到天上飞过一只凤凰,从它嘴里掉下一件东西,正好掉在他面前。他捡起来一看,上面是个脚印,但看不出是什么动物的脚印,于是便去问猎人。猎人一看就说,这是貔貅的蹄印。仓颉从中得到启发:万事万物都有特征,抓住这些根本特征把它简单地画下来,就能造出(象形)字来。

就这样,仓颉造出了一个个字,然后献给黄帝,从而结束了过去五千多年堆石记事、结绳记事的"远古符号"历史。黄帝感到很满意,便要求仓颉把这些文字传授给各地的酋长们,这就好比是办"扫盲"班了,这些象形文字开始慢慢普及开来。当年仓颉造字的地方在今天河南省郑州新郑市的"凤凰衔书台",宋代时还在这里建过一座庙宇名为"凤台寺"。

顺便一提的是,仓颉造字后,当时的写字方式除了雕刻,还有真正的"写",即用毛笔写在陶器上。田野考古表明,早在文字产生之前的公元前51世纪至公元前31世纪的仰韶文化时期,就已经用毛笔"写"字了。郑州小双桥遗址发现,殷商之前就有用朱笔和墨笔在陶大口尊上写字了;商周的青铜器铭文,也是先用毛笔描出来,然后雕刻上去的。今天之所以人们认为古人只会用刀刻字,关键是笔写的文物无法保留到现在。[①]

到了秦代,"文""字"两字开始连用了,而在此之前这是两个不同的概念。所谓"文",是指依照事物的形象画出的图形,它的本义是"花纹""纹理";所谓"字",是指在形旁、声旁出现后结合在一起的形声字和会意字。所以,古代的结绳记事既不能算是"文"也不能说是"字",在此之后的伏羲

---

① 林沄:《说"书契"》,《吉林师范大学学报(人文社会科学版)》2003年2月第1期,第83～85页。

画卦、仰韶文化、大汶口陶文等就只能算是"文";直到殷商甲骨文中,才既出现了"文"也有了"字"。

古埃及人的纸草账簿

会计发展的前提之一是表达,包括书写技术、数字、算术、算盘和计算机的普遍应用,以及货币作为共同计算单位等。

在这其中,最早是书写技术和数字同时出现的。当然,最初的那种数字还仅仅局限于1和2,连3都没有,3的出现历经了上千年历史。在古人眼中,"3"就是"多""很多"了,称为"众"。

本书前面提到,中国古代普遍使用"帐"字是在唐代,那是因为当时的纸张已经得到普遍使用。考古发现,虽然西汉时期就已经有了麻质纤维纸,但这种纸质地粗糙,成本高,数量还少,所以并不普及。到了105年(东汉元兴元年)蔡伦改进造纸技术,用树皮、麻头、破布、渔网等做原料,这样既扩大了原料来源,价格也便宜,质量还有提高,纸的使用才开始慢慢普及开来(1859年,汉学家、传教士李约瑟在《中国的宗教》一书中将造纸术誉为中国"四大发明"之一)。相比之下,古埃及人早在这3 000年之前就已经使用纸草纸记录经济事项了,这便是世界上最早的账簿。

大约在公元前31世纪前,古埃及人发明了用纸草簿记作记录,从而把国库簿记推进到一个新的历史阶段。它通过有点像今天"支付命令"式的那种经济凭证,奠定了官厅收支制度及手续程序。而为了保证这种设置记录真实可靠,定期盘点出现了。记录官所登记的账簿,必须按照规定接受国库监督官的检查,这样,就在国库记录官、出纳官、监督官之间形成了一种相互牵制的关系,从而把簿记方法体系确定了下来。

更难能可贵的是,这种纸草簿记在格式上已经可以看到今天会计账簿的雏形了——纸草上划分为多栏,按照项目确定结算关系并进行汇总,最后一栏是"总计"。仓库账簿每天都要编制汇总表,分别计算出各种财物的结余数,作为编制报告的依据;要求定期编制会计报告,其中还规定必须全面列示各项财物的收支情况及其结果。至此,古埃及的"官方簿记"已基本形成并粗具规模。

纸草又称纸莎草,是一种生长在沼泽地的植物,曾经广泛分布在尼罗河两岸的池塘和沼泽地,但现在已经很少见了。纸草的主要用途是用来制作纸张用于书画,此外,还可以用来做绳、筐、鞋子等。埃及这种用纸草发明的纸要比中国早几千年,纸草现在是埃及的国草,纸草画是外国人去埃及旅游必买的纪念品。纸草既然可以造纸,那么就毫无疑问也可以用来记账了。多张纸草粘接在一起便形成一个卷轴,例如20张纸草纸可拼成6至8米长,这样就可以用来书写或记账了。

史料记载,这种卷轴的长度最长可达42米,用于会计记账的卷轴宽度一般为40厘米。记账时铺开卷轴,右手握笔书写,并且像古文一样是从右往左写的。这种笔也是用草根削尖制成的,蘸上纯天然植物汁液做成的颜料,然后用象形文字写在上面,久不褪色。写完后卷起来就成了卷轴,存放在陶罐里。正是因为古埃及有了纸草做成的这种纸,才使得早先人类的数学成果和经济记录得以尽早流传。

纸草纸是世界上用植物做书写材料的最早记录。本书前面提到的黏土标志会计,这种黏土标志消逝于公元前31世纪之前,而纸草纸的出现正好在那时候,某种程度上起到了替代黏土标志的作用。

可是必须承认,今天只要一提到埃及,人们首先还是会想到金字塔。为什么?这有两大原因:一是古埃及人对死者特别崇敬,所以特别讲究修建经得起时间考验的坟墓和庙宇;二是那个地区气候异常干燥,所以这些建筑艺术包括壁画与雕刻能够很好地保存下来,其中既包括实物也包括纸草记录。而实际上,古埃及的数学和会计水平并没有古巴比伦高。古巴比伦是许多大型商队行商的必经之地,而古埃及处于平静和富足的尼罗河畔,与外界接触较少。只是因为古埃及用纸草记录,而当时的古巴比伦还在用黏土标志,所以前者保留下来的资料更多。

这便是书写记录进步对会计的促进作用。比如,在今天大英博物馆内珍藏的一份纸草纸上,就有一位名叫阿摩斯(Ahmose)的僧人所写的文章。这篇文章是公元前 17 世纪至公元前 19 世纪(一说公元前 1650 年左右)写的。据这篇文章的作者称,他又是从公元前 23 世纪以前第 12 王朝一位国王的旧卷子上转载下来的。

在这份纸草纸上,记载了关于分数和普通四则运算的一些说明。这表明,当时他们的数学已经达到初等代数的水平,相当于今天小学三年级的水准。只是因为他们还不知道乘法是加法的简便运算,所以在计算乘法时,是通过一遍遍相加得到结果的。同时,文件中也有记载土地测量的规则,以及土地面积、仓库容积、粮堆体积、石料和其他建筑材料体积等的计算。原因在于,当时的尼罗河定期泛滥,淹没了土地和土地界线,所以需要用绳子来重新丈量土地,并且把丈量结果记录下来,而这显然对当时的政府来说是最重要的会计事项了。另外就是,由于这是从国王那里得来的,还可以因此推断当时的这种会计属于官厅会计记录。[①]

在印度,纸张发明之前,弘传佛经时是把文字记录在贝多罗树叶子上的,然后码好,用两块木板夹住,中间穿孔装订起来,称为"贝叶经"。到了中国唐代时,多用改良过的仿贝多罗树叶来代替真的贝多罗树叶,这种做法有点像今天电风扇扇叶用塑料片代替过去的金属片一样。但不管怎样,贝多罗树叶既然可以写字,当然也就能够作为记录经济事项的会计账簿来使用。

无论是伊拉克的原始算板、埃及的纸草记录、印度的贝多罗叶记录,还是中国的陶器、兽骨记录,都能从中看到原始人进行计量、记录的杰作。

五指张开画罗马数字

会计记录中,在象形文字之后,最早采用的是罗马数字。这种数字起源于古罗马,因而得名,这是世界上最早的数字表达方式。

原始人和动物具有一种天生的数觉,人的计数能力就是在这种数觉

[①] [英]W. C. 丹皮尔著,李珩译,张今校:《科学史及其与哲学和宗教的关系》,桂林:广西师范大学出版社 2009 年版。

基础上发展起来的。

最早的数字当然是"1",因为这是最基本的数字单位,用来表示数量极"少"(自然数中没有比"1"更小的了,再小就变成"0",意味着"没有"了)。后来,又在"1"的基础上发展出了"2"。这是因为人有许多器官如双手、双脚都是对称的偶数,是1的"2"倍。当然,这是国外的说法。中国人教小孩认识"2",则习惯于从双手、两耳、两眼着手。在拉丁语中,"2"(duo)是从动词divido(我分)演化而来的,表示一个物体有左右两半。那时候的原始人怎么也想象不出"3"字来,不知道要"3"有什么用。万一要用到"3",会首先想到从"1"+"2"演化而来。所以,"3"字的出现经历了相当长的一个时期。关于这一点,无论是从今天"3"的英文thrice和拉丁文ter既具有"3个"的含义又具有"许多"的含义,还是从中国古汉语中"三"表示"许多"中,都能得到部分证实。自从有了"3"和"许多"后,就又进一步衍生出了其他数字。

原始人创造罗马数字,是用手指做计算工具的。距今约2 600年前,古罗马人伸出1、2、3、4根手指,然后依样画葫芦地在羊皮上描写出Ⅰ、Ⅱ、Ⅲ、Ⅲ(后来为了节省空间,又改为Ⅳ)的图案来表示。伸出一只手,表示5个物体(用大拇指和食指张开的形状"V"来表示);伸出两只手,表示10个物体(先是画成"VV"形,后来又改为一只手向上、一只手向下从而形成"X")。这种使用习惯一直延续到现在,今天即使是中国人,日常交谈中仍然能看到这样的手势表达方式。

为了能够表达完整的数字,当时的罗马人一共采用7个罗马字母做基本数字,即Ⅰ(1)、X(10)、C(100)、M(1 000)、V(5)、L(50)、D(500),并把它运用在会计记录中。在相同的数字连写时,所表示的数字就是这些数字相加得到的数,如Ⅱ表示2、Ⅲ表示3等。如果小的数字在大的数字的右边,所表示的就是这些数字相加得到的数,如Ⅶ表示5+2=7、Ⅻ表示10+2=12等;如果小的数字在大的数字的左边,所表示的就是大数减去小数得到的数,如Ⅳ表示5-1=4、Ⅸ表示10-1=9等。在一个数的上面画一条横线,就表示这个数的1 000倍,如$\overline{V}$表示5 000等。

第 3 章
会计工具：从结绳到信息化

以今天的眼光看，罗马数字书写起来十分不易，尤其是在用于大数时就更是特别麻烦。例如 1 888，在罗马数字中要写成 MDCCCLXXXVIII；更有意思的是，罗马数字因为不是十进制，所以没有"0"，当时在遇到 0 时只能用空格来代替。

为什么会没有"0"呢？那不是非常不方便吗？是的，但当时欧洲教会的势力非常强大，谁都没办法。古罗马教皇认为，当时的罗马数字已经"十全十美"了，根本不需要用到"0"；为此，甚至还向外界宣布，"罗马数字是上帝发明的，从今以后不许人们再随意增加或减少一个数字"。一个活生生的例子是，一位古罗马学者在自己的著作中悄悄地介绍了关于"0"的用法，结果被教皇派人囚禁起来投入监狱，并施以酷刑。

当然，不用说，当后来人们逐渐了解到使用"0"的好处后，就再也阻挡不住这股潮流了，哪怕是教皇也法不责众了。

虽然罗马数字的产生比中国甲骨文中的数码要晚，也迟于古埃及人的十进位数字，但它的出现依然标志着古代文明的一大进步。直到今天，罗马数字依然会出现在钟表、产品型号代码、条形码、科技图书的章节及分类中，其他地方则已经很少见了。2015 年 7 月，意大利首都罗马正式表示放弃使用罗马数字，无论是街道指示牌还是官方文件、身份证明、账单等，从此全都改成意大利写法，这才意味着罗马数字正式大规模退出历史舞台。

罗马数字在会计记录中的使用，一直延续到复式记账发明之后相当长的一段时间。当时随着经济规模越来越大，会计记录中的数据也越来越长，用罗马数字来表达大数确实有相当大的难度，已经不再适合形势之需。尤其是在记分类账和计算利润时很不方便，账页再怎么宽也不够用。但没办法，只是因为当时还没有出现更为简便的阿拉伯数字，所以这种方法在复式记账发明后依然继续沿用了好几个世纪，才慢慢地被阿拉伯数字所取代。

1202 年，意大利数学家斐波那契出版了《计算之书》一书，系统地把阿拉伯数字引进罗马，进而影响了整个欧洲；再加上当时十进制位值法的运用，才彻底打破长期以来西式会计停滞不前的局面，并且对后来意大利式簿记法的全面形成也有不可忽视的促进作用。

印度人发明阿拉伯数字

阿拉伯数字的出现，大大促进了会计工具的发展。

公元前26世纪左右，当时古印度出现了一种被称为"哈拉巴数码"的铭文计数法；公元前后开始流行"卡罗什奇数字"和"婆罗门数字"；3世纪左右，古印度的一位科学家伯格达用三个符号来表示数字。也就是说，他当时只想到可以用1、2、3这三个数字，如果要表示4，就必须进行2+2的计算，要表示5则会是2+2+1。

当时的人为什么会这么"笨"呢？其实，这是有历史局限性的。因为当时的罗马数字实际上也只有Ⅰ、Ⅱ、Ⅲ三个数，如果要表示4（Ⅳ）则需要用5（Ⅴ）－1（Ⅰ）来表示。这就是当时数学计算的基础和现实。

后来，印度次大陆西北部的旁遮普地区在婆罗门文化和经济的迅速发展下，数学处于领先地位了。一位名叫阿叶彼海特的天文学家发明了一种新的计数方法，先在第一个格子里放上1个代表数字的符号，然后在从右往左的第二个格子里也放上同样的符号表示前者的10倍，第三个格子里放上同样的符号表示是第一个格子的100倍。这样，不但同一个格子里不同的符号可以用来表示不同的数字，而且不同位置的格子里所放的符号还能表示不同的倍数。再后来，有学者觉得，其实盒子里也可以什么都不放，就以空格来表示"0"。又经过相当长的一个阶段，觉得什么都不放并不好，因为这时候你搞不清究竟是故意空着的还是无意中忘记了的，如果能用符号来表示更好，于是就选择了"·"。

到了3世纪至6世纪，古印度在流行佛教大乘空宗时，正好出现了新的十进位制计数法，所以便采用拿来主义用"0"来代替"·"。原来，大乘空宗强调"一切皆空"，并且"空"也有原点的意思在内，所以用梵文名为Sunya（汉语音译为"舜若"）、意为"空"的"0"来表达"一切皆空"（任何数乘

第 3 章
会计工具：从结绳到信息化

以 0 得 0)和原点(正负数分界点)实在是妙不可言。

再后来,古牁人在此基础上发明了表达数字的从 0 到 9 的 10 个符号,从而成为计数基础,时间段大概在 4 世纪左右。在 876 年印度出土的瓜廖尔石碑中就已经有了明确无误的"0",这可是数学史上的伟大发明。由此可见,10 个阿拉伯数字最终完成的时间应该在 9 世纪末。

到了 6 世纪左右,阿拉伯人团结在伊斯兰教旗帜下,建立了东起印度、西至非洲和西班牙的大阿拉伯帝国;后来,又一分为二为东、西阿拉伯两个国家,共同创造了繁荣而又独特的阿拉伯文化。

8 世纪前后,阿拉伯人征服了印度旁遮普地区,结果发现那里的数学符号和体系比自己要先进得多,感到非常惊讶。

760 年,一位印度旅行家来到阿拉伯帝国首都巴格达,把一部印度天文学著作《西德罕塔》献给国王曼苏尔。曼苏尔让人把它翻译成阿拉伯语。就这样,这印度数字和计算方法就被介绍到了阿拉伯国家。

为了加快推广速度,771 年,阿拉伯把印度北部的数学家强行抓到巴格达,强迫传授这种先进的数学符号、体系和计算方法。不用说,由于这些阿拉伯数字及计算非常简单而方便,所以,那些做生意的商人们非常愿意学。可以想象,这很可能就像今天我们的英语培训班那么火爆。

接下来,阿拉伯人掌握了这种数字艺术后便传入西班牙,这样就出现了从原来婆罗门数字导出的两种阿拉伯数字流派:一是中东的阿拉伯人使用的东阿拉伯数字;二是西班牙的阿拉伯人使用的西阿拉伯数字。

10 世纪,西阿拉伯数字又传入了欧洲其他国家。1202 年,意大利出版《计算之书》来系统介绍这种数字及其应用,标志着阿拉伯数字在欧洲已经得到正式认可。15 世纪时,阿拉伯数字已在欧洲得到广泛的普及和运用,只不过形状与现在我们看到的并不完全一样。后来,又经过数学家几百年的改进,西阿拉伯数字才成为今天的模样。

而东阿拉伯数字则长得有些异样,直到今天,埃及等许多阿拉伯国家依然喜欢使用东阿拉伯数字,或者两套阿拉伯数字并用。为了区别,他们把东阿拉伯数字称为"阿拉伯人数字"。"阿拉伯人数字"和"阿拉伯数字"

虽然只有一字之差，可是写法上却大相径庭，它在阿拉伯数字基础上进行了完善，更便于书写和运算，就这样一直用到今天。并且，阿拉伯国家所有用数字表示的商店、银行、车站、汽车牌照等，写的都是"阿拉伯人数字"，即使用阿拉伯数字是次要的；另外还有一个重要特点，那就是阿拉伯语一律是从右往左写的，唯有数字是从左往右写的。

阿拉伯数字的最大好处是笔画简单、书写方便、表达清晰，用笔演算起来非常便利，并且能够很简单地表示所有有理数。

有趣的是，当时欧洲人只知道这些数字是阿拉伯人传给他们的，所以兴高采烈地到处称之为"阿拉伯数字"，以至于以讹传讹，直到现在。不过平心而论，阿拉伯数字虽然是印度人发明的，却最终是通过阿拉伯人的广泛传播才被当做国际通用数学语言的。所以，称之为"阿拉伯数字"用来纪念阿拉伯人的传播功绩，也实在是情有可原。

13世纪至14世纪时，阿拉伯数字开始传入中国。但由于中国当时正流行一种同样比较方便的名为"算筹"的数字，所以，阿拉伯数字怎么推广也推不动。直到20世纪初，随着中国对外国数学成就吸收和引进的兴趣渐浓，阿拉伯数字才开始慢慢得到广泛运用。

换句话说，这10个阿拉伯数字能用来记录所有自然数，并在全世界通用，被称为数学史上无与伦比的辉煌成就，可是在中国的推广使用时间并不长，至今也才只有100多年；不用说，现在早已广泛使用了。

顺便一提的是，阿拉伯数字为什么会长成"这副模样"，为什么要这样写呢？

法国人研究认为，那是在漫长的岁月中，数学家们最终找到了一种用"角"（特指内角，即小于180度的角）的数量多少来表示数字的写法——假如从0到9都是表示角的数量多少，并且是逐一递增的，那么"0"就是表示没有角、"1"表示一个角、"2"表示两个角，以此类推，如下图所示：

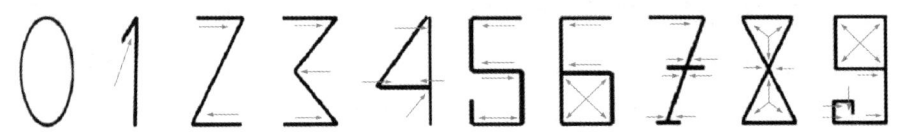

容易看出,今天的阿拉伯数字就是上述图形的简单变形,够无懈可击的了吧!

武则天发明会计体数字

所谓会计体数字,是指会计专用数码,一般不用于数学演算及其他地方。而其他数码如阿拉伯数字,则既可以用于会计,也可用于数学演算。阿拉伯数字是清末才传入中国的,所以,在此之前,中式会计所用数字主要是会计体数字,当然也有在标号中使用罗马数字的。

会计记录中所用的数字与文字、数学的发展关系密切;反过来,会计记录中所用的数字也会对文字、数学的发展起到推动作用。

唐代时,单式记账法已经发展到比较完备的阶段,除了以"入""出"作为记账符号,还开始采用会计体数字来防止篡改记录了。具体地说就是,在一般会计账簿中用中文数码字记录,而在相对重要的账簿中则规定必须采用会计体数字如"壹、贰、叁、肆、伍、陆、柒、捌、玖、拾"等来进行记录。不过,作为大写的"壹"在春秋时代就已经出现了,而"贰""叁"则更早,早在西周时期就有了[①];但直到唐代开始才要求使用在会计中,这是唐代记账法中的一个重大改进。

那唐代怎么会想到选用这几个字的呢? 当时,出于防止记录被篡改的目的,臣子们特地去找了 10 个与小写数目字读音相同或相近而笔画却十分繁难的文字,并且意思还要解释得通,例如,"壹"是专一的意思,"贰"是变节、背叛的意思,"叁"("参"的变体)是加入、谒见的意思,"肆"是任意妄为的意思,"伍"是古人"五人为伍"的意思,"陆"是陆地的意思,"柒"是漆树或漆料的意思,"捌"是无齿耙(有齿为钉)的意思,"玖"是黑色美石的意思,"拾"是捡起来的意思。

著名考据家顾炎武在其所著《金石文字记·岱岳观造像记》中就考证

---

① 王凡:《错了,是"囧月"明》,《现代快报》2013 年 7 月 22 日。

说，唐代武则天时代所树石碑《岱岳观造像记》上已经有了会计体数字。顾炎武认为，"凡数字作壹、贰、叁、肆、伍、陆、柒、捌、玖等，皆武后所改及自制字"。为什么？因为武则天认为自己是开天辟地以来的第一位女皇，所以不但要"有权就是任性"地把"唐"的国号改为"周"，而且还自作主张造出了其他许多汉字，包括这些会计体数字。虽然她所造的这些汉字大多被她身后的学者给"肃反"了，但上述会计体数字却流传至今；当然，除此之外，还有一个"曌"字。

正是从武则天开始，会计体数字不仅使用在碑石上，也出现在诗文中。白居易在《论行营状请勒魏博等四道兵马却守本界事》中就有这样的记载："况其军一月之费，计实钱贰拾柒捌万贯。"其中的"贰""拾""柒""捌"都是武则天创造的会计体数字。①

当时，在采用会计体数字的同时，在不太重要的场合以及需要快速记录的时候也会采用草码，如从1至9会分别写作"丨、丨丨、丨丨丨、乂、ƍ、亠、亖、〣、攵"。这种草码最早是江苏苏州商人在账簿上使用的，所以也称"苏州码子"，现在已基本失传。

总体来看，唐代账簿记录具有以下三大特点：一是发生一笔业务就记录一笔，从右至左竖式排列，月日居于首位，时间观念特强，并且是序时记录，整齐划一，一目了然。二是记录重点突出。例如，财产物资支出的记录重点就放在财物去向方面，经济责任明确。三是体现核算为管理服务的指导思想。每笔账目首先会明确种类，再明确支用数量，这样做更便于考核支出数量是否符合规定的要求，以及合理、合法性。②

到了明代初年，郭桓官至相位，他采用"大斗进、小斗出"的办法私改度量衡，短斤缺两，大肆贪污，数额居然相当于明代全国一年的征粮，这可把明太祖朱元璋给气坏了。1385年，朱元璋下令杀掉贪官污吏1万多人，株连4万多人；同时，整肃计量器具。鉴于郭桓等贪官污吏作案的主

---

① 郭翔鹤：《大写数字与武则天》，《中文先驱报》2009年12月20日。
② 康均、王涛等：《中国古代记账方法的发展（四）——定式简明会计记录方法》，中华会计网校网，2007年4月30日。

第 3 章

会计工具:从结绳到信息化

要手段之一是涂改账册,例如将"一"再加两横就变成"三"、将"八"稍加改动就变为"九"等,钦定全国以后一律把记载钱粮数字的汉字"一、二、三、四、五、六、七、八、九、十、百、千",在武则天创造的那套会计体数字基础上,把"柒"改成"柒"、"百"改成"陌"、"千"改成"阡"(后人又把"陌"改成"佰"、"阡"改成"仟")后,变为"壹、贰、叁、肆、伍、陆、柒、捌、玖、拾、佰、仟"。①

从此,笔画简单、书写方便的"一、二、三……"称为汉字小写数字,笔画繁杂、难以篡改的"壹、贰、叁……"称为汉字大写数字,也称会计体数字。直到清末阿拉伯数字传入中国后,适应对账册记录不断整合和规范的要求,阿拉伯数字逐渐取代汉字小写数字,从而形成现在阿拉伯数字和会计体数字共同出现在会计账本等文本记录上的情形。

总体来看,是武则天发明了会计体数字,朱元璋对此做了改进。

关于这一点,与郭道扬的考证是一致的。他认为,"为了防止他人通过篡改会计记录数码、达到贪污盗窃国家资财的目的,在唐代的会计记录中,普遍使用了一套会计体数码字(即中式数码的繁体字),这是唐代在记账中的一个改进"。

官厅会计计量单位

所谓会计计量单位,是指根据不同会计计量标准所使用的量度。

一提到会计计量单位,有人马上会联想到货币,包括本币和外币。其实不然。即使在今天,会计计量单位也只能说主要是货币;除此以外,还可以有其他各种实物或劳动量。

准确地说,任何可以用作会计计量的标准都有自身的计量单位,而在这众多选择中,要根据特定目的和对象来进行选择,以确保会计计量能够符合信息使用者的特定要求。所要注意的只有一点,那就是不要随意更

---

① 《会计数字大写从何而来》,《中国总会计师》2012 年第 4 期,第 157 页。

换计量单位，否则会使得会计信息缺乏可比性，甚至让人无所适从。

在中国，官厅会计的计量单位大致上经过了以下四个阶段：

第一个阶段是实物计量单位占主导地位阶段，时间跨度为春秋战国时期之前。

在货币产生之前，经济记录的计量单位唯有一种选择，那就是实物。

最早的实物计量单位是从黄帝（公元前2717—公元前2599）开始的。至少在距今上万年前的新石器时代早期，古人就从烧火用具"吹火管"中得到启发，发明了一种骨制吹奏乐器，名为"龠"（yuè），样子有点像现在的笛子，但没有音孔。这不奇怪，因为吹火管本身就是一根中空的圆筒，古人也只能想到这么多。到了黄帝时，黄帝命伶伦作律，并寻找天然植物来制作龠。于是，伶伦用毛竹把"骨龠"改良成了"苇龠"。苇龠所用的竹子材料到处可见，制作也更方便，而且分量轻，被称为"黄钟之龠"，简称"黄钟"。

当时的黄钟制作长度是根据"秬黍"（jù shǔ）长度来确定的。秬黍是北方一种比小米稍大的黑米，用产于羊头山（今山西省长治市）附近的中等大小的秬黍的种子为基准，90粒秬黍的长度正好是制作一把黄钟的标准尺寸。一粒这样的秬黍长度规定为1分，10分为1寸，这样，黄钟的标准长度就相当于现在的9寸。从此，就有了1丈为10尺[①]、1尺为10寸、1寸为10分这样的"十进制"。

长度解决了，又怎么来解决容积的衡量呢？一把标准黄钟的体积相当于1 200粒中等秬黍的体积，所以，就把它规定为1"龠"。后来，在此基础上，又规定2龠为1合、10合为1升、3升为1大升、10升为1斗、3斗为1大斗、10大斗为1斛（hú）的容积（体积）计量标准。

容积衡量解决了，又怎么来解决重量的衡量呢？同样是以秬黍为标准，规定100粒标准的秬黍重量为1铢、24铢为1两、3两为1大两、16两为1斤、30斤为1钧、4钧为1石。

[①] 历朝历代的丈、尺、寸、分长度并非一成不变。河南省安阳市殷墟出土的商代骨尺，是中国现存最早的古尺，它的1尺长度为16.95厘米。

第 3 章
会计工具:从结绳到信息化

从此,开创了中国使用了近 5 000 年的"度(长短)、量(容积)、衡(轻重)"制度,"尺寸""升合""斤两"概念一直用到现在。

到商代时,实物计量单位在会计计量中仍占统治地位。例如,记录频率最高的祭祀用牲,计量单位就不仅有头、十头、百头、千头,而且还出现了组合计量单位"牢"(马、牛、羊三种牲畜的组合单位为"大牢",豕、犬、鸡三种牲畜的组合单位为"小牢")。但由于已经出现了最早的货币"海贝""骨贝""石贝""玉贝""蚌贝","贝"已开始广泛用作会计计量单位,这就是最早的货币计量单位"贝"或"朋"。

西周时,实物计量单位依然占统治地位,但由于这时候已经出现了"铜贝",所以会计计量单位中经常会出现"朋"或"铸"。财富增加称"得贝""朋来",财富减少称"丧贝""朋亡"。

春秋战国时期,实物计量单位依然是主要的,特别是当时各国加强了对度量衡的严格规范,大大提高了会计计量的正确性。春秋时,各国普遍开始铸造和使用金属货币,主要分为"布币""刀币""环钱"三大类。战国时,这些货币又有了进一步的发展,并且出现了真正的黄金货币,所以货币计量单位在会计中的使用比例在提高。

第二个阶段是实物计量单位和货币计量单位并用阶段,时间跨度从秦汉至唐宋时期。

秦始皇统一中国后,随之就统一了货币制度,这为大力推动货币作为会计计量单位起到了关键性作用。虽然田租之类依然以实物计算,但涉及盐铁和商业收入的部分则基本上已经以货币为单位了。更重要的是,这时候还出现了把实物折算成货币、完全用货币计量的专门账簿——"钱籍"。

汉代时,已经确立了统一的货币制度,货币流通畅通无阻,所以至少在"钱出入簿"上是主要以货币为会计计量单位的。但当时有一个特点,那就是黄金货币主要通行于上层,中下层主要以方孔铜钱流通为主。

唐代时,实物计量已达到十分完善的地步,所以实物货币依然占据主要地位,尤其是布帛与铜钱是同等流行的,所以在会计核算中有两个主要计量单位：一个是货币，另一个是实物计量单位"缣绢"。只是到了780年（唐德宗建中元年），由于改"租庸调法"为"两税法"、改实物地租为货币地租，并且当时所用的是货币历史上最为稳定的一种铜币——开元通宝钱，所以用货币作为会计计量单位得到前所未有的推广。到了唐代后期，白银出现在货币流通中，银铜并用的货币本位制更是为货币计量推波助澜。

宋代时不仅铜铁货币并用，白银在货币流通中的作用也越来越大，而且还正式出现了纸币——交子，这就奠定了以货币作为统一会计计量单位的基础。

但基础归基础，元代时仍然是实物计量与货币计量并存的。虽然这时候纸币已经大量流行[①]，但纸币流通的价值尺度仍然是白银，也就是以银作为货币发行基础，计量单位是"锭"，这一直影响到明清时代。

第三个阶段是货币计量单位占主导地位阶段，时间跨度从明代开始到清末。

明代商品经济得到进一步的发展，已经出现资本主义萌芽，白银流通范围日益扩大。正德年间之后，官吏们的俸禄90%发的是白银，只有10%是铜钱；到了1581年（明神宗万历九年）实行"一条鞭法"，田租全部改为课征白银后，白银便成为主要会计计量单位。所以能看到，当时账簿中最基本的货币单位是（白银）"两"，以下分别是"钱""分""厘""毫"。

清代时，虽然依然像明代那样实行银钱平行本位，但历史上第一次明确规定财政收支和会计核算必须"一律折合银两核算"。这样，也就把实物计量单位狠狠地挤到了一边，同时也加快了核算速度、提高了核算质量。

第四个阶段是统一采用货币计量单位阶段，时间跨度从民国开始到现在。

---

① 元代的纸币称"元宝交钞"。交钞持有者可随时将其兑换成白银（也有少量是黄金）或货物。白银或黄金均以锭、两、钱为单位，1锭＝50两，1两＝10钱。当时的货币有金、银、钞三种，比价悬殊且不固定，这给会计核算带来了麻烦，但提高了核算水平。正是从元代开始，金银货币正式被称为"元宝"，意为"元朝之宝"。

进入民国后,北洋政府统治时期币制十分混乱,一些爱国学者于是强烈呼吁改良和改革中式会计,然后推出一项过渡措施:凡货币兑换和会计核算都必须以"银元"为标准,或折合成银元。

1933年4月,国民政府进行币制改革,明确所有收付事项废止"银两",一律使用"银元"(单位为"元"),史称"废两改元"。这本来对统一会计计量单位是大有好处的,可是没想到,1934年6月美国国会通过了《白银法案》,突然用高价向国外收购白银,这样就使得中国的白银大量外流,直接动摇到了这一货币根基。而这时候英国趁机介入干涉,于是1935年11月国民政府又发布新货币制度和白银国有命令,废止使用银元,同时发行纸币作为法定货币(简称"法币"),来统一作为会计计量单位。1948年8月,国民党溃逃台湾时,又发行"金圆券"来取代法币,从而导致会计核算中计量单位严重失常。

民间会计计量单位

从会计发展史看,中国民间会计的计量单位与官厅会计的演化有较大区别,所以这里单独来看看这个问题。

民间会计计量单位的发展过程,取决于民间经济的发展。而从历史上看,与国家财政收支活动相比,民间经济的活跃度与复杂程度更高。尤其是货币与商业活动紧密相关,这就会引致民间会计计量单位的运用水平要比官厅会计更先进。要知道,历史上货币使用最广的是商业和银行业,其次才是工业、农业,最后才轮到国家财政收支活动。

在中国,民间会计的计量单位大致上经过了以下三个阶段:

第一个阶段是实物计量单位和货币计量单位并用阶段,时间跨度为商代至春秋战国时期。

商代的商业活动已经开始独立出来,并且十分发达。当时的商人主要是行商,而当时的货币是贝币。"贝"在古文中是"珍宝"的意思,被人当作"宝",所以今人会把"宝""贝"两个字连起来用。

贝自从成了钱，当然就是好东西（宝贝）了，这没有歧义。那为什么贝会率先成为货币呢？唐代李善注引《琴操》中西晋辞赋家木华《海赋》中的一则故事说：周文王被纣王囚禁后，周文王手下有一个名叫太颠的大臣，派人到海边去收集大海贝，作为礼物献给纣王。纣王见到后眉开眼笑，于是就放走了周文王。

那纣王为什么会对海贝感兴趣呢？原来，这海贝当然是只有海里才有的，中原地带难得一见，所以在那里属于稀罕物，这是原因之一；原因之二是贝的外壳坚硬、色泽美丽、富有光泽，可以做装饰品，王公贵族正需要用它来炫耀身份，所以符合从上层人士开始流行的规律；原因之三是用红线穿上贝壳后，既可以代替盔甲做军服用，又吉利，还能增添威武雄壮气概。所以直到今天，云南哈尼族人仍然会把贝币当作财富的象征，如在结婚聘礼中除了钱物之外必须得有贝币才行。

用贝币来作为商品流通媒介，要轻便得多，所以商代会计核算时的计量单位便纷纷采用"贝"和"朋"。当时的1朋究竟等于多少贝，现在已无法考证，但多数认为1朋等于10贝，也有说5贝的。

到了西周时，商品经济又有了进一步的发展，并且还出现了集贸市场和市场管理员，货币除了海贝之外还有了铜贝。[①]

春秋战国时期，虽然那时候已经习惯于把实物折算成货币来计算价值了，但总体上仍然是实物计量单位和货币计量单位并用的。

第二个阶段是货币计量单位占主导地位阶段，时间跨度为秦代至清代。

秦代的商业活动十分活跃，法律规定商品买卖必须明码标价，必须用

[①] 现代人会问：既然贝壳是钱，那么多捡一些不就发财了吗？事实上这是行不通的：一是并非所有贝壳都能当钱用。夏商周能当钱用的贝壳通常是海贝，其中流通最广的是个头较小的货贝、拟枣贝等，价值并不高；个头大且价值高的虎斑宝贝、阿文绶贝、斑眼球贝、蛇首眼球贝等很少见。二是海贝捡回后需经过加工才能作为钱使用。那些打磨光滑、两端穿孔（有的地方还要进行雕刻）等加工方式，单靠手工劳动是很费时费力的。三是海贝只有海边才有，而古人主要生活在中原地区，别说路途风险了，就连出远门需要地方官开具路条都很难办到。四是即使侥幸到了海边，中原人在文化、习俗上与海边的蛮族大相径庭，语言又不通，能不能保住性命都很难说。

规定的货币进行结算，每天的营业额都要记日记账，由市场管理员据此收税，民间会计的计量单位已经主要转向货币。

汉代时的商品购进、销售、库存盘点、经济往来都以货币计量为主，实物计量已经明显退居次要地位。

唐代已经出现了中国早期的金融机构"柜坊"，商业也已经有了批发和零售之别。京城的行商往往会把钱存在长安的柜坊里，然后凭帖子在异地取钱，这就相当于今天的银行支票了。不用说，这时候的会计核算就更是主要以货币计量为主了，实物计量单位主要限制在进行存货核算时。

宋代的信托部门已经相当发达，尤其是典当业十分活跃，对于本金和利息的计算十分精确。所以，以货币作为会计计量单位占据绝对优势。

明清时期，各行各业的会计核算都已经以货币为主要计量单位了，尤其是在钱庄、票号、银号、典当业中更是如此。清末时，金融机构大量涌现，更是让人进一步认识到在会计核算中以货币为计量单位的必要性。

第三个阶段是统一采用货币计量单位阶段，时间跨度为民国时期到现在。

民国时期经过改良中式会计和引进西式会计运动后，以货币为会计计量单位便在各行各业包括民间会计中达成共识，实物计量和劳动计量虽然也有，但只起一些辅助作用。而直到这时候，民间会计与官厅会计的核算水平也已经基本趋于一致、不相上下。

货币计量让会计走向科学

从历史上看，在原始社会末期进入奴隶社会后，相当长的一段时间内实行的仍然是物物交换；后来，随着交换关系日趋复杂、规模日益扩大，迫切需要有一种东西来作为商品交换媒介，于是货币产生了。而货币的出现，也使得会计核算中的计量单位从过去的以实物为主逐渐转移到货币上来，并最终由货币计量完全取代实物计量。从这个角度看，货币在会计中的应用对会计的核算和发展起到了巨大的推动作用。

从考古发掘看,在公元前28世纪的古巴比伦的泥土算板中,经济记录全都是以实物为计量单位的,如牛、羊、羊毛、谷物等,一丁点都看不到货币计量的影子。但是,到了公元前1100年左右至公元前612年的第二亚述帝国时期,就已经能从当时的国库记录中看到有一种像今天"金额表"这样的会计记录了。这表明,当时已经出现了货币,否则货币计量单位也就不会出现在"账簿"中了。

会计计量单位从实物计量到货币计量最大的变化是,从此以后,就能将收入和支出用一个具体的总数来进行表达了。

就好比在实物计量时,100头牛、100头羊、100张羊皮虽然都有各自的价值,可是在实物计量时却无法相加,加起来的数字"300"也根本就不能说明任何问题;可是,当这些牛、羊、羊皮都能以货币来表示其价值时,就能算出其总价值来。同样,这样才能汇总一个国家(当时的会计主要服务于国家财政收支和税收)的预算和决算,才能真正发挥它的重要作用。

公元前7世纪,古希腊城邦政府决定统一铸造货币,并在全国统一使用。而这样一来,古希腊的会计也随之出现了全新的面貌。无论是在"债务人目录"还是在"金钱收支报告书"上,所有的会计计量单位都是货币,既有总账,也有明细账,这就彻底解决了过去会计无法加总核算的苦恼。在公元前407年编制的密纳瓦·彼利埃斯神殿建筑的一份"计算书"上可以看到,由于采用货币作为计量单位,所以它已经成为一份非常健全的会计报告,而不再像原来那样因为不能进行加总计算,仅仅只能作为一种啰里啰唆、令人读而生厌的文字叙述。

在古罗马奴隶制时代,当时的政府每隔5年要进行一次人口普查和财产普查,从而带动起了每家每户家用台账的记录。有意思的是,当时的奴隶主贵族既想用余钱放高利贷,尽可能榨取更多的利息收入,又感到这样做"欺人太甚"(因为那些借高利贷的都是穷人)、有失体面,所以往往会把资金委托给底下的奴隶去做。而不用说,这些能够给奴隶主记账、管账的人必须具备相应的会计技能。他们一般设置两本账,一本是"现金账",一本是"往来账",用于向老板汇报和与债务人对账。

当时社会上每家每户的投资记录都记得清清楚楚,利息、余额的计算也非常准确,不但体现了货币作为会计计量单位的作用,而且还说明当时的民间会计核算已经达到了一个相当高的水平。

货币作为计量单位在会计中的应用,其重大意义在于它催生了复式记账法的诞生。否则,如果会计计量没有一个统一的依据,会计记录就只能停留在文字式叙述上,永远不可能到达"科学"的地步。

中国第五大发明——算盘

算盘作为会计记账工具约有 1 800 年历史,在这近两千年中一直是从事会计工作的必需装备和基本功,直到 20 世纪末会计电算化兴起才慢慢消失。以至于过去甚至现在,依然有人认为会计就是"打算盘的"。但其实,会计当然不是只会"打算盘"那么简单,就好像"写书"不是只要会"打字"一样。现在的大学里已很少要求学生学珠算了,绝大多数改成了会计信息系统课和实验课,会计职称考试也不用打算盘了。2013 年 12 月 4 日,珠算更是被列为世界非物质文化遗产。这些都是时代发展的必然。

最早时,原始人使用的计算工具是小木棍,称为"算筹";用算筹为工具进行计算称为"筹算";后来,在算筹基础上出现了算板。

最早记载算盘的文献是东汉末年徐岳(？—220)的《数术记遗》。因此,大约在那个时候就应该有算盘并且开始投入实际使用了。

算盘的结构非常简单,又便于携带,计算速度快,所以很快就得到大规模流传,并被改制成位数、珠数、形状、材质不同的样式。例如,位数有 9 位(档)、11 位、13 位的,珠数有 7 珠、5 珠、9 珠的,形状有长方形、弧形的,材质有木质、骨质、银质、金质(近代还有塑料)的,等等。

开始时,算盘只能用于加减法计算,后来才开发出乘除法以及开方计算;拨打算盘的指法则有三指法和两指法,前者主要用于 7 珠算盘,后者主要用于 5 珠算盘。尤其是珠算(即用算盘计算)有了对应的四则运算法则（简称珠算法则）后，计算速度更快了，熟练运算后速度并不逊于现在的计算器，特别是在加减运算方面比计算机更快。所以，在电脑普及之前，算盘是中国商家最普遍使用的计算工具。

宋代时，算盘的运用已经得到广泛普及。北宋名画《清明上河图》中，赵太丞家药铺柜上就赫然放着一把现代的那种15档串档算盘。

明代时，程大位在1593年出版了以珠算应用为主的算书《直指算法统宗》。全书共分17卷、595个应用题；这些题目虽然来自其他算书，但在该书中却都采用了算盘来进行计算，书中并且最早提出了开平方和开立方的珠算法。

新中国成立后，算盘还用在了原子弹的研发上。当时中国只有一台计算机，所以大量的运算只能靠手摇计算机和算盘来完成。而其实，美国在1945年研制成功原子弹时计算机还没出现，大量计算都是靠算盘完成的。

顺便一提的是，算盘并不是中国独有，其他文明古国也都有过各自与算盘相似的计算工具，如在桌面、石板等平板上铺上细沙后用木棍写字计算的沙盘类算具，中世纪古希腊在沙盘基础上放置小石子用以计数和计算的算板类算具，中国、日本、俄罗斯的穿珠算盘，等等。在这其中，中国的珠算技术是最先进的。

电脑造就电算化和信息化

电脑的出现，使得会计工具出现了翻天覆地的变化，并且推动会计电算化走向信息化。

17世纪至18世纪，会计记账采用的是鹅毛笔在手工制成的账页上做记录。19世纪初，已经开始出现铅笔和复写笔，书写速度有了明显提高，但总体看，记账技术的发展速度仍然很慢。从19世纪中叶到20世纪初，打字机出现了，这就成倍提高了记账效率。1889年，美国研制出了以电力为基础的电动制表机，用来储存计算资料，由于这能把记账员从繁重的工作中解放出来,所以对促使簿记向会计转变起到了积极的推动作用。

1930年美国制造出了世界上第一台模拟电子计算机,1946年美国军方制造出了世界上第一台电脑,这一举措具有划时代意义,正式表明人类进入电脑时代。1953年,电脑在美国会计领域投入初步应用。20世纪70年代,西方国家已经初步建立起了全面的电脑管理系统,这是现代会计史上的一个重要里程碑。

在中国,会计电算化及信息化发展比国外要迟一二十年,大致上可以分为以下五个阶段:

第一个阶段是电算化起步科研阶段,时间点是1979年至1983年。

这时候,部分企业已经开始了会计电算化实验。1979年,长春第一汽车制造厂在国家财政部、第一机械工业部560万元资金的资助下,从民主德国进口了一台EC-1040计算机。当时的计算机还不能处理汉字,所以使用范围仅限于工资核算。

1981年8月10日至19日,中国会计学会、国家财政部、机械工业部召集26个单位的40多人,在长春召开"财务、会计、成本应用电子计算专题讨论会"。会上,根据中国人民大学会计系王景新教授的提议,正式将"以电子计算机为主的现代电子技术和信息技术应用到会计实务"简称为"会计电算化"。但当时的电脑硬件配置价格昂贵、会计软件市场几乎为零,所以这种所谓电算化其实只是用电脑代替记账、算账、出报表,甚至还仅仅局限于代替"打算盘",目的只是为了减轻会计人员的劳动强度而已。

第二个阶段是电算化自发发展阶段,时间点是1983年至1988年。

1982年10月4日,国务院成立了计算机与大规模集成电路领导小组,1984年9月15日改组为国务院电子振兴领导小组,至1988年时已经有14%的单位在开展会计电算化工作了。

1984年,国家财政部财政科学研究所率先设立会计电算化硕士专业,首批招收16名学员,其中就有后来成为安易软件公司创始人的严绍业、金蝶创始人的徐少春、大家创始人的李彤等。1996年,该所设立会计电算化博士培养点。

1987年,中国会计学会成立"会计电算化研究组"。同年,吉林省冶金专科学校在全国第一个开设会计电算化专业。1987年10月11日至15日,国际会计师联合会在日本东京召开第13届世界会计师大会,中心议题是"计算机在会计中的应用",第一次明确了以计算机会计信息系统作为会计核心要素,宣告正式进入会计电算化时代。

第三个阶段是电算化有组织发展和走向商品化阶段,时间点是1988年至1996年。

这一时期,一些行业主管部门有组织地开发通用会计软件,会计软件开始走向市场化。1987年,北京先锋财会电算公司成立,1988年成功开发出我国第一个商品化通用会计软件"先锋CP-800通用会计核算软件"。1988年,我国第一家专业从事会计软件开发的民营企业"用友财务软件服务社"(后改为"用友软件集团公司")成立。以后,又相继出现了安易、金蝶、浪潮等一批知名度较高的软件企业,行业覆盖率很快超过90%。

1989年12月,国家财政部发布《会计核算软件管理的几项规定(试行)》,规定商品化会计核算软件应由财政部或省级以上财政厅(局)进行评审,这也是我国颁布的第一个商品化会计软件行政规章。

这样做的结果是,既降低了会计软件开发费用,也加快了会计电算化进程。但这个阶段无论是政府、企业还是会计人员本身,都对这种"电脑记账"心里没底,所以基本上是既用电脑记账,又不放弃手工记账,两套账并行了10年左右,才最终彻底放弃手工记账。

第四个阶段是电算化从核算型向管理型转化阶段,时间点是1996年至1999年。

其主要标志是,一些专业化会计软件公司开始转向管理型会计软件的研制和开发。这个阶段最大的问题是,会计电算化没能向会计信息化转变,"拦路虎"是企业内部的"信息孤岛"。

通俗地说就是,当时的会计软件还只局限于会计部门使用,无法与其他部门共享;其他部门要看相关数据,需要会计部门把它打印出来或者经过会计部门同意,这就远远满足不了现代信息技术的发展需求了。

第五个阶段是会计电算化向信息化转变阶段,时间点是1999年至今。

1989年12月,国家财政部发布《会计核算软件管理的几项规定(试行)》,开启了中国会计信息化时代。但要真正实现会计信息化,不仅需要技术层面上的社会环境,实际上更多地依赖于会计理论。一方面,社会信息化发展不均衡会限制其在会计领域的应用;另一方面,传统会计理论又无法完全适应信息技术所造成的冲击。只有把这对矛盾协调好,会计信息化才会水到渠成。

这个时间点出现在世纪之交。当时,基于网络技术、以财务管理为核心、业务管理与财务管理一体化,并且支持电子商务、实现远程控制和在线管理的网络财务已经建立起来,所以会计电算化才真正转向会计信息化(也有人称之为"会计网络化")。其突出标志之一,就是它不再仅仅是一个单纯的财务系统,而是已经成为电子商务的重要组成部分,是业务管理和财务管理相互协同的一个综合系统。

1999年4月2日至4日,广东省深圳市财政局与深圳金蝶软件科技有限公司举办"新形势下会计软件市场管理研讨会暨会计信息化领域专家座谈会",正式提出了"会计信息化"的概念,即会计信息化是指会计工作与电脑、网络技术的有机融合。

会计电算化与会计信息化两者之间的联系是:会计电算化是会计信息化的基础和初级阶段,会计信息化是会计电算化的质的飞跃;无论会计信息化发展到什么阶段,都离不开会计电算化所提供的最基础的会计核算。

两者的区别在于:会计电算化采用的技术手段是单台电脑,功能范围局限于财务部门,财务与业务信息割裂,目的主要是替代手工做账、解决会计核算问题;而会计信息化采用的技术手段是电脑网络,功能范围扩大到企业整体,财务与业务信息共享,目的是要提供经营决策所需的足够信息。

目前的会计信息化进程已经可以实现票据自动录入、自动编制分录、自动归类核算,并且容错率很高。要知道,会计工作最烦琐、工作量最大的便是传统的"目视辨别＋手工操作"票据信息录入。而会计电算化和信息化的基础是数字化。2003年,全球数字化数据信息还只占全球信息数据量的1/4(其他3/4存储在报纸、胶片、黑胶唱片、盒式磁带等媒介上),2007年就提高到90％以上。[①] 2008年11月12日,中国会计信息化委员会暨XRBL(可扩展商业报告语言)中国地区组织成立,标志着中国从会计电算化向会计信息化的重大转型,对实现会计信息标准化具有非常重要的意义。

例如,目前利用某款国产智能财务软件,只要将发票等票据放入扫描仪或数码相机框内,就能通过OCR识别技术(光学识别技术)自动识别并提取票面有用的会计信息字符,转换成文本格式,然后自动登记凭证和账簿。并且,可以扫描识别的票据种类已超过5万种,基本涵盖日常会计工作所需。这样,就不但能大大减轻会计人员的工作强度,还能规避出错后重复检查所导致的时间成本。

不过,这一技术的缺点主要是信息安全问题。会计信息大多涉及企业核心机密,调查表明,有87％的用户担心信息安全而不敢用。另外就是,这项技术还属于新生事物,平台建设和服务还不够完善,产品和服务功能相对简单,无法完全满足用户需求。

2017年,国际"四大"会计师事务所德勤、普华永道、安永、毕马威相继上线财务机器人及其解决方案,引发业内高度关注。

所谓财务机器人,是指使用在财务领域的RPA(全称Robotic Process Automation,机器人流程自动化)。2016年3月10日,德勤正式推出财务机器人"小勤人",将人工智能技术引入会计、税务、审计等工作,代替人工阅读合同和文件。2017年5月至6月,普华永道、安永、毕马威也相继推出自己的财务机器人解决方案。

---

① 许应媛:《从结绳记事到数字时代》,《光明日报》2015年2月13日。

财务机器人的优点：一是从事大量、重复、耗时的基础操作流程，自动进行银行对账、来款提醒、增值税账实检查、增值税票真伪查验。二是提高工作效率、节约人工成本。只要预先设定使用规则，就可模拟人工进行复制、粘贴、点击、输入等操作，协助人类完成大量的"规则较为固定、重复性较高、附加值较低"的工作。三是增强会计信息可靠性，避免人为操纵。其缺点：一是遇黑客攻击可能泄露商业机密。二是价格尚不具备吸引力。三是出发点是强化管理服务决策，所以受应用环境制约明显。

第4章

会计组织：从官厅走向社会

政府推动经济活动

古代社会有组织的经济活动都是由政府推动的，那时候的会计主要是官厅会计，同样也是依附着政府、在政府推动下亦步亦趋向前发展的。

政府是国家的法人代表，而国家是统治阶级的专政工具，所以政府必须维持社会稳定，以确保自己政权稳固；而要做到这一点，就必定会利用各种手段对市场进行纠偏，这被称为政府职能的"第三只手"。所以，一个政府搞得好不好，首先要看它是怎样抓经济的：经济搞得好的政府不一定是好政府，但经济搞得不好的政府一定不是好政府。在这个过程中，会计所起的作用虽然是被动的，却又是能动的。

在中国，会计萌芽于原始社会末期的结绳记事、刻契计数时期。那时候的人类还处于蒙昧时代，他们只会用这种最原始的方式来进行计算和记录。如果那时候有会计组织的话，也一定是从经济组织的建立开始的。

原始人为了适应生存环境，开始时实行的是群体活动。在古澳洲，一般是40人左右为一"原始群"，他们之间具有血缘关系，划定一个禁止外

第 4 章
会计组织：从官厅走向社会

人进入的"给养区"，目的是要确保这块土地能够满足自身狩猎、采集之需。后来，随着生产力的提高，原始社会组织从原始群时期进入第二个时期，即以经济利益和血统关系为基础的"氏族公社"时期，再后来是第三个时期"军事民主制"时期、第四个时期原始社会向奴隶社会过渡的"农业公社"时期。

在原始社会的这四个时期中，原始群和氏族公社时期并没有会计组织。当时的经济活动十分简单，会计只是作为部落酋长或首领的兼职，或者干脆只存在于他们的头脑中。在军事民主制和农业公社时期，一夫一妻制家庭的确立和私有制的产生，已经孕育出会计职能的独立性。例如，在古埃及，农业公社时期已经出现了灌溉农业，出现了"省长""州长"等地方官吏，以及冶金作坊、酒类生产作坊、粮食加工作坊、对外贸易等。这些地区和经济组织，都需要独立的会计机构来专门从事社会和经济管理，负责征税和收取费用。就这样，独立的会计组织出现了。

考古发现，在原始社会末期，美索不达米亚、古埃及、古印度等都已经在使用黏土制作的"圆柱型图章"了，这简直就是今天司空见惯的公章的起源。印章制度与经济方面拥有专职管理人员从事经济记录和财产处理，两者之间有密切关系。一方面，这显示了对财产的占有权和处理权；另一方面，也能明确经济事项记录者和管理者的责任，从古到今历来如此。

而在同一时期的中国，帝尧时期便设置了"五官"职位，即"司徒""司马""司空""司土""司寇"。其中，司空负责安置士农工商生活和土地收益分配，这就是财政的雏形了。

独立会计组织的设置，不仅解决了财政起源的收支管理难题，更提高了工作效率和社会经济效益，是历史的一大进步。

但后来，随着中国封建帝国政府管理和经济体制落后于西方，体现在会计上的差别也很明显。关于这一点，通过中世纪欧洲新寺院团会计和中国敦煌寺院会计的对比，就能看得一清二楚。6 世纪至 12 世纪，欧洲新寺院团与中国寺院的发达程度相似，并且都处于巅峰状态，它们的财产和收入管理都是通过账簿记录来表达的,所以具有很强的可比性。

由于欧洲新寺院团独立于国家政权体系,具有与封建主阶级相同的地位和权力,能够以捐赠、垦荒并全部免税等极低的成本取得大量的土地和劳动力资源,并从中赚取巨额利润,所以这种新寺院团经济的发达程度要远远高于同期中国的寺院经济;相比之下,以敦煌寺院为代表的中国寺院却在帝国政权管治下主要依靠政府和朝廷赐赠土地,同时又要在世俗支出之外承担国家赋税,负担相对较重,并且几乎全都是非营利性质的。

据敦煌会计文书记载,当时敦煌寺院僧人接受僧俗施舍的财物和僧人儭利的分配金额十分有限,因为政府不仅限制了寺院侵占土地,而且还立法禁止官僚百姓随意向寺院捐赠财物。在寺院财务中,所有收入都有账簿记录,而支出则分为修造、园林劳作费、法事活动开支、招待外来僧侣等,此外还要承担相应赋税,而不像欧洲新寺院团那样几乎可以一律免税。

这样两种不同的经济实体和经营方式,必然会在会计核算和簿记技术发展水平上相差悬殊;只不过,两者在财务管理上似乎并没有受到多少影响,不仅账簿体系完善,而且人员设置和职能分工也都一丝不苟。

从簿记技术上看,欧洲新寺院团会计已经出现了"代理会计""合股经营"和复式记账的雏形,并且热衷于商品贸易和早期银行业务,这方面要比敦煌寺院会计先进得多。[①]

并且在中国封建专制制度下,政治腐败虽然更多地与灰色经济有关,但也同样体现在正统的会计上。在位于上海的中国会计博物馆里,就保留着一张清代光绪年间印有"正实收"三个大字的卖官收据,表示收入这笔钱的行为是正大光明的。当时,这种卖官行为称为"捐制",买官者缴纳一定数量的银两后,便可以手持收据等着升职。卖官收入按规定是要如数上缴国库的,但其实贪官污吏无一不是雁过拔毛,每个环节都有中饱私囊者。这种卖官收据作为会计档案资料留存到现在,实在是政府无能的

---

① 陈敏:《中世纪欧洲新寺院团与敦煌寺院会计行为:现象及比较》,《中国会计学会南方片区(21省市)第25次学术研讨会论文集(2010)》,第12~17页。

第 4 章

会计组织:从官厅走向社会

耻辱印记。

商代开始有官厅会计

中国的官厅会计是从商代开始出现的。西周时,正式出现了"会计"的名称,与此同时,也开始具备了严密的会计组织。

会计为什么会不早不晚出现在商代呢?本书前面提到,商代人特别擅长商业运输和买卖,商朝是当时世界上最先进的奴隶制文明大国。货币出现了,数字出现了,从而也带动出现了会计和账簿的雏形。所以那时候政府需要有"健全的会计组织"来负责征收赋税,于是官厅会计正式出现。当时的会计记录已相对完整,每一笔经济事项都会包括时间、地点、种类和数量,并且用"毕"和"获"字表示收入、用"卯"和"埋"字表示支出。

西周时,当时实行的政治体制是,天子之下是太师、尹氏(掌握军政大权),再以下是"六卿",包括"三司"和"三太"。三司是司徒、司马、司空,三太是太保、太史、太宗。而六卿之首的司徒,其功能主要是掌管土地和赋役,其中有"大宰""司会""小宰""宰夫"等官职,负责国家和各级地方政府的"百物财用"。司会负责对财务收支活动进行"月计岁会",其中又分为"司书""职内""职岁""职币"四种会计职务:司书掌管会计账簿,相当于今天的主办会计或总账会计;职内掌管财务收入账户,相当于今天的销售会计;职岁掌管财务支出账户,相当于今天的成本会计或出纳会计;职币掌管财务结余,就好比是专门核算利润及其分配的。由此可见,司会专门负责会计工作,这样又与专门负责财物保管的小宰之间有了明确的分工和职责划分。

在《周礼》中,就介绍了主管会计工作的官员名为司会。当时的会计核算时间单元是"岁会、月要、日成[①]",即"以参互考日成,以月要考月成,以岁会考岁成"。结合这一点,清代数学家焦循在注释《孟子·万章下》中

[①] "日成",有时简称"成",是当时的一种经济计算文书,类似于今天的日报或旬报。低级职官一般逐日考查,较高级职官一般按旬考查(在日成基础上汇总而成的旬计)。

的"会计当而已矣"时说:"会,大计也。然则零星算之为计,总合算之为会。"意思是说,一日(每天)的会计记录表现为"零星算之",称为"计";一旬(10天)的会计记录称为"会";一月的会计核算称为"月要",也称为"综合算之";一年的会计核算称为"岁会"。而在《周礼·注疏》中,则有"月计曰要,岁计曰会"一说。《周礼》中还有"三岁,则大计群吏之治"。意思是,每隔三年要对宫廷的财务收支和掌管官员进行一次审计监督,以考察"群吏之治",有点像20世纪末中国流行的"财务大检查"。由此可见,官厅会计制度在中国周代时已相当完备。

战国至秦汉时期,官厅财计组织从中央到地方已经初步构成完整的经济管理系统。尤其是在编户制度、上计制度基础上建立起了两条主干财计制度,一是国家财政收支,二是皇室收支;再加上秦汉御史监察制度,从而一起构成了封建王朝的经济集权统治制度。

由此可见,中国政府在会计发展史上一直发挥着很大的作用(直到现在),包括主导和引导作用,这是一大"中国特色"。与西方国家相比,中国并没有出现单纯的诱致性制度变迁——个人、组织或政府为争取自身获利机会自发开展的对现行制度的改变。具体地说,西方国家的会计发展一开始就是靠会计职业界来推动的,后来经过一系列的事件后国家才开始介入。这是中外对比的一个明显区别,并不一定有孰优孰劣之分。

也就是说,诱致性制度变迁也是利弊互现的:一方面,营利性诉求会促使变迁主体推动变革;另一方面,当变迁主体自身利益得到基本满足后,又会反过来阻碍这种变迁的进一步发展,或者由于路径依赖而降低效率。

隋代开创鼎盛时期

隋代的中央政府机构设置为"五省六部制"。

"五省"分别是指尚书省(负责执行)、门下省(负责审议)、内史省(负责决策)、秘书省(负责图书典籍)、内侍省(负责宦官)。其中前三个省权力最大,三省共同执政就相当于秦汉时期宰相的全部权力了,以至于后面两个省并不被人放在眼里,有时干脆简称为"三省六部"。

"六部"分别是指国家最高行政机关尚书省的六个部门,即吏部(负责官吏升迁)、户部(负责户籍财经)、礼部(掌管科举考试)、兵部(掌管武官军事)、刑部(掌管法律刑狱)、工部(掌管工程营造)。其中会计、出纳设在户部(原"度支部"),这样就在中央政府机构中有了固定的一席之地,并且内部分工也趋于细致,牵制关系进一步加强。

为什么隋代会有如此成就呢?那是因为隋文帝统一中国后,吸取了魏晋南北朝以来几百年战乱的教训,下决心要强化中央集权;而要强化中央集权,就必须在财计组织方面大刀阔斧地进行改革。

例如,北周的六官制度设有"六官府",分别是"天官""地官""春官""夏官""秋官""冬官",其中天官、地官就都与会计有关。

天官府中有"大冢宰卿"1人、"小冢宰卿"2人,权力大小随皇帝高兴而定。下面则至少有三大机构与会计有关:一是"司会大夫",相当于现在的办公厅主任(当天官府总管其他五府时,职位相当于小冢宰卿;而当天官府与其他五府并列时,就只管天官府的会计簿书);二是"太府大夫",专门负责财政收支;三是"计部大夫",专门制订财政计划。

地官府中有"大司徒卿"1人、"小司徒上大夫"2人,负责土地、户籍、赋役等事务。下面则至少有五大机构与会计有关:一是"民部大夫",总管户籍人口;二是"载师大夫",专门负责均田赋役、移民、赈济等;三是"司仓大夫",专门管理粮仓;四是"司门大夫",专门管理都城门禁和出入税务;五是"司农上士",负责发布三农、九谷、稼穑等政令。

在此基础上,隋代制定了尚书省六部二十四司格局,并且除了把司会仍然放在天官府中之外,其他财务行政机构都集中到了地官府。这样做的原因,主要在于当时国家的主要收入来自以"均田制"为基础的租调制,所以财政机构的设置和职权变化也要与之相适应。而这样做的结果,就形成了分工明确、职责清晰的度支部了。

具体地说,从财计组织方面看,隋代在中央设有五省,其中尚书省为政务总汇，尚书省下面有六个部，其中之一为度支部，为全国财计主管机构，而度支部下面又有六大部门，分别为："度支"，负责会计、课役及粮库等，是会计核算主管机构；"仓部"，掌管仓库财物出入及会计核算；"左户"，掌管全国计账、户籍等，兼有统计职能；"右户"，掌管全国公私田宅租调；"金库"，主管全国度量衡和仓库财物出入、会计核算；"库部"，掌管全国军需物资出入及会计核算。在这六个部门中，左户、右户、金库、库部都是隋代新设立的，六大部门相互牵制、相互监督，每一个部门中都渗透着国家宏观经济控制和微观经济管理，这是一大创新，所以史称"国计"；同时，这也为唐代设立户部奠定了基础。

以上是中央财计组织设置的情况。在地方上，隋代实行郡、县两级制，两级政府均设有户曹、方曹、金曹、租曹主管等，分别负责仓储、赋征、会计等财政事务。由于当时的财权直属中央，所以这两级政府在征粮纳税后除了部分留用外，其余必须全部上缴给中央粮库。

从历史上看，隋代虽然只有短短的37年寿命，却在中国历史上留下了浓重的一笔，因为它结束了中国长期混乱的局面。从会计发展史看，如果没有隋代这个时期的转变，就不可能有唐宋中式会计的全面发展。

会计的首要功能是收税

古代会计的首要功能是为政府收税，这时候的会计水平就代表着政府管理的最高水平。18世纪美国著名律师查尔斯·亚当斯甚至认为，王朝兴替、政权更迭的原因只有一个，那就是税收制度的好坏。税收及税收制度拥有如此之高的地位，当然就值得会计为它效力了。

在古埃及，公元前3300年至公元前332年的法老时代，对经济事务和会计实务产生影响的最重要的政治事件，就是形成了统一的中央政府，几乎所有经济活动都是政府在推动。在这种情况下，主要负责簿记工作的抄写员开始成为一种职业，有点相当于今天的书记员或日记账登记员。

虽然那时候还没有货币，但有关簿记、税务与会计的观念已经形成。

第4章
会计组织：从官厅走向社会

政府的主要收入是税收，而政府收税的依据便是农作物收成，然后由抄写员来征收、记录。离开了会计，这项工作将寸步难行。

可以说，那时候的会计更多地像今天的税收会计。也难怪，对当时的政府来说，没有什么经济活动比收税更重要的了。

从会计与税收的出现时间看，两者非常吻合。在中国，原始社会末期氏族公社出现之后、国家出现之前，当时为了确保氏族首领和集团的公共需求，已经开始向公社成员收取部分产品来作为"公积金"使用了，这便是税收的萌芽。之所以说萌芽，是因为这种"公积金"还不完全具备税收的性质——税收是应该缴给国家的，税收的概念也是在国家出现以后才有的。正如恩格斯所说，"为了维持这种公共权力，就需要公民缴纳费用——捐税，捐税是以前的氏族公社完全没有的……随着文明时代的向前进展，甚至捐税也不够了；国家就发行期票，借债，即发行公债"。[①]

在中国，会计的概念最早是在进入奴隶社会后才有的，所以这两者出现的时间很接近，也能证明官厅会计通过服务于纳税为政府服务的功能。

例如，隋代实行的计账户籍制度由左户主管，这样就从组织上得到了保证；而采用的方法则是"大索貌阅"和"输籍定样"。大索貌阅就是按照户口簿上登记的年龄与本人的相貌进行核对，防止在赋役征收上弄虚作假。当时既没有照片，更没有现在的电子验证、人脸识别等，所以只能用这种办法来一个个过堂。而输籍定样则是指针对那些长期依附于豪强地主的农民，每年1月5日县令会派人上门进行登记，三五百人组成一团，确定征收标准。打个不很恰当的比喻：大索貌阅好比是现在凭身份证登记缴纳养老保险，一个都不能漏；而输籍定样则是针对那些不肯办理社会保险的个体私营企业，官方派人上门去办理，缴费标准可以打折。这样做，名义上是维护农民的利益，实际上还是与那些豪强地主争夺收入（税赋）。这里的"计账"，实际上就是在左户内设立会计部门，把户籍和赋役的核算和管理两本账结合起来，把该收的各项税赋通通收上来。

[①] 《马克思恩格斯全集》中文1版，第21卷，北京：人民出版社1965年版，第195页。

隋代的仓储制非常有特色，唐《通典》称"隋氏资储遍于天下"，所以这方面的会计组织非常健全，也非常严格。隋朝政府各部门虽没有办公经费，但会拨给一笔"公廨本钱"，相当于今天所说的周转金，用周转金孳生的利息作为该部门的办公经费。除此以外，上级没有任何拨款，也不会有其他报销渠道。而这笔周转金及其利息收入具体就由会计部门负责，规定任何时候本钱都不得亏损、利息不得乱用，否则就要以贪污、挪用公款罪论处。这实际上就意味着，会计掌握着所有部门的经济命根子。隋文帝就亲自接受5位会计官员的奏疏，斩决了9位挪用公款的官员。所以，那时候就连六部尚书都要对会计"肃然起敬"，生怕这些"耳目"在隋文帝那里去打小报告，这与今天的"纪检委"相比有过之而无不及。

再来看国外。17世纪后法国为了能与英国、荷兰争夺世界霸权，推出一系列壮大本国经济实力的措施。怎么壮大呢？一方面要发展经济，另一方面要把该收的税全都收上来。在路易十四时期，财政大臣科尔贝把重商主义政策发展到极点时的"商事王令"便是其中之一。

1673年3月23日，法国国王路易十四署名同意并颁布了《作为商人的商业规则而发生作用的法兰西和纳瓦拉的路易十四的王令》，简称"商事王令"或"萨瓦里法典"。商事王令由序言和王令组成，共12章、122条，其中以第3章设置的簿记和会计条款最多，规定商人要设置账簿、编制财产目录，以保护债权人避免因欺诈破产蒙受损失。其中规定，那些希望成为店主的学徒，必须懂得相应的单式记账和复式记账知识，用今天的话来说就是，不具备会计知识的人不能当经理；企业破产时，如果发现没有设置账簿应视为欺诈破产，欺诈破产者以死刑论处。并且，考虑到以会计为主要内容的企业经营管理的一面，可以说是复式记账发展史上一个极为重大的事件。所以，商事王令被称为"近代商法之父"也就实至名归了。这是近代国家经济法规中，第一次把商业账簿的设置和财产目录的编制提高到前所未有的重要地位；并且，还以此为契机，在股份公司会计中推广资产负债表制度，从而使得法国会计被誉为"世界上公布会计制度的先驱者"。[1]

私企发展催生民间会计

民间会计是随着民间经济发展产生并发展壮大的。

在中国,民间会计发展大致上经历了以下三个阶段:一是进入封建社会后,一些私人田庄和中小商人一边从事生产经营、一边处理会计事项,用今天的话来说就是他们既是老板又是伙计,还兼"财务主管";而对一些规模较大的组织来说,为了对投资各方公正起见,则会由大家推举某人兼账。二是随着封建经济的繁荣,尤其是到了唐代之后,已经出现了旧式金融鼻祖"柜房"和典当业鼻祖"质库",会计核算的复杂性提高了,所以开始出现专职会计。到宋代时,这种状态已经很普遍了,所以通常称会计人员为"主管",所记账簿为"簿记"。三是经济事项和经济环节日趋复杂化,客观上要求会计、出纳和保管既有明确分工又能集中在一起办公,所以"账房"出现了。从时间上看,处在封建社会末期向资本主义过渡时期,也就是手工业作坊向工场手工业、贩运性商业向经营性商业转变时期。这种账房具有以下三大特征:一是实行账房主管责任制,会计和出纳工作既分工又协调;二是以会计为责任中心;三是通过一定的内部制度确定组织关系和各岗位责任。

元代的民间会计已经出现了两级核算组织形式:第一级主要是进行汇总性质的核算,由"门馆先生"(或称"管账先生")负责;第二级主要是分店进行的核算,一般是兼职会计。第二级向第一级报账,第一级进行汇总、考核及检查。这也是账房的萌芽。

到了明代时,私家账房形式已基本确立。如明代万历年间,宁波商人孙春阳在江苏省苏州阊门外开设的"孙春阳南货铺"就共有"六房一柜"。"六房"分别是南北货房、海货房、腌腊货房、酱货房、蜜饯房和蜡烛房,"一

---

[1] 文硕:《法国财政大臣科尔贝推动商事王令》,《中国会计报》2009年8月12日。

柜"就是会计、出纳的账房,负责全店的银钱收支。全店实行三级核算,账房系统一清二楚:第一级是"总管",相当于今天的财务总监;第二级是"柜"(即"账房"),相当于今天的财务科;第三级是"六房",每个"房"中都设有负责收发货物的"保管"一职,以及处理账目的兼职会计,每天一小结,全年一总结。

清代的账房组织制度已得到高度发展,其标志不仅体现在组织结构的改进、人员的增加、层次的增多上,更体现在内部明确的经济责任和外部的经济牵制上,以钱庄、票号与典当业的账房设置最为典型。以钱庄为例,账房分为内账房和外账房两部分:前者称为"清账房",一般负责总账核算,包括总清账、利息计算、红利分配、编制月报和年报等;后者称为"汇划账房",主要负责对内的日常核算和对外的账务处理。钱庄账房中的会计和出纳两者分开,出纳又分为"钱房"和"洋房"两块,前者负责收支铜钱、纸票,后者负责收支金银。

从近一点看,1979年改革开放后,随着外资企业的出现,客观上要求中国企业按国际惯例由会计师事务所对其财务进行独立审计。所以,1980年12月23日国家财政部颁布了《关于成立会计顾问处的暂行规定》。这里的"会计顾问处"即指会计师事务所,当时的成立条件是注册资本不低于30万元人民币,专职从业人员中至少要有2名注册会计师。在这种情况下,新中国第一家会计师事务所于1981年在上海成立。

1992年之后,会计师事务所作为营利性产业得到蓬勃发展。1994年1月1日《注册会计师法》的实行,尤其是1997年规定"三资"企业、股份公司、有限责任公司、国有[1]独资企业、上市公司的经营成果都必须经过注册会计师核准后才能在法律上生效,更是推动了这一行业的快速发展。

在国外,19世纪末,德国的私人企业诉讼案件越来越多。为了满足诉讼需求,各种"账务专家"大量出现。在这类人群中,哪些人的账务检查结果可以作为法律诉讼依据呢?为此,1887年至1888年间在莱比锡、汉

---

[1] 1993年3月29日八届全国人大通过《宪法》修正案,从此"国营经济"改称"国有经济"、"国营企业"改称"国有企业"。

堡分别举行了"账务检查人"宣誓仪式,规定那些宣誓过的会计师称为"宣誓会计师",他们的检查结果可以作为法律依据,而其他未经宣誓过的会计师则仍然被称为"账务专家"。这就有点像今天注册会计师从整个会计队伍中单独列出来一样了。

法国也有这样的划分,分为"专门会计师"和"认定会计师"两大类。前者主要处理会计实务,后者主要或者说只能进行业务指导。

20世纪初,随着英国资本输出到日本,日本也开始出现了"会计人"(后来改称"会计士",即"会计师")"监查士"等专业会计工作者。1927年日本颁布《会计士法》,1939年成立日本国会计士协会。

在这方面,韩国要比日本更早。在朝鲜王朝(1392—1910年)时期,就已经存在着几种不同类型的会计师登记制度了,如会计师与会计制度。当时韩国的会计职称分为"算士"(San-Sa)、"计士"(Gye-Sa)、"会士"(Hoe-Sa)三个等级,同样需要通过国家统一考试招聘录用。尤其值得一提的是,这些会计师的职能与今天的注册会计师所从事的记账和审计职能相一致,主要职责就是管理旱田粮食的征集、拨付和库存。由此表明,韩国当时就已经存在着某种形式的特许会计师及其组织了。

世界上第一个会计师

世界上第一位公共会计师是英国人乔治·沃森(George Watsom,1645—1723),他之所以会戴上这顶桂冠,还颇有一点戏剧性。

先从当时的社会背景说起。16世纪后,随着资本主义生产关系萌芽,以家族合伙制和合资企业为代表的公司组织体系大量涌现,迫切需要有一套科学、系统的会计组织建设作前提。

总体来看,这一过程大致上可以分为两个阶段:

一是13世纪至18世纪上半叶家族式组织向近代公司组织的转变。如官方创办于14世纪的威尼斯兵工厂,最早在组织管理上就采取了分权控制的办法,厂长是最高管理者,下面设有五大管理部门,财务会计便是其中之一。财务会计部门的三大任务分别是会计控制、存货控制和成本控制。这样的组织格局,完全脱离了家长制组织形式,有点像现在的企业管理结构了。

二是18世纪中叶(具体以英国产业革命为标志)至20世纪30年代近代公司组织制度的建设。伴随着工场手工业向机器大工业的根本性转变,公司的内部组织结构也在迅速发生着变化,从而促使会计组织进入一个新的发展阶段。

从中容易看出,民间会计的正式独立,是随着经济发展规模越来越大、经济成分越来越复杂、投资者与经营者完全分离而出现的。

这种分离,使得投资者需要通过某种途径来随时了解企业真实状况,而民间会计及民间企业的会计报告恰好能担当这一职责。因为投资者要想关心自己投入的资本能不能保值增值,唯一的途径只能是会计报告,不可能去看一张张原始凭证。不过,总的来看,当时无论是组织系统性、科学性、制度性还是权威性方面,民间会计都要比官厅会计落后一大截。

更重要的是,投资者与经营者在某种利益上一定会处于对立地位,并且两者之间完全不对称。所以,投资者对经营者提供的会计报告是否能真实反映实际情况不得而知,或者说不敢相信;并且,投资者又未必是会计专家、未必就能看得懂这些财务报告,精力上也不允许。

几项因素综合起来,就从客观上迫切需要有第三方以公正、客观、专业的立场来为投资者把关。于是,独立的审计制度和审计机构出现了。

17世纪中叶,英国苏格兰爱丁堡一位商人的儿子乔治·沃森开始参加工作了。他先在一家商社做学徒,不久以后便被送往国外学习簿记技术,1676年重新回到苏格兰。过硬的专业水准,使得他在爱丁堡一家著名的企业里担任"会计师兼出纳员"(accountant and cashier)长达20年。在业余时间里,他既为自己记账,也协助别人记账。20年后的1696年,他跳槽到苏格兰银行,成为会计师和出纳员;同时,自己还开了一家主要办理票据交换业务的公司,并且兼做几家公司和商会的账。由于他的工作质量高,所以在业内深受尊敬。

就这样,他不但成为世界上第一位会计师,而且从今天的眼光看,他还完全是那些兼账会计的鼻祖。遗憾的是,他的执业会计师资格并未获得认可,所以不能亲自进行查账业务,不能称为第一位民间审计师(注册会计师)。这种情况今天仍然会处处可见——某个人兼了许多企业的账,名气很大,水平也不错,从中获得的报酬要远远超过那些专职从事会计工作的白领;但奇怪的是,他却不是会计科班出身,甚至完全是"自学成才"。

顺便说一句,沃森当时为什么没能考到执业会计师资格呢?不是因为他笨,而实在是这张证太难考了。他从国外回到苏格兰时,当时意大利威尼斯创建于1581年的世界上第一个职业会计师团体"威尼斯会计协会"已声名赫赫,进入门槛相当高。而要想专业从事与公共事务和法律有关的会计业务,就必须取得该协会会员资格。

该协会的进入门槛究竟有多高呢?这从该机构成立时的要求中就能看出来:申请者首先要获得由市长颁发的资格证书,然后在市长指定的会计师事务所实习6年(注意,长达6年!);然后,要通过两次考试才能取得会员资格,正式挂牌执业。不用说,这两次考试又都是十分严格的——第一次考试有点像现在的面试,面试官由45人组成,其中30人是执业会计师;第二次考试是答辩形式,由1名会计主管和5名博学的商人轮流发问。这样的程序,在今天看来就是博士生毕业的规格了。

过了这些门槛的会计师,主要工作是检查企业会计工作上有没有差错,从而保护投资者利益、为股东追回部分损失,而他们则会从中按照一定的比例提取报酬。只不过,这种会计师只是兼职,还没有成为一项专门的职业,也没有获得社会公认。更确切地说,有点像是"计件查账员"。

另外就是沃森没有考上这份资格,或者他根本就没有去报考这个资格,还有一大原因,那就是:虽然该协会当时已经相当权威了,但此时此刻英国人正在热衷于学习荷兰人传入的意式簿记,所以渐渐地把这一意大利会计团体给"忘"了。

审计脱胎于会计

审计是从哪里来的？俏皮地说，她的娘家在哪里？这里有三种说法：一是起源于会计，说是会计产生后不久就出现了审计；二是起源于财政监督，说是建立在对国家财政收支检查基础之上的；三是审计与会计同时出现，会计起源于经济管理需要，而审计则起源于经济监督需要。

在这三种意见中，以起源于会计比较解释得通。理由有四点：一是从时间看，审计出现在会计出现后不久，它是因为出现受托管理他人财产、需要对其诚实性进行某种检查而产生的。也就是说，它起源于"经济责任"。二是审计的"计"指的就是会计，所谓审计，实质就是审查会计记录和报告是否真实、准确。三是古代的审计都是由审计人员听会计人员大声朗读会计记录，然后判断其是否正确，英国直到14世纪依然在这样做。在中国，历史上就曾经把审计称为"听其会计"；在国外，英文的audit、法文的audition也都源于拉丁文audire（听），这或许也能佐证。四是审计在相当长的一段时间里所做的工作就是查账，查会计的账。[①]

审计的前身是簿记稽核，而最早的簿记稽核出现在原始社会向奴隶社会转变的私有化过程中。在此之前，会计的主要目的是反映和记录；到了原始社会末期，劳动产品开始慢慢有剩余并且剩余较多时，就有人动这部分剩余产品的脑筋了。不用说，当然是近水楼台先得月，部落酋长和首领更有机会将它们占为己有。随着剩余产品越来越多，这些被称为"王"的人除了自己做账或寻找代理人兼账，还开始出现了委托责任制度，审计或称会计稽核的雏形就这样出现了。

根据经济责任催生审计的观点，原始社会人人平等，所以不存在经济责任一说；只有到原始社会向奴隶社会过渡、有了阶级剥削和压迫之后，才出现审计的萌芽，统治阶级需要利用审计来为巩固政权服务，把审计作

[①] 《世界审计史：国家审计的起源》，《中国总会计师》2012年第7期，第144～146页。

第 4 章
会计组织：从官厅走向社会

为政治斗争的一种工具。只不过，当时的他们显然还没有意识到这一点，所以并没有设立独立的审计机构，而只是让原来的财计部门兼任这项工作。因此，进入奴隶社会后，国家审计还处于萌芽状态。

从中外对比看，中国古代传统会计中虽然也有稽核，但它作为会计的一部分必然会在利益上"剪不断、理还乱"，与国外相比要落后得多。

直到清代，其时是户部掌管会计兼审计，雍正年间也设立过"会考府"来掌管审计事宜，但不久就不了了之了。显而易见，会计和审计隶属于同一部门管理，这种监督的效力就必然会大打折扣。在最基层的县级财计组织中，知县自己聘任账房师爷（一般都是自己的亲戚），不但经常做假账，而且按时盘货、财产清查制度等更是形同虚设。整个清政府从上到下几乎全是"千里为官只为财"，又怎么可能会把会计职责和原则放在眼里呢？并且当时根本就没有预决算一说，钱是用到哪里算哪里；再加上贪污受贿成风，所以所谓财政稽核和审计便无从谈起。1894年中日甲午战争前，政府财政虽不宽裕，但大体上还能做到收支平衡，可是到了1895年签订《马关条约》后，每年的财政赤字就增加到大约1 300万两，之后"窟窿"便越来越大。这时候的财计监察组织虽然与经济监察权力一起合并在都察院，权力不可谓不大，但都察院御史实际上有名无实，人人都在追求外放道府，所以在审计上往往是睁一眼闭一眼、得过且过。

由此可见，无论是稽核还是审计都必须具备两大前提：一是独立；二是得力。相比之下，同一时期的俄罗斯彼得大帝改革之前的会计制度中却有一个非常重要的特点，那就是收入和费用分开核算。

俄罗斯人认为，这样做有两点最大的好处：一是严密控制资产，因为一般情况下其他人是不可能知道会计余额的。用今天的话来说就是，无论是记收入的账还是记支出的账，除非两人串通，否则很难篡改收支进行造假。二是可以不考虑科目之间的牵制，尽情按时间顺序记账。与此同时，记录收入或费用账户的负责人任期多为一年，在配合编制报告时必须盘点存货、核对实物结存与会计余额，从而确保账账相符、账实相符。

大约到了19世纪末，稽核慢慢地开始从会计中分离出来，成为独立的审计(内部审计);其工作重点也从过去的账务检查和稽核,转移到内部控制明确的程序,以及对企业经营管理过程及结果进行独立的观察和分析上来。其标志是1875年德国克虏伯公司针对内部审计所作的规定:"审计人员应确定是否正确地遵循了法律、合同、政策程序;企业的所有业务是否符合所确定的政策,并取得成功;审计人员应提出建议,以改进现存设备和程序,并以改进管理的建议方式,对合同加以批评。"这表明,这时候的审计已经成为积极而不是被动的内部控制和干预,已经不再是企业管理而是企业内部控制体系的一部分。正因如此,审计部门才要从财务、会计组织中分离出来,并呈三足鼎立之势。

现代意义上的会计师事务所,是在所有者与经营者分离日益明显基础上产生的。不参加企业日常经营的企业所有者,要想了解自己投入资本的保值增值情况,除了要求经营者及时提供会计报告还不够,还必须确保这份会计报告真实可靠、经得起检查。而这项工作由谁来做呢?当然就只能是独立的第三方会计师事务所了,审计从会计中脱离出来势在必行。

会计与审计的分离

从世界范围来看,会计与审计的分离经过了漫长的阶段。

早在大约公元前36世纪,古埃及开始进入奴隶社会。当时的最高统治者法老大权独揽,于是专门设置了一种名为"监督官"(super intendents)的职位,负责对各级官僚是否忠实履行受托事项、财政收支记录是否准确进行监督和管理。不用说,这些监督官都是法老的亲信,并且他们的权力"无限大",而其监管对象首先就是财计部门。监督官中权力最大的是"记录监督官"和"谷物仓库监督官",前者主要审查会计记录和会计账簿,后者主要审核谷物税的征收。[1]

---

[1] 《世界审计史:萌芽时期的国家审计司法模式》,《中国总会计师》2012年第12期,第146～148页。

第 4 章
会计组织：从官厅走向社会

在中国，《周礼》中已经确立了簿记报告与审计制度，称为"上计"。但这种做法多是向上级多报一份会计报告，目的主要是便于考核官员的政绩，用今天的话来说就是，主要是用于核算和兑现"年终奖"的，所以这与今天的独立审计还是有本质区别的。

到了秦代时，规定必须统一编报会计报告，逐级汇总到中央，称为"计谐"，并且还在郡、县两级政府设立了专门的机构来重点抽查会计报告。用今天的话来说就是，相当于 20 世纪八九十年代的"财务大检查"，这同样与独立的全面审计有很大不同。

与西周同一时期的古罗马、古希腊等，当奴隶主（当然主要是一些大地主）把一揽子事务全部交给管家去做时，不得不多留一个心眼，专门设置"代理人账户"去从侧面考核管家，甚至聘请官方审计人员来帮助自己查账，验证会计报告的真实性，从而出现了"庄园审计"。这种审计虽然主要是年审，并且重点是审查管家的会计责任，但离今天的独立审计更近了一步。尤其是，古罗马国家审计的职责虽然与古埃及、中国一样不明确，但已经初步具备立法监督精神，这表明古罗马的做法更先进。

在古希腊，当时的民主制度非常进步，而审计监督便是其中的一个重要方面。公元前 5 世纪的雅典城邦公民，政治上完全平等，没有国王，官吏由抽签选举产生并轮流执政，任期一年左右，所以根本无法形成势力范围。无论是谁，官有多高、权有多大，一旦被发现有徇私舞弊行为就要受到严厉制裁。所以，当时古希腊的国家审计颇有特色，而且是世界上最先进的，超过中国、古埃及和古巴比伦，连古罗马人也自叹不如。

中国的隋唐时期，刑部以下设有"比部"，算是相对独立的审计机构了。北宋时，1080 年左右实行的元丰改制前财审合一，中央审计由三司及其下属三部"勾院"负责；改制后撤销了三司，财审分离，经济监督职能大部分划给了户部、比部和太府寺附属的"专勾司"。南宋初年，专勾司的"勾"音近宋高宗赵构的"构"字，于是成为"敏感词"，便改称"审计院"。瞎猫碰到死老鼠的是，这一改名恰巧与国外同类机构同名，如荷兰审计院等。从此，"审计"一词便在中国正式出现了。但奇怪的是，元、明、清三代又都取消了这样的专门机构,把审计职能并入了御史监察机构。

从民间看,自从出现股份公司这样的组织机构后,为了维护业主权益,查账渐渐成为一种社会需求,于是专门从事查账的职业即审计出现了。

例如,在英国,早期会计师承担的主要工作就是个人破产财产清算。1542年、1570年、1604年、1705年、1806年、1825年颁布的《破产法》中,均涉及破产者的账册问题。尤其是1831年颁布的《破产法庭法》规定,负责个人破产财产管理清算的官方破产管理人必须由商人、银行家、会计师担任,就更是第一次肯定了会计师的地位,在法律意义上极大地提高了会计师的职业威望,在会计发展史上具有里程碑意义。

1720年英国南海公司宣告破产时,就专门聘请了在伦敦地区享有盛名的查尔斯·斯内尔,来对南海公司分公司"索布里奇商社"进行查账。斯内尔是一所学校的习字和会计教师,精通会计实务尤其是审计,他在一本教科书中还专门设立了"商人审查会计记录所采用的实务方法"一章,来详细介绍审计实务。该书使得斯内尔名气大增,慕名而来请他去查账的商人越来越多,于是他便把查账当作了职业。

因为这个行业有需求,所以后来从事专业查账的人越来越多,这些人便被称为"会计师"或"会计人员","会计"的概念便从"簿记"中分离出来,并且英语单词中也同时出现了会计和簿记两个不同的名词。

不用说,这种专职查账的会计师对维护财经纪律、提高会计数据真实性非常有帮助,尤其是在1825年至1849年参与公司破产清理案件中声名鹊起,于是全社会都开始重视起会计师这个职业来。这也是英国在1844年修订《公司法》中确立会计师地位及其社会责任、1853年出现世界上第一个会计师团体爱丁堡会计师公会的背景,尤其是1854年英国国会批准了英国女王向爱丁堡会计师公会颁发的第一份特许状。从事特许会计师及其职业在社会上拥有独立地位,他们的工作受法律保护,他们所做的审计结论也具有公正性和权威性。这再次证明,审计是从会计中分列出来的。

19世纪后期,会计界出现了一次业内自称是"职业会计师"与"企业会计师"分离的活动,最终不但使得会计走向了成熟,同时还促使审计师地位和审计职业得以确立,其标志是1880年英国英格兰和威尔士地区的五个会计师协会在政府特许下联合成立了"英格兰和威尔士特许会计师协会"。随后,从1882年开始,特许会计师实行考试制度,审计成为这种会计职业考试的主要科目之一。

1892年劳伦斯·R.狄克西出版的《审计学》教材在当时影响最大,影响时间也最长,促进了审计教育和审计事业的普及。1900年之后,英国在审计中普遍采用抽查法,审计目的也从过去的纠错查弊转向对会计报告的公允性发表意见,标志着现代审计的开始。

会计和财务的职能分工

俗话说"财务会计",简称"财会""财务"或"会计"。单从字面上看,"财务"和"会计"既可以是包含关系,简称为"财务"或"会计";也可以是并列关系,称为"财务"和"会计";还可以是说明关系,称为"财务"的"会计"。

从会计发展史看,财务会计是最后一种含义,指在簿记、传统会计基础上的一种升华,即"簿记—传统会计—现代财务会计"。

美国会计准则委员会1970年发布的第4号公告《企业财务报表编报的基本概念与会计原则》中明确指出,财务会计是会计的一个分支,它着眼于有关财务状况与经营成果的通用报告即财务报告。这就明确了财务工作的性质和基本目标,具有历史性进步。1973年6月,美国建立财务会计准则委员会后,于1978年发布了《第1号财务会计概念公告》,明确指出:财务会计所关注的是企业的资产、负债、收入、费用、盈利等方面的会计。这是对现代财务会计发展的历史性定位,并最终形成了财务会计与管理会计两大支派并列的格局:财务会计主外,管理会计主内。[①]

---

① 郭道扬:《二十世纪财务会计的发展——兼评财务与会计的关系》,《财会通讯》1999年第6期,第3~6页。

从财务和会计的具体概念看,财务是从货币的时间价值去分析和预测经营状况,侧重于未来的用钱和决策,是会计信息的利用者;会计则是从货币计量角度去核算和分析经营活动,侧重于过去的记录和执行,是会计信息的创造者。两者的联系在于,都是以可计量的货币为基础的。但显而易见,财务会计并不是财务和会计的简单相加或组合:财务在企业经营管理中处于首要和关键地位,好比是人的血液;会计则是开展财务工作的基础和依靠,好比是人的血管,两者需要相互配合并协同作用。

从发展历史看,1897年美国学者托马斯·格林出版的《公司财务》一书中最早提出了财务的概念。1912年,德国学者斯马连巴赫在所发表的"三论"(资产负债表论、成本核算论、公司金融论)中,系统研究了公司金融(财务)问题。法国学者亨利·法约尔在1916年出版的《工业管理与一般管理》中,开创性地提出了财务和会计在企业中拥有同等重要的地位。直到1920年阿瑟·斯通出版《公司财务策略》一书,标志着财务管理理论基本成熟。

而"财务会计"这一名词最早出现在20世纪三四十年代之后,此前至多只出现过"财务报表"之类的说法。20世纪30年代至60年代,在经历了一场场前所未有的经济危机、公司大批倒闭的背景下,全社会都意识到了健全会计组织和财务制度的重要性。在美国,大中型企业的会计组织中普遍设有"总控制长"(controller)和"财务长"(treasurer)职位,同时在公司最高管理层中设置主管财务会计的"副总经理"领导、协调两者工作。总控制长负责信贷管理,主要强调会计的控制职能,可以翻译成今天的"会计长";而财务长则负责保管公司资财和筹措资金,可以翻译成今天的"财务科长"。这样,就把"会计"和"财务"的职能进行了基本的划分。不过,小企业中依然是三者合在一起的。

20世纪60年代至今,总控制长的岗位设置从美国普及全世界,大中型企业在财务副总裁领导下,形成了财务、会计、内部审计三足鼎立的组织格局。其中,内部审计直接对董事会负责;企业内形成了以总控制长为中心的会计专家集团,其下属会计师分工掌管财务会计、管理会计、税务

第 4 章
会计组织:从官厅走向社会

会计,一直通到最基层。

官厅财计体制的演进

中国古代的官厅财计体制大致经过了以下四个时期:初创期、确立期、初步发展期、发展和完善期。自从有了官厅(政府)就需要征税,而征税就离不开会计,财计于是成为官厅经济的主要支柱。

官厅会计的说法源自周代《周记·天官·大宰》一书中"官计"一词,代指古代的国家会计,与民间会计相对。到了汉代至唐代、宋代,称"官计"为"国计",明代、清代依然称国计。在近代西方国家中则称为"国家的会计",英文为 governmental accounting 或 municipal accounting,中国据此翻译为"政府会计"[①];但即使如此,直到民国时期依然有学者称政府会计为官厅会计。

官厅会计是建立财计体制的前提。当具备以下三个条件时,官厅会计就产生了:一是会计已经成为国家事务中的一项专门工作,并且占有重要地位;二是国家财政体制中已有对会计部门的设置和会计人员的配备;三是会计工作已经有了相应的制度,能够正常开展起来。

在国外,世界上最早的奴隶制国家苏美尔和阿尔德(约公元前 31 世纪)就已经有了经济主管机构"达姆卡尔",负责内外贸易事务;而当时主管财政税务的官员称为"玛什奇姆",全面负责征收各类税收;管理国库的官员则称为"杜古尔",负责各项财物的收支和控制。

稍后,这些部门的经济职能分工便越来越细,形成了初具规模的财计主管部门。到了大约公元前 31 世纪古巴比伦王国建立后,这套财计官制设置格局就基本上保留了下来,并且在公元前 18 世纪的汉谟拉比统治期间,因为专制政体的形成,财计体制也有了新的发展。

在这套严密而强大的官僚机构中,财计部门统一归属行政序列,一共

---

① 中国在 20 世纪二三十年代之前称"官厅会计",之后,随着西方会计的逐步引进和推广,称"政府会计"。新中国成立后,称"预算会计"。

分为三大块：一是农牧林管理职官，主要针对生产领域征收实物税；二是国家贸易管理职官，主要针对商业领域征收货币税（当时的货币是名为"雪凯"的白银）；三是国库管理职官，负责对宫廷里的仓库财物进行系统性记录。

别看"宫廷里的仓库"好像没什么了不起，大不了就是仓库而已；要知道，在这些仓库里集中了全国的财物，代表的是国库。例如，在古埃及第一、第二王朝统治时期（公元前 3200 年至公元前 2780 年），国王的宝库中几乎集中了来自全国的所有实物收入；并且，当时的皇室财政与国家财政已相互独立，从中央到地方形成了一套独立的财计系统，财政部门成为当时埃及最大的行政部门。当时的宰相职务通常是由王子来担任的，而王子主要就抓两项工作：一是财务行政；二是司法权力。

在中国，财计体制的初创期主要是在夏代和商代。夏代是中国奴隶制社会的开端，所以各种国家机构处于初始阶段，"百官"中并没有发现有专职会计，各项财计事务分散在各职能机关。到了商代，百官中就已经有专门设置的"作册"来掌管天文历法、算术和财政以及会计记录了。用今天的话来说，作册可以理解为兼职会计人员。

中国财计体制的确立期在周代，周代已经达到奴隶制社会的鼎盛时期，财政官员设置已相当完备，设有天官冢宰来主管国家财计，其中：小宰主管财务行政兼审计；司会主管会计事务，下设职内、职岁、职币、司书，分别掌管财政收入、支出、结余的登录和核算以及会计账簿；大府主管国库系统，负责各项财物的收发和保管；宰夫则主管稽核和审计。

财计制度的初步发展期在秦代和汉代。秦代是中国第一个统一的封建帝国，所以在"三公九卿制"中设有专门的财计部门，在中国封建王朝中首创国家财政和皇室财政分管财计，实行的是中央地方分级管理、层层核算的财计管理、税赋征收、财政收支体制，并设有御史大夫主管审计事务。

汉代在财计体制方面主要是沿袭秦代的做法，但部分岗位设置更为细致，职责也更加明确。在中央设有"大司农"主管国家财政预算、会计核算及管理事务，县级以上官府设"计吏"、财政管理官等，县级以下行政单位设"计"来负责会计工作,"上计"制度有了进一步发展。

魏晋南北朝时期在中国历史上非常特殊,一切以军事为优先,所以财计组织不但具有军事色彩,并且支离破碎,缺乏系统性和科学性,可以说有名无实。直到隋朝建立后,通过改革建立了"五省六部"体制,为唐代建立中国封建社会中最完备的国家政权组织形式"三省六部制"奠定了良好的基础。

从唐代开始一直到清代,财计工作进入发展和完善期。唐代朝廷设立三省六部,在尚书省中设"户部"来主管全国财计工作,户部中的"度支部"主管全国财政预算、会计核算和管理事务。也就是说,度支部是全国最高会计管理机构。同时,唐代又完备了三国两晋南北朝时期负责会计事务的"民曹比部",进一步完善了管理体制,尤其是其中的内部牵制制度。不过,到了天宝(742—756年)之后藩镇势力增强,地方财政与中央财政发生对抗,中央财政收入渐少,以至于最终有名无实,这是唐代走向灭亡的主要原因之一,这从一个侧面再次说明财计工作对政权的重要性。

宋代吸取这一教训,实行高度的集权体制,把三省六部制改为二府三司制,设立"三司使",将全国的财计大权集中于三司(盐铁司、户部司、度支司);并且,废除比部制,建立了财审合一的审计体制。经过多次反复后,于1074年设立了三司会计司,总管天下财赋出入。虽然不到一年便告流产,却史无前例地开创了"会计司"这样一种全国性的会计机构,对后世产生了深远的影响。

元代在户部司中分设金科、仓科、内度科、外度科、粮草科、审计科和直属仓库。

明代、清代中央设立内阁总理班子统领上述六部,其中户部按地方划设清吏司,同时将审计事务归并都察院。配合进一步强化中央集权的需要,皇帝直接控制财计部门,财计部门从中央到地方形成由财税、会计、国库、出纳构成的经济监控系统,然后配备清吏司实施经济监控。

到了清代时,从元代开始采用的行省制和确立分科主事的财计组织制度开始稳定下来,构成纵横交错的条块状,直接影响到后来的省级行政体制和企业科室结构。而其中的都察院和巡回监察御史制度，更是把财计工作提高到一个新阶段。

值得一提的是，1906年11月7日（光绪三十二年九月廿一日），改户部为度支部，内设10司，其中专设"会计司"负责会计核算和内部审计。次年在各省设立财政处，隶属中央度支部，我国从此在政府机构中最早出现了"财政"部门。

1911年爆发的辛亥革命，推翻了清王朝封建统治，并于1912年1月1日在南京建立了亚洲第一个民主共和国"中华民国"（简称"民国"）。1911年12月3日公布的中华民国第一部具有宪法性质的文件《临时政府组织大纲》第17条规定，中央行政系统分设外交、内务、财政、军务、交通五部。其中，财政部虽然沿袭的是过去的度支部，却是中国历史上第一次将"财政"作为这一中央主管部门的命名。

1914年5月1日袁世凯发布《中华民国约法》，在共计10章68条款中，单设一章"会计"共9条款（第50条至58条），这是中国历史上唯一一次在宪法性质的法律中把会计提高到如此之高的地位。10月2日，北洋政府正式颁布了我国历史上第一部《会计法》和《审计法》。正是从此开始，我国财计组织逐步摆脱封建财计官制束缚，财政与计政相分离。

新中国成立后的20世纪50年代，当时在农业生产合作社、农村供销合作社、农村信用合作社"三合一"从低级向高级过渡时，农村生产合作社会计奇缺，而农村供销合作社、农村信用合作社会计人员相对富裕，于是辽宁省彰武县大德乡率先提出了"三合一网"即三家单位会计人员打通使用的做法，受到毛泽东称赞，大意是："三合一网"的方法很好，希望可以在全国推行。[①]

在国外，18世纪初，英国国会开始按主要部门推举产生首席长官，以首席长官联席会议取代以前的最高咨议机关，俗称"内阁"。这些内阁们制定的各种政策中，最重要的便是财计政策，所以财政部也成为内阁中最

[①] 朱啸波、张瑶瑶：《晋商：汇通天下里的"会计智慧"》，《中国会计报》2012年10月16日。

重要的部门。这一做法逐渐影响到全世界。到19世纪时,世界上绝大多数国家由财政、税务、会计、国库出纳、审计等构成的财计组织,均在国家行政中处于重要地位。

公元前的会计师办公室

别看直到1742年意大利米兰政府颁布会计师为顾客服务的等级收费标准,并且建议创立一个公共会计师同业公会开始,现代会计师事务所才堂而皇之地公开从事专业查账行为;可其实,早在古印度的第一个帝国孔雀王朝(公元前325年至公元前150年)时期,就已经有了今天会计师事务所这种组织的雏形。

孔雀王朝的第一位皇帝名叫旃陀罗笈多(Chandragupat Maurya,在位时间为公元前321年至公元前297年),他的老师考迪地亚颇有学问,既在朝廷担任行政长官,本身又是一位经济学家,考迪地亚在一本名气非常大的著作《政事论》中详细记载了这一切。要知道,这可不是一本一般的图书,而是用来时时引导国王思想与行为的专论,其重要地位不言而喻。所以,在全球会计学界,这些年有将该书与18个世纪以后帕乔利的《数学大全》一书地位相提并论的趋势。

该书共分为三个部分,15卷,150章。在第三部分"与经济发展、税收、劳动力管理以及财务管理相关的政策"中,就含有有关会计重要角色的讨论,其中对经济和财务基础的建立作了详细的描述,尤其肯定了帝国各项制度运行的财务基础必须来自土地收入和少量贸易活动的收益。

书中认为,资源是经济发展的重要因素之一,而经济业绩的恰当计量对资源的有效配置绝对重要。书中提出,尽管会计学不同于经济学,但会计方法却十分科学,会计是经济学不可分割的一部分。并且,当时就提出了"解释"和"预测"是会计的恰当目标之一,并由此延伸到精确地计量经济业绩和经济增长。要知道,直到20世纪70年代末,人们才开始认可预测是会计的重要目标之一,考迪地亚的观点足足领先了24个世纪。

书中发展了用来记录经济数据并进行分类的簿记规则,强调了独立的定期审计在其中应该发挥关键作用,并且还提议设立两个重要却相互分离的办公室,一是财务主管,二是审计官,以增强受托责任与专业化,缩小利益冲突范围。

所以,当你知道该书中专门辟有一章"会计师办公室中的账目保管活动",非常详细地论述会计师办公室及其下属各部门的设立、关于登记并保管账簿的多方面的重要问题、向上级主管机构提交账目及记录的方式方法、所需提交的报表(相当于今天的会计报告)内容的属性、核查账目所采用的制度以及违约条款等时,就一点都不用感到惊讶了。

因为这很好地说明了三点:一是当时已经存在着比较完整的簿记和会计核算制度。二是当时的会计队伍已十分庞大,单从会计职位看,就已分成"首席司库"(相当于今天的财务主管)、保管账目的办公室(相当于今天的会计档案室)、负责收入记录的"首席收款人"(相当于今天的主办会计或出纳会计)。三是当时已经出现会计师行业至少是职业会计师。

关于这一点,同样可以从当时全面、系统的各项经济制度和财务制度中得到佐证。并且,从此以后,在印度历时2 000年的其他王朝中,这样的行政治理和会计制度一直都很好地延续下来了;只是因为各王室的偏好不同,才有很小的差别而已。直到18世纪末,英国在政治上完全控制了印度,才把西方的商业经济记录也带给印度。

从古到今的会计师事务所

会计师事务所是指依法独立承担注册会计师业务的中介服务机构。

1825年,南美洲的乌拉圭成为西半球第一个颁布公共会计师条例的国家。1844年,英国颁布《合股公司法》,规定创办公司只要经过简单注册就行,无须政府特许,从而使得公司真正具有独立法律地位,不再依附于政府;但同时规定,必须设立监察人员负责审查公司账目。1845年,修订后的该法规定,公司可以聘请职业会计师代理监察人员办理审计工作。

第 4 章

会计组织：从官厅走向社会

英国《1844年铁路法案》中也明确规定："监察人应以公司的费用雇用自认为适当的会计师或其他人。"由此，推动了注册会计师制度的正式形成和迅速发展，会计师才作为一种独立的职业存在并被社会所公认。

1853年，在苏格兰爱丁堡创立了英国最早的会计师协会，54名会员获得维多利亚女王的"特准书"，这也被看作会计发展史上继复式记账之后的又一里程碑。1880年，世界上最大的会计师团体英格兰威尔士特许会计师协会成立，从此它的章程便成为之后各国会计师制度的蓝本。从这个角度看，英国是会计师的发源地。

两年之后的1882年，纽约成立了美国第一个"会计协会"，1887年又创立了美国公认会计师协会。在他们的努力下，纽约州1896年制定了《公认会计师法》。根据这项法律规定，会计师要从事会计业务，必须通过考试后获得政府颁发的证书。这一规定出台后，对业界产生了重大的影响；并且由于有了法律保障，所以会计师的社会地位明显提高。

在20世纪20年代到21世纪20年代这100年间，全球最著名的跨国会计师事务所阵营经历了从"四大""五大""六大""八大""九大"再到"六大""五大""四大"的蜕变。

20世纪20年代，全球会计师事务所已基本奠定"八大"格局。根据1932年6月美国《财富》杂志的评比，规模从大到小分别是：1865年5月创办于英国的普华会计公司，1895年创办于美国的哈斯金斯—塞尔斯会计公司，1903年创办于美国的厄恩斯特会计公司，1897年创办于美国的马威克—米切尔会计公司（这时已改为皮特—马威克—米切尔会计公司），1894年创办于美国的阿瑟·扬会计公司，1898年创办于美国的莱布兰德—罗斯兄弟—蒙哥马利会计公司，1900年创办于美国的陶切—尼文会计公司，1913年创办于美国的阿瑟—安达信会计公司。1979年，为了与美国"八大"竞争并抢占欧洲市场，德国、荷兰、英国、澳大利亚、美国、日本、丹麦、瑞士、加拿大等多国会计师事务所联合创办了第九大"庄伯彬"。

1945年9月，世界各地的普华合伙人在纽约一致同意建立普华国际，从此开始了各大会计师事务所的吞并、联合与国际化。1987年，皮特—马威克—米切尔与庄伯彬合并,改名毕马威。1989年5月,厄恩斯特—惠尼与阿瑟·扬合并为安永。1989年7月6日,德洛伊特—哈斯金斯—塞尔斯与陶切—罗斯合并为德勤。至此,"九大"变成"六大",因业务各有特色,所以能相互竞争而屹立不倒,和平共处了近20年。1997年10月,永道和普华合并为永道—普华国际会计公司,成为行业巨无霸。随后,毕马威和安永也宣布两者合并,但最终未果。2002年6月,安达信因卷入美国安然公司业绩造假丑闻自动淘汰出局。

2022年末,全球四大会计师事务所依次为德勤(DTT)、普华永道(PwC)、安永(EY)、毕马威(KPMG)。

在中国,第一位领到会计师执照的是早年留学日本早稻田大学攻读商科的谢霖,回国后先后担任大清银行、中国银行总会计。

当时的背景是,20世纪初,新式知识分子首先觉察到中国没有本土注册会计师的弊病,于是积极向政府建议建立注册会计师制度。

什么弊病呢?要知道,这时候已经中外通商了,可是中国国内包括银行依然使用的是传统的中式会计,外国人根本看不懂。所以,那时候通商口岸经常发生中外诉讼,每当此时,必然会由中外法官来会同处理;可是由于中国既没有律师制度,也没有会计师制度,打起官司来中方根本就插不上话,必输无疑。因此,当从日本留学回来的谢霖1918年6月提出这一建议后,财政部无动于衷,农商部则十分积极,觉得确实应该这么做;可是细一想,又对这一新生事物一窍不通,所以只好谦虚地回应这一诉求,干脆委托谢霖来制定中国第一部注册会计师法规。

1918年9月7日,北洋政府农商部颁布了中国第一部会计师法规《会计师暂行章程》,并随即给谢霖颁发了第1号会计师证书。

该章程规定,申请成为注册会计师的条件是:年满30岁的男子;拥有本国或外国大学商科或商业专门学校三年制以上文凭;在注册资本50万元以上的银行或企业担任主要会计职务5年以上。

1918年6月,北洋政府农商部、财政部批准谢霖成立会计师事务所。7月,《银行周报》第58号封底刊登"谢霖会计师事务所广告",标志着中国注册会计师正式开始执行会计师业务,这则广告也是中国人第一次使用"会计师"的称呼。事务所开设后,谢霖出任常州商业银行查账员,标志着中国第一位职业会计师的诞生。随后,谢霖便立即在中国银行和交通银行先行与国际接轨,推行借贷复式记账法。

接下来,活跃在这个舞台上的著名人物有徐永祚、潘序伦、奚玉书、王海帆、安绍芸、江万平、贝祖翼等。他们不是毕业于国内新式学校就是从国外名校留学归来,所以很快就成为当时中国注册会计师界的中坚力量。

这种中坚力量的体现,除了本身素质高,更在于执业会计师的超然地位,一致认为会计师应秉持"独立不倚"的精神。

所以在中国,最早的一批会计师事务所出现在1918年至1928年间。当时国民政府规定,经考试取得会计师资格、领取政府颁发的会计师证书后,便可以担任会计师;在向省、市主管机关申请登记后,便可设立会计师事务所。此后,很快就涌现出历史上著名的"民国四大所"——潘序伦于1927年创办的潘序伦会计师事务所(1928年改名为立信会计师事务所)、徐永祚于1923年创办的徐永祚会计师事务所(后改名为昌明会计师事务所,抗战时期改名为正明会计师事务所)、奚玉书于1927年参与创办的公平会计师事务所(1936年改组为公信会计师事务所)、谢霖于1918年创办的谢霖会计师事务所(1932年重组为正则会计事务所[①])。

这里有一段小插曲:开始时业内认为这个《会计师暂行章程》的门槛太低了,例如,至少应该限定国外学历申请人的专业必须是会计学或计理学等;但从社会和政府角度看,这样的门槛已非常严格,尤其是从1918年到1923年的6年间全国总共也才发出18张注册会计师执照,远远无法满足需求。在这种情况下,不得不于1923年降低进入门槛,把后两者条件必备改为两者有其一即可。结果,当年就有23人注册,1924年又有73

[①] 谢霖过去主要以个人名义在北京、天津、南京等地执业,1931年开始在上海执业。1932年1月1日,他与秦开、杨曾询、张翼燕、盛治华共五位会计师在上海联合组建"正则会计事务所"。注意,该事务所正式名称中并没有"师"字。

人注册,并在之后逐年增多。不过,这样的条件又显得过于宽泛了。①

1925年3月15日,上海成立了我国第一个会计师职业团体——上海中华民国会计师公会(后改名为上海会计师公会),初始会员23人。每月组织聚餐会,每次轮流两人做东。1928年会员扩大到75名,1932年升至216名,1933年再至262名,此后基本稳定。1941年,全国共有会计师公会12家。1930年起,注册会计师资格考试制度纳入国家立法,并且规定了考试的条件与内容,考试范围包括汉语写作、政法、财政、金融、会计、审计、外语等,分为笔试和面试,因此造就了一大批优秀会计人才。

新中国成立后,1951年10月24日,政务院财政经济委员会颁布《核定会计师管理规则》,规定经所在地(市)工商行政管理局或县人民政府核准的会计师,可以会计师名义在当地执行业务,或联合组成会计师事务所执行业务,执行业务时由个人署名负责。后来,因私营工商业社会主义改造的完成,注册会计师职业赖以存在的经济基础不复存在,再加上当时认为注册会计师职业姓"资"不姓"社",这一制度名存实亡。

1978年中国实行改革开放政策后,"三资"企业大量涌现、横向经济联合不断发展。1980年12月23日,国家财政部颁布《关于成立会计顾问处的暂行规定》,标志着中国注册会计师行业开启了恢复重建的步伐。

1981年1月1日,"中国现代会计之父"潘序伦率先在上海创建新中国第一家会计师事务所——上海公证会计师事务所(1983年1月1日更名为上海会计师事务所,1998年12月改制更名为上海上会会计师事务所)。

1986年7月3日,国务院颁布《注册会计师条例》(1993年10月31日升格为《注册会计师法》,是我国最早立法的专业服务行业;2014年8月31日修正),标志着我国注册会计师事业开始步入法制化轨道。1988年11月15日,中国注册会计师协会成立。

1991年12月7日至8日,我国举行第一次注册会计师全国性统考

---

① 黄炘强:《会计师的来历和演进》,《中国注册会计师》2003年第5期,第22~23页。

(1993年开始每年统考一次),考试科目包括会计、财务管理、审计、经济法4门(1995年起,经济法科目分为经济法、税法两个科目,考试科目相应地由4门变为5门。2009年起分两个阶段统考,第一阶段考会计、审计、财务成本管理、公司战略与风险管理、经济法、税法6门,第二阶段考职业能力综合测试1门)。

1992年,我国批准组建了5家中外合作会计师事务所。

1995年6月19日,国家财政部、审计署发布《关于中国注册会计师协会、中国注册审计师协会实行联合的有关问题的通知》,合并后统一更名为中国注册会计师协会。

1999年4月13日,国家财政部印发《会计师(审计)事务所脱钩改制实施意见》,要求1999年12月31日前必须在"人员、财务、业务、名称"四个方面与挂靠单位脱钩,从而真正实现独立承担法律责任。

截至2020年末,我国共有会计师事务所8 628家(不含分所),行业从业人数40多万人,行业年度业务收入1 000多亿元,每年为4 000多家上市公司、1万多家"新三板"企业、420多万家企事业单位提供审计鉴证和其他专业服务。[①]

历史上会计多是反面形象

在中国,会计在历史上多是反面形象。究其原因在于,自古以来,中国因为贱商、病商而轻视会计,直到现在,这种思想病根依然还在。

会计职业在中国已有上千年历史,但历代并没有把它看成是一门独立的科学,充其量只是一种反映财政收支的工具,基本职能是反映。官厅会计虽然一直存在,但很少有创新,更谈不上理论探索;民间会计都是师傅带徒弟式的手把手辅导,不但不规范,而且除非父子,否则都会

[①] 《规范秩序、优化服务,促进注册会计师行业持续健康发展——〈会计改革与发展"十四五"规划纲要〉系列解读之四》,国家财政部官网,2022年1月21日。

留一手。①

会计人员常常被人当作"抠门"的同义语,这其实源于西晋"竹林七贤"里王戎(234—305)的形象。王戎俭啬而不贪财,当官后每天手不离象牙筹码(算盘的雏形),并以此为最大乐趣。《世说新语·俭啬篇》里有9则关于节俭吝啬的故事,与他相关的有4篇。

王戎过去做过"会计主管",他担任司徒时家庭财产在全国数一数二,用今天的话来说就是"全国首富"。可即使如此,极其抠门的他依然是"六亲不认"。女儿出嫁时向他借"数万钱",许久过后都没提起归还,有一次女儿回娘家时他故意在她面前拨弄象牙筹码,脸色别提多难看了。女儿一见这架势,就知道是怎么回事了,回去后赶紧想办法把钱给还了,这时候的王戎感到"乃释然"。更典型的是,他家里有棵极好的李树,为此他的李子售价能比别人高出一大截。他既想赚钱,又怕别人得到种子,于是不惜花费大量的时间把李子核一个个挖掉后再卖。这样,别人买到的便是做过"绝育手术"的无核李了。可以说,王戎是会计吝啬鬼形象的鼻祖。

到了民国时,会计师职业刚刚进入中国,"主要业务多为代办注册报税等含金量极低的事务。倒是政府在推行超然主计制度及法院在处理破产清算及账务纠纷等事务之时,常需借重会计师。原本传统的'账房'在民间就形象不佳,如此一来,会计师常与此负面商业事件联系,转眼就由'职业新鲜人'成为'不祥之人'"。② 这种讳疾忌医对会计师队伍的发展壮大肯定会有负面影响。徐永祚1933年在《会计》杂志上解释说:"一般人误解会计师职务,以为会计师受当事人委托,检查他人账目上舞弊或错误;会计师受官厅命令或当事人委托,办理破产清理事务。因此二种误解,乃视会计师为不祥之物。"

历史上中国人极讲信用,所以当得知会计师在查某家企业的账时,就意味着这家企业问题严重了。这与医生的职业有点相似。一方面是谁都

---

① 曾劲:《中国古代传统的会计教育》,《中国民营科技与经济》2006年第2期,第87~89页。
② 方其:《会计师曾被视为"不祥之人"》,《中国会计报》2015年3月20日。

第 4 章
会计组织:从官厅走向社会

离不开医生,另一方面是如果有人真要去找医生,就表明他自己或家人身体有问题。所以,别人是很介意医生说"再见"的,当然医生也不会主动这样说。只不过,会计师与医生相比,因为会计师查账只针对企业,所以影响范围要小许多。

有鉴于此,不但新中国成立以前的上千年间,社会上对会计人员的形象一直是一种固定的模式化概念——"阴险、奸诈、抠门",喜欢玩些不登大雅之堂的"雕虫小技",被蔑称为"账房师爷";而且,即使 1949 年新中国成立后也没有多大的改变,只不过是蔑称改成了"打算盘的"而已。

关于这一点,无论是 1950 年的电影《白毛女》中紧跟在财主黄世仁后面的账房先生穆仁智,还是 1965 年的"忆苦思甜教育"范本、川东财主刘文彩的泥塑《收租院》中的账房先生,一律都是这种形象——头戴黑色瓜皮帽,鼻梁上架副金丝眼镜,身穿绸长袍,外套黑马夹,怀中夹账本,手中拿算盘,弓着腰猫在主子后面,亦步亦趋地前行着。《收租院》的解说词更是这样义愤填膺地写着:"账房师爷太可恶,手拿算盘把命索。算盘响,多少人家倾家荡产;算盘响,多少人家挨冻受饿;倾家荡产,挨冻受饿,灾难重无法活。恨我手无三寸铁,惩凶除恶斩恶魔。"[①]

会计人员地位的高与低

会计人员的历史形象差,其实质是社会地位低。再以新中国为例。

20 世纪 50 年代末,当时的大学招生填志愿时流行着这样一句顺口溜:"男学工,女学医,四肢发达学体育,不三不四学会计。"看看,学会计就这样与"不三不四"连在了一起。所以,那时候的教授不但要教课,还要负责做学生的思想工作,即使这样也很难见到成效。

会计学家侯文铿教授透露,1953 年他在某财经学院任教时,一位上海女生就怎么也不肯学会计。幸好,一旦做通思想工作,她就一跃成为全

---

① 许家林:《三尺讲台:传统认识失偏颇》,许家林新浪认证博客,2010 年 4 月 2 日。

班尖子生,毕业时还主动要求分配去新疆有色金属公司,临别时请他题诗纪念。40年后,他去新疆开会,在南疆宾馆巧遇这位学生,得知她早已是该公司总会计师。有意思的是,临别时她也口占一首回赠老师。

20世纪50年代末,辽宁某大学会计专业的学生学习态度大多不认真。学校安排他们到沈阳市文化用品公司生产实习,结果,生产实习费用全都用在买棒冰和西红柿了,写论文时都没钱买纸。

1960年,某财经学院工业管理专业的一名学生,会计学成绩特别差,并且不肯学。他认为,自己学的是管理,将来肯定是要当领导的,不会去做会计,所以无论老师怎么做工作都不领情。毕业时,老师看他其他各科成绩都是优等,才给他会计课程勉强及格的。几年后,这位学生果然当上了一家大型机械厂的副厂长。根据国务院《会计人员职权试行条例》,大型工厂的总会计师必须由副厂长兼任,这下让这位学生犯了难。于是写信给老师,先汇报工作,再感谢培养,然后附上一首打油诗:"当年会计学得差,今天工作不好抓。急时只好抱佛脚,老师何时会在家?"老师收到信后颇有些生气:当年有意培养他,可怎么劝都不行,早知今日,何必当初!于是也回赠打油诗一首:"看到来信乐开花,出嫁女儿谁管她?江山多娇任我走,一年四季不在家!"几天后,该学生带着全家向老师登门道歉。老师见他也是真心改过,于是专门花两天时间单独辅导他如何查账、如何分析会计报表等总会计师必备本领。后来,该学生很快适应工作岗位,并成为"十大企业家"之一。

1962年的第一次全国会计工作会议要求大力扩充会计队伍,可是那时候的会计短期培训班学员可不好招。在辽宁省大连市西岗区,最后只动员到43名四五十岁的家庭妇女组成一个班,俗称"老娘"会计班。她们有的连自己的名字也不会写,有的刚刚扫盲结束,但还是在辽宁财经学院教授们的义务培训下,短短三个月内,每人就会独立操作会计业务了,如填制凭证、登记账簿、编制资金平衡和损益表等。该区累计培训了近千人,许多人由此走上领导岗位。

1975年,一家有1 000多个员工的棉纺织厂因为只有两名老会计,所以业务单子制成会计凭证快则半个月,慢则一个多月,出份会计报表要在三四个月之后。该企业女多男少,男人都不愿意做会计,女人则被认为不宜做会计。他们也曾动员过一位女工做会计,结果群众意见很大,称其为"三不"会计:"一问不作声,二问瞪眼睛,三问骂出声——你没看见老娘在忙吗!"当时,大中型企业中普遍认为女会计:"当姑娘时嘻嘻哈哈,一结婚就拖拖拉拉,有了小孩婆婆妈妈,(小两口)一闹意见就回娘家,会计工作不能靠她。"

本书作者1981年读会计时,校长在全校第一堂大课上讲"巩固专业思想"时,同样引用了当时一句有名的打油诗:"一把算盘一支笔,算来算去没出息;一二三四五六七,看你前途在哪里?"由此可见,至少在20世纪80年代初,人们对会计的认识还仅仅停留在工作特点的表象上,根本没有深入经营活动和社会经济发展的层面。

不过在国外,会计的地位就要高得多,让会计人感到很自豪,而这就与他们的经济市场化程度和会计法制化程度紧密相关。

20世纪之前的会计领域是英国的天下,很重要的一点就得益于1844年英国颁布的《股份公司法》,其中规定,公司监事可以聘请外部会计师进行协助,并且提到了"会计师和代理人"或商业性会计师;1868年修订的《股份公司法》更是明确规定,被审计的会计报表要报送商务部和股东。这不但大力推动了公共会计师职业的广泛认同,而且从法律上确保他们拥有滚滚而来的赚钱机会,同时也吸引着雄心勃勃的年轻人陆续加入这一职业。

20世纪美国会计在世界上独领风骚,只要一提起"四大"(或"八大")会计师事务所就会让人肃然起敬。原因之一在于,美国总统中有好几位过去做过会计,这在其他国家领导人中非常少见,所以美国一向重视公共会计师在维护资本市场完整性方面所起的重要作用。美国针对企业的法定审计完全是交给公共会计师负责的,放手让他们去独立行使职权,而没有国家审计介入,这就给会计师施展才华提供了一个极大的舞台。

第 5 章

会计制度：从潜规则到法治化

会计实务规矩的由来

从事会计实务的规矩，书面语称为"会计原则"，也称"会计准则"，具体是指确认和计量会计事项应当依据的概念和规则。要知道，在今天这些"规矩"确立之前的几千年中，会计一直是一种经验性学问。说穿了就是，它并没有一套有效的办法用来检验会计核算行为的优劣，这是导致1929年世界上第一次爆发大规模经济危机的直接原因之一。

在中国，早在西周就实行了"量入为出"的财政原则，为此，制定了"九赋""九贡""九式"收支制度。《礼记·王制》中记载："用地小大，视年之丰耗。以三十年之通制国用，量入以为出……国无九年之蓄曰不足，无六年之蓄曰急，无三年之蓄曰非其国也。"当时的做法是，每年要将收成的1/4用于储备，如果没有9年的连续储备（通俗地说就是，即使遇到大灾荒也够吃2年）就认为是储备不足，如果没有3年的连续储备那就不像一个国家了。而所谓九赋，是指9种经常性收入，这是政府征收财货的主要依据，不符合这些收入项目的便不能征收，相当于今天的财政预算收入；所

第 5 章
会计制度：从潜规则到法治化

谓九贡，是指9种非经常性收入，主要是向各邦国收取贡品，相当于今天的财政预算外收入；所谓九式，是指与九赋相对应的9种经常性支出，相当于今天的财政预算支出。

到了汉代，进一步强化了中央集权统治，并且继续实行国家财政和皇室财政分立制度，统一规范收支项目，从而使得赋税征收与会计项目相一致。用今天的话来说，就是统一了会计科目。这样做的结果是，通过"上计律"实现了会计工作的法治化。

与中国秦代和西汉差不多同一时期，即公元前332年古埃及被古希腊征服、隶属于古希腊帝国，直到公元前30年成为古罗马帝国的一部分时，古罗马人已经在会计中实行年度预算制度了，目的是要使得费用支出能够框定在预计收入的范围之内，并以此"量入为出"。只不过，无论是古希腊帝国还是直到639年前的古罗马帝国时期，古埃及均出现了一些质量较高的会计实务，只是这两大帝国将会计作为获取更多税收来源的工具，所以并没有舍得将这些高质量的会计方法传给古埃及。

到了唐代，不但前所未有地强化了这种财计控制，而且还实行了全面预算制度。尤其是736年《长行旨条》的实行，标志着全国性的财政预算原则和预算制度早期形态的确立，是唐代财计制度发展中的一大特色。而780年，宰相杨炎提出了与西周以后"量入为出"财政原则相对立的"量出制入"，以及在随后推行的具有划时代意义的"两税法"中进一步简化收入项目，则大大简化了簿记核算和报告。

19世纪末开始，世界经济和文化中心逐渐转移到美国，美国逐渐在会计领域中占据世界领先地位，其突出贡献之一就是会计原则体系的建立。尤其是在1929年经济危机爆发之后，美国更加意识到应尽快建立一套成文的理论体系和处理规范来约束会计实务的紧迫性，会计研究一度成为热门课题，并推动会计进入现代会计阶段。20世纪50年代，美国就基本确立了会计原则的体系结构，从此会计从经验走向科学。

1949年新中国成立后，一方面，并不真正了解国情，只会动不动就把学不学苏联上升到是社会主义会计还是资本主义会计的政治高度；另一方面,苏联会计专家则坚持认为社会主义会计没有国家之间的差别,所以中国政府只能参照苏联模式推行会计核算模式和会计制度改革。

1950年初,中央人民政府财政经济委员会要求轻工业部、纺织工业部、燃料工业部等13个部门草拟所属企业会计制度,至当年6月完成,标志着苏联统一会计制度在国内的定型。1952年至1953年,中央财政部正式颁布一系列规范国营企业会计报表的财务制度。可是,仅仅到1953年开始实行高度集中的计划经济体制时,中央与地方、地方与部门、国家与企业之间的各种不协调便开始爆发,尤其是在1958年"大跃进"以及接下来的"文化大革命"冲击下,实行了一系列"下放管理权限"的调整措施,工业会计核算制度体无完肤,于是便重新从零开始进行修订。

1979年开始实行改革开放,国家财政部恢复了会计制度司(1982年更名为会计事务管理司),1980年9月18日颁布《国营工业企业会计制度——会计科目和会计报表》,从1981年起施行。当时恰遇西方国家会计核算制度进行修订,所以也在1985年、1989年两次对部分报表进行改革,资金平衡表形式开始接近世界通用格式。尤其是在中国制定具体会计准则前后,西方国家的示范效应在中国会计核算制度演变方面的影响作用越来越大,所以,在制定的具体会计准则中有许多地方直接参考了国际会计准则和美国公认会计准则。

这样做的好处是:一方面,减少了国内会计准则如果不被国际认可可能导致的在国际贸易中的被动;另一方面,更会因为会计准则与国际接轨而有助于引进外资、推动企业赴海外上市,降低融资成本。关于这一点,在1985年颁布一系列外资经营企业会计制度后,作用尤其明显。因为这彻底改变了过去中国传统会计制度中的那种三段式资金平衡表,引进了西方通用的"资产=负债+所有者权益"的等式。

国家财政部在建立基本会计准则的基础上,从1994年开始制定并从1997年开始颁布具体会计准则,尤其是1998年3月20日发布的现金流量表,使得中国的财务报告体系结构与国际标准日趋接近。

2000年6月21日,国务院以287号令的形式发布了《企业财务会计报告条例》,第一次以法律形式明确规定了财务报告的构成、编制、对外提供、所应承担的法律责任。至此,中国包括资产负债表、利润表、现金流量表及其相关附表在内的财务报告体系,在格式和内容上均与国际会计准则要求基本一致。

会计账簿的发展轨迹

会计账簿是有条不紊地记录经济事项并归类整理的一种有效方法。

从会计账簿的名称看,中国古代曾经有过"册""简册""簿""籍""帐"等多种名称,现在则统一称为"账"。

从时间上看,大致可以分为以下三个阶段:第一个阶段是商代,称为"册"和"简册";第二个阶段从战国到秦代、汉代,"簿"和"籍"混用;第三个阶段从南北朝至民国时期,"簿"和"帐"并用。

从会计账簿的材质看,商代时主要是在竹木简牍上刻字,一片片竹木简用绳子串起来就成了册,而很多册串在一起就成了"典"。在纸张发明之前,书是用简帛制成的;竹简缀连在一起就成为卷,称为简策装;纸张发明后仍然延续这种风格,所以最早出现的装帧形式称为卷轴装。

西周时期,会计制度已相当健全,会计核算上除了有类似于今天会计凭证的"书契""官契"等外,还有类似于今天会计账簿的"籍书"等。

周代后面的春秋战国时期,社会动荡不安,但天下大乱之后必将大治,战国中后期的会计账簿设置种类就已经很丰富了。例如,除了有专门用于汇总登记的会计账簿"恒籍",还有用于分类登记粮草的账簿"口籍"、登记厩苑的账簿"苑籍"等,从此奠定了中式会计方法的基础。

最迟在东汉,中国出现了木刻账簿。关于这一点,可以从2013年湖南省益阳市兔子山遗址的考古挖掘中得到证实。那是在东汉即纸张出现几百年之前就出现的三联账简,数量相当多,这也是中国发现的最早的多联式会计凭证和账簿。①

宋代时，官厅会计已经统一使用订本式账簿了，这就大大推动了总账中分类核算方法的应用。四柱清册的编制，更进一步使得这种分类分项核算科学化、系统化，同时也使得四柱清册编报规范化，中国会计依然在世界上处于领先地位。宋代账簿的一大特点是，虽然采用的单式记账法与唐代没有多大区别，记账符号依然是"入""出"占统治地位，但这时候已经在民间簿记中能看到以"收""支"作为记账符号了，这在以前是几乎没有的。并且在宋代簿记中，每一笔会计事项的记录格式顺序统一为时间、记账符号、收支名目、数额、单位、摘要说明；摘要说明中还通常会记录责任承担者的职位和姓名，以便事后进行核实和追究。②

从会计账簿的演进看，在中国经历了以下三个发展阶段：

第一个阶段是单一流水账时期，时间跨度从原始社会末到商代。

那时候的会计，实际上就是事无巨细地、按照时间顺序一笔笔地记流水账，既没有原始凭证、记账凭证，也没有记账符号，无须结账，目的主要是起一种"备忘"作用。当然，流水账只是后来的说法，当时的人称之为"草流""草批""原流""底簿""草帐""花帐"等。

第二个阶段是"三账"时期，时间跨度从西周到清代中期。

在这个阶段，中国有"中式三账"，国外有"西式三账"，也算是扯平了。中式三账，指的是草流、细流和总清，分别相当于今天的底账、明细分类账和总账，从而构成了中式会计账簿的骨干。

在这其中，从西周到魏晋时期，处于从"一账"到"三账"的过渡时期。例如，在西周的官厅会计中，分为财物保管部门和会计部门，财物保管部门有财物登记账（称为"保管会计籍书"），会计部门有总账（称为"汇总会计籍书"）和明细账（称为"分类会计籍书"）。这些账簿虽然都是序时登记

---

① 陈敏：《中国会计学会会计史专业委员会召开"简牍会计史"专题研讨会暨中国会计学会会计史专业委员会第三次会议》，中国会计学会官网，2016年4月14日。

② 康均、王涛等：《中国古代记账方法的发展（四）——定式简明会计记录方法》，中华会计网校网，2007年4月30日。

的,并不像今天总账和明细账这样要进行汇总记录,但已经能看到这样的雏形了。

汉代时,统治阶级的剥削项目名目繁多,从而导致会计账簿的设置也日趋复杂化,同时当然也推动了会计核算水平的提高。只是这些账户数量虽然多,彼此之间却缺乏关联,所以只能说比过去有进步,与今天这种会计账簿之间具有紧密科学的联系相比不可同日而语。但值得一提的是,这时候的官厅会计已开始流向民间,尤其是在民间商业活动中已开始广泛设置会计账簿了,这为后来的中式会计账簿建设奠定了基础。

到了南北朝至宋代、元代,三账的设置发展很快。在唐代,会计账簿设置已经有了总账和明细账的区别,草流经过整理后变成细流,必然会提高核算质量,从而初步建立起了三账的主体结构。更令人惊奇的是,这时候已经出现了专门核算利润的账本。宋代,总账(总清账)不但出现了,而且还要求必须按照国家规定的收支项目来进行设置,并且无论是富商大贾还是中小商人都已经有意识地在自觉设置三账了。

明清时期是三账设置的完备阶段。尤其是随着经济的繁荣,民间商业会计的水平已经超过官厅会计。例如,当时的明细账(细流)通常分为银钱流水簿、进货流水簿、批发流水簿、门市流水簿、其他流水簿等;相应地,总账(总清账)则有银钱总清簿、进货总清簿、批发总清簿、门市总清簿、其他总清簿等。而其明细账的基础则是草流(原始凭证),总账的成果是红账(会计报告)。这与今天已经很接近了。

明代单式记账法向复式记账法过渡,账簿中的记账符号仍然普遍采用的是"收"和"付"(支),而在总括数据(如月报、季报、年报)和会计报告中则多用"入"和"出"来表示,一直延续到中华民国时期。

到了清代,随着官厅会计中单式记账法日趋完善,受民间会计中复式记账法进一步发展的影响,出现了入出记账法和收付记账法并存并用的局面。总清账中按三类确定核算项目,依次在账簿中确定记账地位并分户核算。

第三个阶段是账簿组织体系发展时期(中式账簿组织体系改良和西

式账簿组织体系引进时期），时间跨度从清代中期至今。

从清代中期至新中国成立前，中国的政治制度和经济发展水平已大大落后于西方国家，从而导致账簿设置方面两者的差距越来越大。

关于这一点，可以从中外三账的对比中得到反映。虽说两者在组织形式、记录内容、发展趋势上基本一致，但中式三账从细流归类转入总清账时，采用的并不是科学的单式记录；而西式三账在这一步采用的则是借贷复式记录，这就使得两者之间出现了根本性区别，并且随着时间的推移，两者的差距越来越大。撇开四脚账在账簿设置方面取得的一些进展不谈，17世纪以来的300多年间，中式三账一直是在故步自封，停留在单式记账阶段，从而迫使中国从19世纪末到20世纪30年代不得不发起一场改良中式簿记、引进资本主义账簿组织体系的运动。

20世纪30年代，徐永祚最先把账目分类作为改良中式簿记的突破口。他吸收西式会计科目分类的基本方法，根据不同行业的特点来设置标准会计科目，以克服过去的混乱状态，也便于账簿设置与报表编制相统一，对后来新中国成立后的会计科目体系建设起到一种过渡作用。与此同时，潘序伦等则积极引进西式会计的科目设置，并根据中国国情加以完善。

官厅会计的月要、岁会

中国古代的会计报告制度最早起源于官方（官厅），而非民间。

为什么这么说呢？因为最早的簿记只有公家才有，所以才称之为官厅簿记；民间经济不发达，所以簿记是若有若无，或几乎没有。在中国，20世纪之前尤其是辛亥革命之前的簿记，基本上都是官厅簿记；辛亥革命后，银行、路政、邮政、铁路、海关等现代公共机构开始兴起和发展，才真正带动形成现代意义上的会计和财务。

从历史上看，官厅会计报告的演进大致上分为以下三个阶段：

第一个阶段是文字叙述式阶段，时间跨度为汉代之前。

第 5 章
会计制度：从潜规则到法治化

文字叙述式会计报告，是指通篇以文字形式来叙述经济事项的发生过程及其结果。一般认为，中国最早的会计报告起源于夏商，不过缺乏史料证实，所以只是猜测。有史料考证的时期，是从周代开始的。

在西周《周礼》中，已经确立了簿记报告与审计制度，称为上计制度。该制度规定，簿记与人口报告均须提交给上级官员直至皇帝进行审阅；会计报告的编制要求是"日成"（日报或旬报）、"月要"（月报）、"岁会"（年报），以及三年一"大计"；重点是岁会。

这与今天几乎已经一模一样了，甚至比今天的要求更高，因为其中还有旬报。每三年的会计报告要进行一次总评，以决定官员升迁，因为当时官员的任期就是三年。这三年一次对会计报告的总考评，在今天看来还带有对官员离任审计的内涵在内。这样做的目的，主要是便于考核官员的政绩，并且这种方法当时就已经推广到了各诸侯国。

据《睡虎地秦墓竹简》记载，在当时六国之一的秦国，该上计制度就已经被写进法律条文，并且在秦国统一中国后进一步提高了该制度的法律地位。

秦代在统一中国的同时，同样也统一了簿记编报制度和方法。具体规定：旬报和月报不必逐级上报至中央；年报则必须逐级报送，汇总至中央审核，上报时要一并报送相关簿书、籍书、凭证，便于全面审核和审计，称之为计谐制度；在郡、县两级政府设立专门机构，重点对收上来的会计年报进行审查，在中央则由御史大夫（相当于今天的总检察长）负责审理并把结果报给皇帝，从此开创了御史大夫审理上计报告的做法。

到了汉代，《九章律》中专门辟有一章《上计律》，规定了会计报告的具体编制标准，其文字叙述式会计报告编制与应用更具代表性。

这些综合性报告，内容除了财计方面的簿记或统计资料外，还包括行政编制、官员设置、自然灾害、盗窃行为发生情况等，简直就是"县志"的简略版了。但其重点内容依然十分明确，那就是在"量入为出"财政原则基础上的"钱粮收支"数据，堪称是中式会计报告的成熟形态。

这些会计报告统一称为计簿或上计簿，月报称为月言簿，年报称为年计或岁计,此外还有旬报和季报等编制也有明确要求。这些计簿或上计簿都被列作官方文书的重要内容,这就不但进一步明确了上计簿的编制内容和报送程序,而且还提高了上计律的法律地位。

例如,中央政府在汇总这些报告时,重点考评以下两大方面:一是通过检查会计报告的质量、所揭示问题来考核官员政绩,决定奖惩;二是考核"量入为出"财政原则究竟执行得如何,从而为制订下一年度的财政收支计划作参考。

第二个阶段是数据组合式阶段,时间跨度为唐代至清代中期。

纸张的出现和普遍应用,为在宽阔纸面上布局文字和数据的组合式会计报告创造了条件;同时,也使得会计报告中连续性的组合表述、携带方便成为可能。所以,数据组合式会计报告从唐代开始出现不是没有原因的。

唐代的会计报告在继承前人的基础上,分为日报、旬报、月报、季报、年报五个层次,重点在年报和财物收支上。日报主要用于反映国库钱粮收支,必须每天上报编报单位的名称、报告主体、粮谷征纳和支出数额(以实物为计量单位,按税目排列)、报告日期、编报负责人姓名等。旬报在日报基础上产生,作为各级国库的重点会计报告之一。月报在日报、旬报基础上产生,重点在于统计收支及本期钱粮结余数额。季报主要用于汇报基层征税情况。年报则是在月报、季报基础上内容更为详尽的会计汇总。

随着国家财政收支关系越来越复杂,这时候会计报告的格式也从唐初的三柱式发展到唐末已经普遍运用的四柱式。当时的会计报告统一称为"文帐",编制报告称"造帐",审核称"勾帐";根据不同呈报形式,又称之为"牒""状""历"等。

宋代在财用与库务文书等公文中,强调所有报告都要采用"旧管＋新收－开除＝实在"的四柱式,在规范化方面有了进一步提高。尤其是在南宋颁行的《庆元条法事类》中,不但对各种格式、编制方法有具体规定,还以制度形式确立下来,统一称之为"帐状",简称"帐"或"状"。

到了明代,数据组合式会计报告又向前推进一大步,在立规、用印、报

第5章
会计制度:从潜规则到法治化

送、汇总、审核、批示、驳回、更正、逐级送达上都有明确规定:呈送报告称为"奏报",审核报告称为"奏销",所有报告统称为"钱粮文簿"或"钱粮文册"。同时,从嘉靖年间开始,每年都会编制《会计录》。从1567年(明隆庆元年)开始,户部尚书葛守礼根据地方赋税征收情况及存在的问题,奏请在全国颁布"国计簿式"。从此,国计簿式不仅成为征税依据,而且还成为《会计录》的标准样式,对后来《万历会计录》的成书有重要影响。

总的来看,明代已经能看到今天全面编制会计报告的雏形了。不但如此,那时候还形成了被称为"会计录"的公共财政全面报告与分析制度,其中尤其以《万历会计录》的成就和影响最大。

1581年(明神宗万历九年),《万历会计录》在明代两任户部尚书王国光、张学颜的接力编纂下完成。它总计43卷,约100万字,所用数据超过4.5万个,系统反映了200多年来的户部财政演化状况,规模要远远超过以前的任何会计报告,也是迄今留存于世的中国古代唯一一部国家财政会计总册。该书是万历首辅张居正推行"一条鞭"法税赋制度的理论依据,对明王朝的"万历中兴"起到积极的促进作用,是明清两代的田赋准则。1644年9月20日清世祖福临入北京,10月就宣布以《万历会计录》所载各项标准征收钱粮。

清代在会计报告编制、报送和审查方面,与唐、宋、明代一脉相承,统一称之为四柱清册或四柱奏销册。主要改进在于:以年报编制为主,年报编制的基础是月报和季报;针对财政收支重点项目,编制专项报告;在四柱清册总体格式下,具体规定了按照存、留、起运、完欠或支解数额归类进行列示,用于加强各环节的控制。

第三个阶段是表式阶段,时间跨度为清代中期至现在。

表式会计报告是指按照规定的要求编制统一格式的表格来反映财政收支状况或经营活动结果的会计报告。

1896年(光绪二十二年)刑部主事李希圣出版的《光绪会计录》中,虽然收支项目依然采用的是四柱式,但是在决算报告编制方法和格式上已经开始采用西方国家决算报告表那一套了,这可是一项重大改良。

民国时期，为了满足多种经济成分的不同管理要求，开始出现中式和西式会计报告并存的局面。在中国政府会计、民间票号以及大多数民族工商业依然沿用过去四柱清册原理编制会计报告的同时，在路政、邮政、电政、航政、海关及部分银行中，已经开始流行西方那种表式会计报告了。

例如，光绪年间(1875—1908年)出现了一种具有"中国特色"的四柱总表即光绪会计表，宣统年间(1909—1911年)又出现了金库四柱表。虽然有些不中不洋，却意味着中国表式会计报告从此诞生。

民国时期，随着借贷复式记账法的引进和推广，资产负债表、损益计算书、财产目录逐渐得到推行，表式会计报告取代了传统的中式会计报告，会计报告编制进入一个新阶段。

总体来看，中国的官厅会计报告已有2 000多年历史。严格地说，其中存在着簿记报告、会计报告、财务报告三种不同称谓。

大致上看，20世纪之前称之为簿记报告，这些报告的主要特征是分散地反映不同账户的记录过程与结果；20世纪上半叶称之为会计报告，主要特点是全面反映不同账户的记录过程与结果；20世纪中后期开始称之为财务报告(全称是财务会计报告，有时候也称会计报告，包括在官方文件中将西方国家的财务报表称为会计报表)，其主要特点是在会计报告的基础上，能够给不同使用者提供对经营决策有用的信息。

而在上述笼统称为会计报告的文件中，最早出现的是官厅会计报告，民间会计报告出现的历史较短。中国官厅会计报告最有特色也最能在世界会计发展史上占有一席地位的是两个时期：一是西周，以"参互""月要""岁会"为主要形式的会计报告；二是唐宋时期，以"四柱清册结算法"为主要形式的会计报告。

民间会计的草流、红账

说完了官厅会计报告，现在来看看民间会计报告的编制。

由于早期人类的家庭财务收支十分简单，所以民间会计的发展大大

第 5 章

会计制度：从潜规则到法治化

滞后于官厅会计,项目也要简单得多;但报账思想和观念、会计记录多多少少会受到官厅会计的影响,并且也只能这样做,两者之间的差异很小。具体地说,当时的账面记录就可以看作会计报告,因为它不像官厅会计那样需要逐级上报,所以在报告的格式、要求方面要简单得多。

有些读者可能会记得,直到 20 世纪七八十年代,中国的居民家庭经济收支及往来依然十分简单,许多家庭可能会从孩子用剩的薄薄的练习册中选用一本作为"家庭账簿",遇到"重大经济事项"时,会用铅笔在练习册上记上几笔流水账,这就可以看作当时的"家庭会计报告"了。也难怪,当时的经济往来很少,全家一年总收入有个千儿八百的就算很不错了,既没有银行存单,更用不着任何借记卡,实在简单得可以。

现有资料表明,从奴隶社会到封建社会,以庄园会计、手工业会计为代表的民间会计发展极其缓慢。究其原因在于,一方面,庄园经济与官方存在着密切联系,"自古官商是一家",这使得它有机会学习并参考官厅会计的做法,从而形成不同于其他行业的、独特的会计制度;另一方面,农民和手工业者又总是最保守的,庄园组织长期处于封闭状态,庄园会计在"管家"(相当于今天的职业经理人)领导下进行,或者干脆就是这些管家的兼职,每天用几分钟做做账就行了。

在中国,夏商时期的民间会计只有单一的流水账,主要目的在于监督。当时庄园制度中最重要的内容之一便是会计,会计负责记录流水账,然后由管家定期向奴隶主报告钱粮结余情况,并做适当说明;同时,接受奴隶主对他的考核奖惩。这种流水账就算是会计报告了。

到了西周和春秋时期,官厅簿记草流发展为细流后,这时候的会计报告就以细流为主了。一方面,这在会计报告制度演进过程中前进了一大步,用今天的话来说就是,会计报告从过去只看结余的流水账变成了具有摘要性质的分类账;另一方面,总体上看,这种细流主要还是在誊写草流的基础上形成的,实质上并没有太大的变化。

战国时期,随着一些大的经济组织规模急速膨胀,民间会计开始采用一种按照项目汇总的"籍书",来分别从收入、费用、盈利角度处理"入—支

=余"三者关系,真正的民间会计报告诞生了。

到了秦代,商人开始在具有汇总性质的账簿上计算盈亏,这种籍书便自然成为当时的会计报告。

汉代,民间籍书在秦代基础上又有新的发展,主要是出现了按照经营环节分别设置的进货、销售、费用分类账,从而创造了之后专门编制会计报告的基础条件。

唐代的商业出现了前所未有的繁荣,对外贸易也日益发达起来,所以会计报告编制在客观上要求提高到一个新的阶段,其中的一大特点是民间会计报告与官厅会计报告已没有多少大的区别。

宋代民间会计报告在唐代基础上又有新的发展,日报、月报、年报项目已经全都采用"四柱"式。

明代已经形成中式会计报告的基本格局,尤其是到了明代后期资本主义性质的生产关系开始萌芽,会计报告的主管人员从高到低设置为"总簿记"(相当于今天的财务总监)、"大人"(相当于分部的财务主管)、"簿记主管"(相当于今天的主办会计或报账员),其"收支银两报告册"内容包括本年度总收入、总支出、盈利结算及其分配与清算,开始依据投入股本多少来分配红利了。

清代在会计报告发展上最重要的标志是"红账"的出现和完善,不但在各行各业得到广泛应用,而且每年年底的红账编制都成为该经济组织的一件大事。本书作者小时候在生产队里就见过这种场面:每当年前会计结账时,空气中也到处弥漫着一种"快要过年了"的喜气洋洋的气氛,哪怕不识字的农民都会经常去关心一下"今年的收成如何"。而清代在红账编制前必定会进行一次库存大盘点,力求账实相符;在此基础上编制"红账底簿"(或称"春盘总账"),作为编制红账的底稿;经过反复核对、确认无误后,开始抄录红账,确保每位股东人手一份,作为盈利分配的依据,同时也会报给其他相关人员。在这其中,不但体现了四柱结算法原理,而且一些外贸企业会计报告已基本与国外接轨。但明末清初以龙门账和四脚账为代表的会计报告制度,依然独具中国特色。即使在1872年10月(同治十一年九月）中国诞生了第一家股份制企业轮船招商局，并且还发行了中国的第一张股票，也未能改变这种会计报告制度。

民国时期的民间会计报告并没有统一格式，但是20世纪二三十年代在上海发起的改革簿记记录与报告方式运动，还是在这个时期带动了民间会计的繁荣与发展。例如，在1929年中国农工银行发布的《中国农工银行营业会计规程》中所提到的会计报告系统就由57种会计报表所组成，其中包括日报15种、月报15种、年报27种。1932年2月，中央工农民主政府颁布的《中华苏维埃共和国暂行财政条例》中更是明确规定，不再采用旧式账簿，簿记方法应当一致，账簿、报表及文件格式应当规范并统一。

国外会计报告的演变

从世界范围看，早期的"会计工作者"都是以账簿记录为骄傲的，根本"没想到"还要从中提炼出一份更集中、更明了的单独的报告来给"领导们"查阅。在那个时候，会计账簿与会计报告完全是同一概念。

从国别看，文明古国古巴比伦、古埃及、古罗马、古希腊和中国在会计报告编制方面处于世界先进行列。中国古代的会计报告形成了特有的中式会计报告特色，一度在世界上处于领先地位；但进入近代会计阶段后，会计报告与会计一样，开始大大落后于西方会计。会计报告编制方法作为会计方法的一部分，必然会伴随着经济发达程度同进共退。

考古表明，在公元前1100年至公元前612年的第二亚述帝国时代，就出现了为统计国库上缴而设计的专门记录。在公元前3100年至公元前30年的古埃及，管理谷物仓库的监督官每年年末去见国王时，必定要带好一份文字叙述式的"收获决算报告书"。在公元前509年至公元前27年的古罗马共和制时代，国库记录官除了日常会计记录外，每月还必须编制一份反映这个月账目的会计报告。

日本会计学者认为，世界上最早的会计报告是古罗马市民编制的"财产目录",主要用于政府向市民征税。在古希腊,公元前407年编制的、流传至今的密纳瓦·彼利埃斯神殿建筑的计算书,堪称是一份比较完整的会计报告;而雅典人把这种计算书刻在石头上向公众公布,则被看作开创了世界上会计报告公开发表的先河。

在国外,原始社会末期,部落酋长和首领开始动小脑筋假借"神"的旨意侵占共有财产,所以,以寺院会计为代表的民间会计更多地带有官厅会计的色彩。到476年至1453年的中世纪时,在寺院会计基础上发展起来的教会会计,地位有了提高,民间会计报告正是从那时候开始普及的。800年,查理曼帝国国王查理曼大帝在其制定的《僧侣法规》中规定,必须编制"财产清册";后来,在此基础上又发展成了"财产目录"。1066年,诺尔曼人征服英国后,也在封建庄园管理上要求编制"代理人报告书"。

在古罗马和古希腊等,当奴隶主把一揽子事务全部交给管家去做时,管家自然会希望聘用那些受过良好教育的奴隶,以争取把报给奴隶主的会计报告做得好看些;而那时候的庄园会计,为了能够反映奴隶主与管家之间的这种委托关系,也会通过设置"代理人账户"来考核管家。这种做法当时很普遍,被称为"代理人记账制度"。

不用说,那时候用得起管家和专职会计的都是一些大奴隶主,包括皇帝或国王的私家庄园。而广大中小农庄的这种会计工作,则基本上都是庄园主自己兼职。直到今天依然能看到:一般拥有专职会计机构和会计人员的企业,都是些上了规模的经济组织;规模较小的经济组织,其核算工作通常会外包给代理记账公司;规模更小的个体工商户、夫妻老婆店甚至连账户都没有,自己在日记本上记几笔,或者干脆用信用卡、微信、支付宝收付来代替记账。

当时,一些大奴隶主已经逐渐意识到会计报告的重要性,不久以后便在意大利出现了"平衡账"式会计报告,左边是资产,右边是负债、资本和利润。容易看出,这样的排列方式已经很接近于今天资产负债表的格式了。又过了大约200年,法国人创造了"余额表"(也称"平衡表")式会计报告。从此,这种建立在试算平衡表基础上的民间会计,正式走向独立编制会计报告的时代。

独立编制会计报告至少有这样三个好处:一是 15 世纪 20 年代意大利颁布的《城市法》中已明确规定要按财产多少纳税,所以,单独编制报告能够满足政府纳税的需要。二是当时已经出现合资经营企业,而只有单独的会计报告才能满足所有股东以及其他各界了解企业经营情况的需求。三是一些规模较大的企业已经需要向银行贷款了,可是如果没有单独的会计报告,银行就无法考察其经营情况和实力如何,这也是很重要的一点。

有了独立的会计报告,就必不可少要确保这份会计报告的真实性。这样,就出现了聘请官方审计人员来帮助查账的"庄园审计"。

当时,庄园审计的对象主要是年报,重点是审查管家的会计责任,有点像"厂长经理责任审计"。审计报告出来后,会当着奴隶主和管家的面,高声宣读结论,并且要求管家当面作出解释。奴隶主是把这看得很重的,甚至将其当作对庄园进行综合管理的最佳手段。在 13 世纪英国农业最繁荣的时期,英语世界中最古老的大学——英国牛津大学——甚至还专门设有"庄园会计"专业,来培养这方面的人才。

发展到后来,大中型庄园会计向账房会计发展,而小型庄园会计则改为在亲属中寻找专人管账。从此之后,会计报告渐渐走向独立。

簿记稽核方法演进

早期的簿记是与统计、稽核浑然一体的,确切地说,统计和稽核是簿记的附属功能。谁说簿记只是记录和核算,不需要统计和复核呢?

簿记稽核是今天审计的前身。当簿记稽核工作单独分离出来成为一种职业,就成了审计,包括内部审计、社会审计和国家审计。而最早的簿记稽核出现于从原始社会向奴隶社会转变的私有化过程中。

在此之前,簿记的作用主要是反映和记录。但到了原始社会末,劳动产品剩余过多,部落酋长和首领便自然地想把它据为己有。这怎么好意思呢,又用什么理由说服大家呢?于是,他们便想到一个子虚乌有的"神"的名义,遇有解释不通或摆不上台面的理由,就假借这是"神的旨意"来堵别人的嘴。大约到了公元前31世纪时,每个城市的"神"的旁边都会有一个世俗事务统治者,自称为"王",代替行使神的职能。

神当然要住在神庙里,而神庙里又集中了大量的财物,所以需要集中办理簿记核算。开始时,这项工作是由神庙里的祭司来兼任的,但随着规模越来越大,便出现了专职的神庙管理人来从事簿记。在古埃及,从事这项工作的人被称为"书记"(或称"书吏")。这些书记作为神(实际上是神庙管理者)的代理人,为神管理财产和记账,完了后在黏土标志(账单)上表示是自己经手的,或者这些财物归自己所有,这便是受托责任。

自从有了王之后,所有财产从形式上和内容上都变成了王的,这时候的书记,便冠冕堂皇地成为专门为王记账的代理人,受托责任制度也开始普遍被接受,成为今天一切审计工作的起源。

私有制的出现,使得所有财产自动地分为公共财产和私有财产两大类。这两大类都需要簿记,这也是引致后来在官厅会计之外出现民间会计的原因。自从有了簿记记录和稽核,就需要两者同时向上呈报,会计报告和审计报告制度就出现了。

在公元前7世纪左右的波斯(今伊朗)阿契美尼德帝国时期,已经有了严密的簿记报告制度,所有州和省都必须每两个月向中央政府呈报簿记报告。例如,公元前509年,所有来自库德—欧—舒姆·埃兰地区的簿记组织,每个月都要编制簿记报告,每两个月向中央报告一次,并附加会计说明;到了年底则要上报会计年报,年报说明要涵盖这一年中发生的所有收支情况,比两个月上报一次的会计说明更详细。在上报的报告中,资产负债表必须经过三位审计师盖章认可,并以波斯语和埃兰语注明这些审计师的职务。这三位审计师具有明确分工:第一位专门负责酒的管理与控制,职务是酒品保管员和运送员,好像是专门审计存货的;第二位是由中央政府官方神职人员担任的"检察长",主要负责核实业绩以及文件与报告的准确性;第三位负责资源保管与控制。遇到特殊情况时,还会另外聘请一位审计师对每个州的账目展开审计,一般是重点抽查每年最后一个月和次年第一个月的账目;也许是因为人力不够,所以从来只抽查一两个账户,而不是全面查账。

实际上,波斯的这项审计制度最早可以追溯到公元前 33 世纪的萨珊帝国时期,从那时候开始,凡是王国资源授权给其他人使用的,都要通过审计来确保责任的履行。并且,这些审计工作都会由国王直接派人来寻找代理商(相当于今天的会计师事务所)。

中东萨珊帝国差不多与中国晋代、南朝同期,领土包括今天的伊朗、阿富汗、伊拉克、叙利亚、高加索地区、中亚西南部、波斯湾地区等。当时,它不但影响到古罗马文化,而且还影响到了西欧、非洲、中国和印度。有意思的是,与其他封建王朝迥然不同,这个中央集权制国家大力倡导私人创业,而不是由政府直接开展经济活动,所以,客观上它也需要有相应的会计和稽核方法相配套。所有收入和支出全都要记录在案,直接向国王报告,并且建立起了一套完善的问责机制。

在英国,资产阶级革命和产业革命中加强了财政、会计的组织建设,1785 年还专门设立审计委员会,主要承担国库预付金的审计,1797 年又把土地税纳入该审计委员会工作范围。只不过,直到这时候,审计委员会仍然隶属于财务行政部门,审计报告也无须呈送给国会。换句话说,这时候的审计委员会依然担当着稽核的职能。直到 1834 年英国设立审计院长一职,该委员会才真正具有今天看到的国家审计机关的职能。

会计法规的发展历程

会计法规是在会计制度基础上建立起来的,也就是说,先有会计制度,后有会计法规。无论是会计制度还是会计法规的制定,都离不开当时的社会制度、经济环境、政治因素、法律传统、思想文化、国民教育程度和国际环境。

在原始社会末期,那时候还没有国家,也没有会计法规,只存在最简单、最原始的会计记录和计量。

进入奴隶社会后,为了更好地保护私有制,会计法规出现了;进入封建社会后,这些法规逐步完善并且更加赤裸裸。奴隶社会、封建社会中,统治者是社会财富的最大占有者,所以他们所公布的会计制度和法规势必属于社会管理法制的一部分,主要目的是为了维护自身利益,如世界上最早的一部比较完整并且完整保存下来的成文法典、公元前18世纪古巴比伦的《汉谟拉比法典》,封建社会中西罗马帝国法拉克王国的《庄园敕令》等。

11世纪至12世纪,沿海的法国、德国、意大利、西班牙都颁布了《商法》,于是工商会计法规从庄园会计法中分离出来,在处理商人民事纠纷时起到很好的规范作用。尤其是法国1673年的《商法典》和1681年的《海事条例》,对规范处理商业合伙、期票、破产等以及后来《拿破仑法典》的推出都有积极影响。

到了自由资本主义阶段(1640—1870年),在市场经济法制形成的客观背景下,统治者为了维护资本主义经济发展,必然会体现某些民主要求,各国都针对股份制经济建立、健全了一系列会计制度和法规;到了垄断资本主义阶段(1871—1917年),市场经济法制已进入成长发展阶段,各种"公认会计准则""统一会计计划""会计法"等纷纷出笼,目的则是为了加强国家对社会、政治、经济生活的干预力度。

在现代会计中,经济立法又从民法、商法中分离出来,构成庞大的经济法体系,其中多数与会计有关,并且会计立法也成为独立的立法体系。

在中国,最早的成文法典、战国时期李悝所著的《法经》中,一共列有6部法律,其中"盗法""贼法""杂法"三部法律中都有对官厅簿记事务所作的规定,有点像今天的《会计法》或《财务会计管理条例》。具体规定是:在账簿保管和真实性方面,如果发生记录丢失和错讹,则与被盗数额同罪论处;在会计凭证和印鉴方面,规定原始凭证(称为"券契")如发生伪造、更改,情节严重者要与盗贼同罪论处,轻则以欺诈罪论处;会计报告不真实、有欺诈隐瞒者,要根据情节轻重判刑;在仓储保管方面,遇到账实不符

第 5 章
会计制度：从潜规则到法治化

时要区分通盗、责任事故、非责任事故进行处理；会计计量时如果遇到度量衡不准，要视情节实行杖打等处罚。容易看出，这样的制度是很严厉的，即使放在今天来看依然具有明显的威慑作用。

《周礼》是西周时期各级官员行政执法的依据，不仅第一次提出了"会计"的概念，称"凡在书契、版图者之贰，以逆群吏之治而听其会计。以参互考日成，以月要考月成，以岁会考岁成，以周知四国之治，以诏王及冢宰废置"①；还明确了总管全国会计核算的官员和机构称"冢宰"，专门负责抓一年、三年的"总会"和"大计"，而不再仅仅是日常核算了；明确了财政收支项目分为"九赋""九贡""九式"，原始凭证称为"法"，这实际上就是当时固定、统一的会计制度了。

秦代制定的秦律以及在此基础上建立的汉、唐、宋代等的立法建制，也都体现了这些会计核算和管理方面的法律规定，只是每个朝代都有自己的一些创新罢了。比如，秦始皇统一中国后，为了巩固政治经济集权，必然要统一财政收支制度，所以在《仓律》《田律》《效律》等法律中就都纳入了簿记项目的设置，这对会计发展具有开创性意义。中国历史上最具代表性的封建律令《唐律疏议》中，对违反财务与会计规定行为所做的处罚更加全面和系统。在 736 年（唐开元二十四年）颁布的《长行旨条》5 卷中，涵盖所有财政收支项目的具体标准，这是中国历史上第一次推行全面财政预算制度，同时也是中式会计史上最早的全国统一会计科目，在世界会计史上具有一定的重要地位。

1912 年 1 月至 3 月，中华民国颁布《中华民国临时约法》，"五部"之一的财政部直属总统领导；随后，出台了一系列会计规范，其中最重要的是 1914 年发布的中国历史上第一部《会计法》和《审计法》、1918 年颁布的中国第一部有关会计师制度的行政法规《会计师暂行章程》。在 1914

---

① 《十三经直解》（第二卷·上），江西人民出版社 1996 年版，第 6 页。
翻译：(掌管王国各官府以及郊、野、县、都)记载(各种财物开支的)账册和户籍地图的副本，据以接受各级官吏呈报的政绩而进行考核，评断他们的会计文书。参照司书、职内、职岁三官的记录考核当旬的办事文书记录，用月结算的会计文书考核当月的办事文书记录，用年终结算的会计文书考核全年的办事文书记录，全面了解各诸侯国的治理情况，以协助王和冢宰决定对他们的惩罚和奖励。

年11月30日北洋政府颁布的官厅会计制度《国务院厘定普通官厅用簿记》中，吸收了当时流行的先进会计方法，要求会计科目设置与预决算保持一致。在1927年至1938年颁布的一系列法规中，对普通基金和特种基金的会计报告作出了统一规定，从而奠定了现代中国政府会计报告的基础。总体来看，整个民国会计可以分为两类：一是普通会计，相当于后来所说的"政府会计"；二是前期（北洋政府时期）的"特别会计"、后期（国民政府时期）的"公营企业事业会计"。早期的特别会计只限于路政（铁路）、电政（电力）、邮政、船政（航运）四个行业，所以也称"四政特别会计"。这些行业既有行政职能又有商业经营，相当于今天所说的"国有企业"或"事业单位"。

在国外，上面提到的《汉谟拉比法典》中规定，商人必须进行独立的会计核算，并且有一系列具体的法律规定，细到"因为疏忽而未取得盖章的会计凭证所载明的事项和金额均属无效""高利贷的年利息和谷物利息不得超过20%至30%，银钱利息不得超过20%"；不但平民要纳税，就连拥有土地的军队和特权阶级神殿也不例外，依法纳税的标准就是会计数据，纳税凭证可以作为诉讼证据；任何官员不许贪污受贿，否则将由国家法院严加惩处。

在古希腊，官员从当选到卸任要经过四道审计关，所有官员卸任后30天内必须报送自己的会计账册。只有当这些账册记录被最高审计官认为没有任何差错和贪污、受贿行为时，才能正常离任；否则，就要送交法院裁决。如果裁决有罪，要处以贪污受贿额10倍的罚金。这就很像今天的离任审计了，而且十分严格。比如公元前5世纪，当时雅典最杰出的政治家伯里克利，就因为他上报的会计账册被审计官认为有挪用公款嫌疑，不仅被罚了款，而且还丢了将军职务。

1929年至1933年爆发的那场全球经济危机，对公认会计准则的出台起到了"催产"作用。人们痛定思痛后认为，松散的、不规范的会计实务是引发这次经济危机的主要原因之一，于是想方设法弥补这一漏洞，同时当然也是为了会计职业的健康发展。为此，1934年制定了获得美国纽约证券交易所和会计师协会共同认可的第一批会计准则;1937年,美国证券交易委员会(SEC)颁布与上市公司信息披露有关的法规《会计系列公告》(Accounting Series Releases,ASR),并在ASR No.4中将制定会计准则的权力赋予会计职业界,而证券交易委员会则保留监督权与最终否决权。在这之后,会计准则制定团体先后经历了"会计程序委员会"(CAP)、"会计原则委员会"(APB)直至现在的"会计准则委员会"(FASB),会计理论与实务取得惊人发展。

在那些政府干预较少的英美国家,一般都是由民间执业机构推出原则性规定,而不是通过立法形式。这样做的好处是,更适应市场环境。政府只要求企业按公认会计原则核算就行,同时由注册会计师审查会计报表。

古人如何对待公款吃喝

中国人讲求人情,所以迎来送往必不可少。从为"敬神"而宰杀的牛羊甚至敌人的首级(即"牺牲"),到纳贡献媚的金银财宝和美女,似乎没有什么不能成为"礼物"的。而我们这里关心的是,这些招待费用从哪里开支?

接着上面的话题,以西周为例。西周"九赋""九贡""九式"的收支制度中,九式分别是指祭祀之式、宾客之式、丧荒之式、羞服之式、工事之式、币帛之式、刍秣之式、匪颁之式、好用之式。

九式中,除了羞服之式是指饮食和车服所用财物的支出、工事之式是指工匠制作所用财物的支出、刍秣之式是指喂养牲口的草料支出外,其他六式全都是宴请赏赐类,比重占到2/3——祭祀之式是指祭祀所用财物的支出、宾客之式是指接待宾客所用财物的支出、丧荒之式是指遇到死丧或灾荒所用财物的支出、币帛之式是指行聘问礼财物的支出、匪颁之式是指分颁群臣俸禄所用财物的支出、好用之式是指为与诸侯和臣下恩好而赐予财物的支出。由此可以看出,当时的礼节实在是多,迎来送往都要花钱,并且请注意,这些还都是明文规定可以报销的科目。

当时的宴请赏赐为什么会这么多呢?原来,那时候有一大批宾客需要宴请招待,他们的共同特征是寄食于富贵人家,并且为这些富贵人家服务;主人的奖赏恩赐便是他们的主要经济来源,这些宾客包括刺客、食客、侠义客、客卿、客将、纵横客等。

而这时候就会出现以下四种情况:一是奖罚随意性大,许多宾客甚至可以借此过上骄奢淫逸的生活;而一些宾客也会滥用主家的地位和权力,大肆挥霍或贪墨。二是主家对宾客拥有一种网罗人才后的占有欲,宾客则对主家产生依赖症和利用欲。三是缺乏必要的理财思想,只管投入不计成本。四是处在社会动荡期的主家疏于管理,一客多主趁机敛财比比皆是。

不用说,用今天的眼光看,这些都是会计管理中的问题,所以在《周礼》中采取以下对策来加以治理:一是收支匹配。要求在会计记录和记载中,每一种收支(相当于现在的每一项专项资金)都要收支匹配,这也形成了后来三柱结算法的最初形态。二是九赋对九式,专款专用,防止超支和肆意挪用。三是专人管理。《周礼》中共有 356 种官职,其中负责记录宴请类的官职就有 52 种,这一方面说明当时的宴请收支规模之大,另一方面也表明政府对这类收支管理十分重视。四是定期考核、交叉考核。全国会计主管部门司会下设司书、职内、职岁、职币四个部门,分别掌管登记及收、支、余的计算与稽核,并且由司会负责上述四大部门的交互考核,从而形成一种内部牵制制度。[①]

秦代建立郡县制以后,官场出现了接风、饯别等宴会。西汉后期政局动荡,地方官调动频繁,路上到处都是一拨拨迎来送往的官或吏。南北朝时期,各州郡(相当于现在的省城)还设立了"送故主簿"(相当于今天的政府接待办公室)负责公款接待官员,宋代也是如此,明清时期排场最大。苏东坡在担任杭州通判时,为这种公务接待苦不堪言,称自己这差事简直

---

① 宁静:《我国会计防腐溯源研究——基于〈周礼〉宾客宴请视角》,《财会通讯》2014 年第 10 期,第 120~122 页。

是"酒食地狱"。后来他想出一条对策,每逢接待时便召"小姐"去陪客,在把这些客人的注意力转移到美女身上去以后,他自己则趁机休养精神,这便是后来"公关小姐"的雏形。①

乾隆这样处理个人开支

虽说封建社会中皇帝家国不分,"溥天之下,莫非王土;率土之滨,莫非王臣",但本书前面提到,皇帝个人的皇室财政与国家财政其实是分开的。只不过,这两者都是高级机密,没几个大臣能知道。

世界上最早把皇室财政和国家财政分开的是公元前3200年至公元前2686年的古埃及第一、第二王朝时期。在中国,这一制度最早是从秦代开始的,比前者晚了差不多2 600年。秦始皇统一中国后首创财计制度,其中就规定,皇室财政要与国家财政分离;汉代时,这一制度得以延续,并且进一步统一了收支项目。

这里来看看乾隆是如何处理皇室财政的。按照祖制规定,清代皇帝的个人开支不得加重百姓负担,所以,这些费用必须由内务府自筹。说穿了就是,主要得靠皇帝自己"创收",或靠各地进贡。

乾隆这个人特别好面子,对下属进贡的稀奇珍宝总要回赠些礼物。这些回赠除了一些虚衔外,主要就是银两了;而且他的手笔很大,回赠往往要超过贡品本身的价值。究其原因,一方面是为了显示皇帝的气派;另一方面,当然也是体恤收藏者之不易。但这样一来,就必定会造成入不敷出。怎么办?乾隆曾经为开辟财源动过很多脑筋,也派内务府官员直接经商创收过,相当于皇帝自己办"第三产业",但这依然不足以解决问题。

直到1776年(乾隆四十一年),和珅出任内务府大臣后,才实现扭亏为盈,并彻底解决了这个问题。以至于后来,乾隆对和珅信任得不得了,所有与财政有关的部门都渐渐交给他一个人去把持。和珅给现代人的印

---

① 完颜绍元:《古代公务接待:取之于民,用之于官》,人民网,2013年12月10日。

象一直是中国历史上最大的贪官,而实际上,他无论是在政治、外交、礼仪、才学还是经营、理财等方面,都算得上是一位杰出的人才。

在这之前,乾隆已经把历史上的"罚俸"演化成了"议罪银",方便充实他的小金库。所谓罚俸,就是今天所说的罚款,如某人(当然是官员啦)犯了什么轻微的过错,被扣除几个月或几年的"基本工资"等。到了乾隆中期,皇帝觉得这罚款数额过少,无法起到警戒作用,所以把它改成了议罪银;罚款数额增加了,便能起到让官员"肉痛"的作用。

和珅一上任,马上就发现了这种议罪银的妙处:它不像罚俸那样需要由吏部来决定,银两也要缴给国库,整个过程公开透明;而是会由军机处处理,并且处罚没有标准,银两也可以直接划入皇帝的小金库,过程和数额还不用公开。和珅在奏请皇帝批准后,把议罪银制度化并扩大范围,随便找个理由就可以对官员进行罚款,从而带动皇帝小金库的收入骤然增加。

各级官员也马上就从中发现妙处无穷:出了任何问题都可以用交钱来一罚了之,罚多罚少好商量,当然,具体数额主要还是会由和珅根据该官员的家产多少而定;但即使这样,"花钱消灾"也总要比直接砍头"合算"得多。

乾隆个人的私用富余了,可是他很快就发现,这项制度并不是他原来所想象的那样一举三得——既没有增加百姓负担,又让自己手头宽裕,还能警戒不法官员;恰恰相反,因为当皇帝拿了下属官员的巨额罚款后,就"拿人手短"、只能"法外开恩"了,同时,当人人都知道"有钱能使鬼推磨"时,这整个社会也就变得很可怕了。[①]

从无账本到民主评税

本书前面提到,自从国家产生以后,官厅会计就主要是为收税服务的。因为只有建立了良好的经济记录和核算制度,"一手纳税、一手用钱"

[①] 张宏杰:《乾隆皇帝的十张面孔》,人民文学出版社 2009 年版。转载自《和珅如何用"议罪银"充实乾隆小金库》,深圳新闻网,2009 年 12 月 24 日。

第 5 章
会计制度：从潜规则到法治化

才会有依据，才有公平可言，用得也才会安心。

在封建社会相当长的时间里，所谓会计主要是指官厅会计，民间会计发展长期滞后并且相当落后。如果说这在单靠收取"人头费""十一税""租庸制"时期还相对简单的话，那么，在资本主义工商业生产发展起来后，就变得异常复杂了，因为无论是营业额还是利润，谁都不可能一看就知道是多少。正是在这种背景下，复式记账出现了，既可以消除单式记账那种连账也轧不平的弊端，又能适合更多方面的需求。

比如说，1492 年西班牙女王在三次拒绝克里斯托弗·哥伦布去印度和中国探险的要求后，最终还是答应了资助他出海的要求；并且承诺，探险成功后，哥伦布及其后代可出任西班牙开拓的殖民地的总督，同时获取 10% 的利润分红。要知道，出海探险在当时等同于"送死"。面对波涛汹涌的大海，谁都不知道海的另一头有没有边、彼岸在哪里；这对投资来说绝对是冒险。不过事实上，哥伦布亲自率领三艘中世纪后期的那种木帆船，顶着惊涛骇浪，经过 70 天旅程，还是横渡大西洋，幸运地到达了美洲巴哈马群岛，史称"地理大发现"。

当时，西班牙女王为什么会承诺"10%的利润分红"呢？因为这主意本身就是一名会计给她出的，所以难免会打上会计人特有的思维烙印，把这次出海探险看作一次风险投资行为。所以，国王在与哥伦布一起出海航行的人员中，专门给他配备了一名会计师，负责记录资金使用情况，确保最终盈利。如此庞大的投资不能没有账，可是当时的记账又达不到今天风险投资的要求，所以专门配备自己的会计（自己人）来弥补这一缺陷，这在今天来说，就相当于对某专项重大工程派驻财务总监了。

从此以后，对大型项目尤其是跨国企业来说，会计组织及会计核算变得越来越复杂，并且已经融入企业经营管理的主体，这在客观上大大提高了会计人员以及会计组织的地位。

所以，从近代会计开始，民间会计的演进虽然要曲折得多，但很快就超过了官厅会计。直到今天，社会上仍然存在着这样的看法：在企业从事会计工作要比政府会计复杂得多，也"更有能耐"得多；会计在行政部门的地位只是中层甚至附庸,而在企业却可以做到最上层。

话扯得有点远了。不要说过去没有可靠的会计报告了,直到1949年新中国成立后,这种现象依然很普遍。以吉林省为例,20世纪50年代的国民经济主要是私人资本主义工商业,国营经济和集体经济比例极少,这种状况一直到1957年资本主义工商业被改造成公私合营企业后才有所转变。

当时的资本主义工商业经营情况非常复杂。绝大多数中小规模的企业没有账,即使有账也主要是为了应付税务局的,也就是说,基本上是假账;而大型企业虽然都有账,可是账目不但不全,而且都是那种老式流水账。俗话说"行行有弊""隔行如隔山",外人要想了解这些企业的真实收入和纳税额相当困难,因为你根本没有依据。怎么办?所以当时的征税主要是商人自报,他报多少你收多少,可想而知,你还能收到多少税!

收不到多少税怎么办?新中国成立初期,政务院采取的办法是通过民主评议来征税,"民主评议与税收任务相结合"。举例来说,首先将各行各业分成若干不同行业,每个行业都把纳税户按营业规模从大到小排列出顺序来。然后,让各纳税户根据自己及在同行业中的情况来采取百分制打分;当大家都感到各自排列的顺序和评定的分数"差不多"了,就把这一结果确定下来。在此基础上,税务人员对该行业排出典型调查户,重点剖析该调查户的实际经营情况,得出该行业每1分值应该缴纳多少所得税。最后,由各行业组成民主评议委员会,根据上级下达的税收任务,分摊到每1纳税分值上去,最终算出每1分值应该缴多少税。1951年之后,开始改评分为评营业额,因为这样更简单,真实性也更高些。[①]

就好比说,高考录取的主要依据是考试分数。在同一个省内,高考成绩出来后按考分高低排序划分录取分数线一目了然,也最硬气。可是,现在因为没有考试或无法举行考试(这就是前面所说的纳税户没有账簿或账簿记录不可信),所以只能采取大家评议的办法——首先是每个考生自

---

① 段林波、徐瑞云:《半个多世纪前的"民主评税"》,《中国税务报》2009年2月20日。

己报个分数,说如果考试的话你能考多少分;然后,让大家根据你平时的学习状况和表现,看看你报的这个分数是不是合理、有没有多报或少报;接着,到所有人的自报分数经评议审核后定下来了,再来看全省排名。这在今天看来很不可思议,但过去在无账的情况下就是这么过来的。

直到今天,《税收征收管理法实施细则》第 23 条规定,对于生产、经营规模小又确实无能力建账的,可聘请经过批准从事会计代理记账业务的专业机构或经过税务机关认可的会计人员代为建账;如果连这一点也做不到,经过县级以上税务机关批准,便可以按照税务机关的规定,建立收支凭证粘贴簿、进货销货登记簿或税控装置,来代替建账。但说到底,即使是这样,依然可以说是无账会计,只不过是得到了批准,是合法的而已。

另外就是,20 世纪 50 年代末,我国还曾大面积地出现过"无账会计",看似不可思议,却是真实历史。

1958 年,河南省新乡市饮食公司为简化记账核算手续,首先实行"以表(单)代账",经北京《大公报》报道后在全国很受欢迎,结果造成严重混乱,被形容为"单据在抽屉里,账簿在脑子里,钱在银行里,物资在仓库里""账簿条子化、钱柜口袋化;凭良心办事,凭脑袋记账"。许多单位连在银行里有多少存款都搞不清;更有甚者,在"浮夸风"背景下,敞开向银行贷款后作为"利润"上缴给国库,反正无账可查。

1959 年 3 月,国家财政部在辽宁召开工业企业财务工作会议,强调财会制度必须"有破有立";5 月,在成都召开全国工业、交通企业成本工作经验交流会,明确批判"无账会计"。1962 年 5 月,国家财政部与中国人民银行总行根据时任国家主席刘少奇的批示,召开新中国成立后的第一次全国会计工作会议。6 月 23 日,中共中央批转会议纪要,开头便是"办经济离不开会计,经济越发展,会计越重要。科学的会计制度,对于社会主义来说,比它对于资本主义更为重要",开始着手扭转这一局面。

第 6 章

五大革命:树起一座座丰碑

第一次革命:近代会计确立

会计史上第一次真正的重大革命是复式记账法的创立,这也是近代会计确立的标志。

1494年,意大利数学家、会计学家帕乔利在威尼斯出版了《数学大全》一书。该书共有5个部分,其中第3部分第9部第11篇是《计算与记录要论》[①],全面系统地介绍了当时威尼斯流行的复式记账法基本原理,提出了"借""贷"符号,会计基本恒等式,财产清算方法,日记账、分录账、总账登记方法,以及试算平衡法,并且还从理论上给予必要的阐释。

之所以称这是会计史上的一次革命,是因为该书的出版标志着复式记账法的最终确立,推动了复式记账法在世界上的传播。

复式记账起源于资本主义萌芽时期的商业和经济发展需要,但这种记账方式究竟是从什么时候正式开始的,又是谁最早发明的,现在已无从

---

① 原题为 Tractatus Particularis de Computis et Scripturis,葛家澍译为《簿记论》。

查考。确切地说,复式记账并不是某一个人,而是一群群人、一代代人在长期实践中逐步总结出来的,根本就不可能具体到哪一个人身上,这些人零星地散落在民间。例如,目前珍藏于佛罗伦萨图书馆的两套有关1211年佛罗伦萨银行的会计账簿,它的珍贵之处就在于,这是目前发现的世界上最早使用"借"和"贷"用语来进行复式记录的账簿,从中就能看到复式记账的萌芽;但这两本账簿究竟是谁记的、为什么要记,或者这种复式记账是谁发明的,就根本无法考证了。

从发展过程看,意大利复式记账大致上经历了三个阶段:最早是佛罗伦萨式,接下来是热那亚式,最终是威尼斯式。这个过程先后历时两三百年。其主要变化在于:记账对象从债权债务扩大到了商品、现金、损益和资本;记账方式从冗长的叙述式发展到规范的账户式;记录方法从债权债务简单转账发展到任何交易都可以通过两个相关账户来进行记录。

从那时候开始,复式记账法便成为会计数据处理和信息加工的标准动作,直到现在。它最大的优点就是能够全面、动态地计算和控制资本运动。也就是说,从单式记账到复式记账,不仅仅是一种会计记录方法的改变,而是集中体现了一系列重要会计学观念的变化,并且从此构建了以日记账、分类账、总账三种账簿为基础的会计制度。正因如此,才说它能够成为从古代会计向近代会计转变的标志,帕乔利本人也因此被称为"近代会计之父"。

但显而易见,他并不是复式记账的"发明者"。他实事求是地说:"人们称我为'会计之父',但是我并不是复式簿记的发明人,这是许多人的智慧结晶。我只是在理论上进行了系统的总结和阐述而已。"

当然,这也是他的谦逊之词。帕乔利的伟大之处在于,他通过30年的呕心沥血,首先对复式记账加以总结并著书立说,让这一记账方法上升到理论高度。该书一经问世便轰动整个意大利,随后很快就传播到了荷兰、西班牙、葡萄牙等国,然后又进一步传入德国、英国、法国。从此,全球会计界才从会计实务研究中摆脱出来并朝会计理论研究方向发展,这在会计发展史上具有里程碑意义。直到现在,虽然几百年过去了,可是复式记账内容基本上没有发生过多大的变动。

遗憾的是,由于当时中国正处于封闭的封建社会,所以这一巨大成果并没有能够及时撼动中式会计,从而使得中式会计落后于世界几百年。直到现在,依然能看到这种影子。

第二次革命:"南海泡沫"事件

会计史上的第二次重大革命是,"南海泡沫"事件的发生催生了注册会计师行业的诞生,从此会计开始走出企业、面向社会开展服务。

所谓"南海泡沫"事件或"南海事件",是指1720年发生在英国的一股脱离常规的投资狂潮引发股价暴涨暴跌,从而导致的大混乱。

18世纪初,英国作家丹尼尔·笛福与爱德华·哈利突发奇想,认为国家可以授权给某个企业垄断某个地区的交易,国家和企业"合伙做生意",然后从该企业获取利润分成,用来偿还政府参与西班牙王位继承战中欠下的大笔债务。没想到,这一设想引起爱德华·哈利的哥哥、时任英国财政大臣罗伯特·哈利的浓厚兴趣,真的在国会上提出这一倡议,并且国会也真的在1711年通过法案成立了这样一家公司,那就是"南海公司"。公司由富商们投资开设,罗伯特·哈利亲自担任董事长。

当时的社会背景是,长期的经济繁荣使得英国私人资本不断集聚,大量私人投资急需寻找出路;可是当时的投资渠道明显不足,企业股票供不应求。所以,这一设想一出台便迎合社会各界需求,所有人都非常看好这家公司,并且称这是"牛津伯爵(罗伯特·哈利)的杰作"。

英国政府对南海公司经营的酒、醋、烟草等商品实行永久性退税政策,并给予其在南海(南美洲)的贸易垄断权;作为交换,南海公司认购总价值1 000万英镑的政府债券。因为当时所有人都相信秘鲁和墨西哥地下埋藏着巨大的金银矿藏,以为英国只要把采矿队伍开过去,就能运回无数金银,所以公司前景被吹得无限光明,所有人都疯狂抢购该公司股票,包括英国国王也认购了10万英镑,英国议员中有一半以上参与认购。不用说,只要首付10%就能认购,供不应求下股价自然就会一路狂飙,从

1720年1月的每股128英镑上升到7月的最高点1 050英镑,并且带动整个英国所有股票价格狂飙,人人都相信只要能抢到股票就意味着短时间内发财致富。

但显而易见,没有只涨不跌的股票。1720年6月,英国国会觉得这市场太疯狂了,一定会出大事,所以通过了《泡沫法案》,许多炒作机构遭到整顿。这时候投资者开始头脑清醒起来,随后蔓延到南海公司身上。一阵狂抛之后,南海公司股价一落千丈,12月跌到每股124英镑。

南海公司泡沫破灭后,原先的那些投资者损失惨重,有的富豪巨商因此变得一贫如洗;而整个英国从此也是谈"股"色变,此后经过了100多年的"疗伤"才慢慢走出这一阴影。

南海事件中出现了"泡沫经济"这一概念,人们开始不仅关注会计报告上的数字,同时也把目光转向注册会计师审计报告。只是因为1720年《泡沫公司取缔法》的颁布禁止成立有限责任公司,所以,当时的注册会计师有些英雄无用武之地,直到100多年后的1825年废除该法、1855年重新颁布《有限责任法》允许股东承担有限责任。在此背景下,1853年在苏格兰成立了世界上第一家特许会计师协会——爱丁堡会计师协会。从此,会计开始走出企业、面向社会开展服务,这就标志着会计服务对象的扩大,从而被誉为复式记账后会计发展史上的第二个里程碑。

"南海泡沫"事件后,英国国会秘密委员会在历史上第一次委托民间第三方独立会计师查尔斯·斯内尔介入,调查其中的诈骗和假账行为。从此,委托第三方专业会计师的做法受到采纳,会计不再只是企业的私人管家,而是成为一种新的社会服务行业。会计服务对象扩大了,服务内容也在拓展,尤其是会计师协会普遍开展查账业务,这样就使得会计师成为一个新的自由职业,会计师事务所也因此成为一种新的服务行业。

第三次革命:电子技术的应用

会计史上的第三次重大革命是电子技术的应用,从此将管理会计从传统会计中分离出来，构成了企业生产经营型现代会计模式。

那是在第二次世界大战结束以后，电子信息技术已经被应用到会计领域，从而引发了会计工艺上的彻底革命，会计性质和职能、作用已发生很大改变；与此同时，知识更新步伐加快，许多会计理论、方法和技术得到进一步发展，如"标准成本""预算控制""泰罗理论"等得到进一步推广，企业管理者急需从会计中获得经营决策帮助。在这种情况下，管理会计应运而生。

早期的管理会计主要侧重于执行性，重点放在标准成本、预算控制和差异分析上，20世纪50年代开始重点转移到决策会计上来。

随着电子技术的应用，会计得以从传统的事后记账、算账、报账，向事前预测、控制、参与决策转化；尤其是随着对外贸易的增多，会计已经超越国界，成为国际通行的商业语言。也就是说，这时候管理会计的主体已经变成"决策与计划会计"与"执行会计"并重，从而慢慢转向现代管理会计阶段。管理会计从传统会计系统中分离出来，成为会计发展史上的第三个里程碑。

具体地说，这种电子技术的应用在虚拟社区、虚拟企业、生产管理数字化、控制远程化等方面，已经出现了一种新的企业组织形式即网络公司。成千上万个经济体，通过网络连接在一起，共同向市场提供商品或服务，并且在某个特定经济项目结束后随时可以解散，这就动摇了传统会计得以建立的四大基本假设，即会计主体、持续经营、会计分期、货币计量，并且给传统会计赋予了新的生命。例如：

会计主体假设认为，经济组织是一种在特定地区的真实存在，可是在电子技术应用下的虚拟企业时分时合，这就使得原本的那种会计核算主体处于模糊状态，至少也是很难认定的。

再看持续经营假设，这原本是指在可预见的将来，按照现在这种情形，经济体可以持续经营下去，至少不会出现关闭或清算情形，这样才能维持现在对外的那一套完整而稳定的会计计量和确认原则。通俗地说就是，如果已经知道这家企业明天或下个月要关门了，那么在会计核算原则和方法的运用上肯定与现在是不同的。而在电子技术应用下时分时合的经济体,就很难确认它究竟还有多少经营期限,因为它随时可以结束这种合作。其中,最典型的是1994年新型宽体客机波音777的网络组装。

第三是对会计分期假设的影响。传统会计因为考虑到持续经营,所以要人为地划分若干经营周期进行结算和考核;可是在电子技术应用下,这些过程不必等到一个周期结束,随时都能了解动态信息。更何况,激烈的企业竞争要求会计随时提供有用的动态信息,所以,电子技术应用下这种分期也就没有了存在的必要。

最后一个是货币计量假设,传统会计中的货币计量是以币值稳定为前提的,否则不同期间的经营成果就缺乏可比性。可是在电子技术应用背景下,资金在不同企业、银行、国家、资本市场、币种(其中不但包括各国主权货币,还包括各种虚拟货币)之间高速运转,币值稳定假设屡屡受到冲击,这时候也必然会对传统会计构成冲击,并且为未来的会计信息化奠定坚实的基础。[1]

第四次革命:社会责任会计

会计史上的第四次重大革命是企业社会责任会计的建立。

早在1819年,法国政治经济学家西斯蒙第在他的著作《政治经济学新原理》中,第一次提出了"社会成本"的概念,认为:企业排放的废物应该由该企业承担其处理费用,否则便会增加社会公共部门的治理成本,即社会成本;而这项社会成本对企业来说,便是企业的"社会责任成本"。当然,这种社会成本或社会责任成本不仅仅体现在"三废"排放及处理上,还体现在企业对员工的就业安置,缴纳养老保险、医疗保险、失业保险、工伤保险等方面。所以,传统会计中如果只记录企业内的经营活动成本,那最多只能算是企业的"内部成本",而这样一来就会把企业的"外部成本"即

---

[1] 刘扬:《电子技术对传统会计的挑战》,《中国校外教育·理论》2008年第4期,第30页。

由于企业生产经营所造成的、需要补偿的价值损失部分忽略掉了,所以这种对企业成本的计量是不完全的。

1924年,美国学者谢尔顿提出了"公司的社会责任"的概念,从而进一步引导西方学者对企业的社会责任进行深入研究,并取得了丰富成果。1932年,哈佛法学院的杜德认为,公司董事不仅是股东利益代言人,还应该代表员工、合作者、政府等其他相关主体的利益。

第二次世界大战后,各国为了尽力修复战争创伤,开展了一场以经济发展为核心的国力较量。在这其中,首先当然是对盈利的追逐;但很快就发现,这种方式在自然资源、生态平衡方面付出的代价太大。在这样的背景下,如何实现人与自然的和谐相处、实现经济可持续发展便摆在面前。请注意,这种全社会的经济"可持续发展"与原本各家企业各自追求自己"利益最大化"相比,无疑是人类经济增长理念中的一次巨大飞跃;同时,这也构成了企业社会责任会计的理论基础。如果每家企业都只考虑自己的利益,当然也就谈不上所谓的社会责任了。

1968年,美国会计学家戴维·F.林诺维斯在《会计》杂志第11期上发表了《社会经济会计》一文,第一次提出了"社会责任会计"的概念。从此以后,会计对象不仅仅局限于研究企业的经济价值,还扩大到非价值因素的人力资源、社会环境资源等方面。随后他又在1973年7月的《会计师》杂志上发表了《会计职业和社会进步》一文,对此作了进一步深化,提出"社会责任会计是衡量和分析政府及企业行为对社会公共部门所产生的经济和社会效果"。

1981年,美国会计学家阿米德和贝奥尔科依合著的《会计理论》中认为,社会责任会计可以沿用传统会计学的核算原理和方法,包括会计确认、计量、报告、披露等会计程序,以及编制会计凭证、登记会计账簿、编制会计报告等会计方法,并由此认定这是会计学的发展趋势之一。

社会责任会计的重大意义在于,它克服了传统会计从微观角度无法说明企业经营的社会效益的缺点,能够从宏观角度来反映和计量企业经济活动对社会的影响,从而从经济效益和社会效益两个方面来整体衡量企业。

中国会计界在这个领域的研究起步较晚,1990年厦门大学会计学教授常勋在其主编的《国际会计》一书中第一次提到这一概念。1996年暨南大学宋献中认为,传统会计只是为微观服务,只注重投资者和会计主体的经济利益,所以是"狭隘"的会计;相比而言,社会责任会计考虑问题的出发点则是全社会。任何企业都应当具有社会责任,即企业在对所有者负责、追求盈利目标的同时,也要对员工、用户、合作伙伴、社区、政府等利益相关方负责,对子孙后代和自然环境负责,以实现经济和社会的可持续发展。

第五次革命:三式记账法

会计史上的第五次重大革命是尚在构建中的三式记账法。

1982年,美国会计学会会长、美籍日裔会计学家井尻(kāo)雄士出版了《三式簿记和收益动量》一书,首先对复式记账法发起非难。该书认为,复式记账并非完美无缺,其中还有若干理论问题没有得到妥善解决;相比而言,他提出的三式记账却能在复式记账基础上解决上述问题。随后,他又在1986年出版了《三式簿记结构》、1987年出版了《动量会计的三大假设》,由面到点、由浅入深、由说理到例证,全面阐述了三式记账法的思想,基本上形成了一个关于三式记账法的完整体系。由此,奠定了他在会计理论界的学术地位。

那三式记账法究竟有何德何能解决这个问题呢?原来,井尻雄士在会计中引入了牛顿力学中的动量、动力、能力、冲量等概念,从而推出了"时间三式簿记"和"微分三式簿记"的说法,使得各种会计分析更趋完备化和系统化。从此,会计不再仅仅局限于原来的反映职能,而更能跳出来探求引致这些变化产生的因素,使得探究这些相关因素成为会计的"第二本能",这样也就最终强化了经营责任观,使得会计核算发生质的飞跃。

具体地说就是,三式记账法对每一项经济业务,都要以相等的金额记入相互对应的三个账户。在他看来，"资产－负债＝所有者权益"中，"所有者权益"可以理解为所有者的"财富"（即"净资产"）。这样，复式记账法就可以用纯粹的方程式"财富＝资本"来表示，并在此基础上推导出以下两种三式记账法：

一是时间三式记账法。记账方程式为"预算＝财富＝资本"，其中预算面向未来、财富反映现在、资本说明过去（积累的经营成果）。与复式记账相比，这里多出了一个预算类账户，主要用于记录目标资本的增减变化，即关注未来计算期目标资本所要达到的水平。

二是微分三式记账法。记账方程式为"财富＝资本＝动力"，其中资本是财富的微分，即为财富现状提供的理由；动力是资本的微分，即为财富现状提供理由的理由。与复式记账相比，这里多出了一个动力类账户，主要用于记录收益变动的原因，即差异。

而把这两种具体方法综合起来，就构成了多式记账法（三式记账法），记账方程式为"预算＝财富＝资本＝动力"，这为会计学的未来发展提供了有益的启迪。

例如，在经营活动、外部环境充满不确定性情况下，它能有效减少主观判断，提高会计信息的可靠性、相关性和可比性——把企业从开始经营到现在若干年间的会计信息一并提供给使用者，能够减少通货膨胀对会计信息的影响，以及考察宏观环境乃至全球环境对企业的影响；通过与同类企业进行纵向横向比较，可以从更多角度来处理复杂的会计信息，并通过电脑技术判断其信息真伪、衡量其业绩优劣；可以通过对企业比较特殊的会计交易和事项进行分析（例如在没有同行、没有以往资料可比的背景下），发现企业的经营风险或辨析会计信息的真伪和偏离实际的程度。

不过，从目前而言，三式记账法还停留在理论探讨阶段，尚未付诸实践。因为究竟如何将三式记账法运用于实践，如何根据"借、贷、仨"的记账原则来编制一套全新的会计科目和记账体系，如何编制新的"三张表"即财富表、资本表和动力表，从而克服传统会计报表提供信息数量不足、相关性不强的弊病，都还有待实践检验。

第7章

六大事件：病树前头万木春

商业革命推出复式记账

意大利位于地中海,地理位置特殊,又恰好是东西方文化的连接点。

这一特殊的地理位置让意大利因祸得福。因为528年爆发的波斯战争和540年爆发的第二次波斯战争,切断了陆上丝绸之路,使得欧洲工业陷入严重困境;而东罗马波斯战争先后历时400年,双方交战数百次,在此期间就逼使欧洲商业贸易不得不改走海上丝绸之路,这样也就顺带发展起了意大利在中世纪(476—1453年)的地区贸易和国际贸易,并且使其商业和金融业处于欧洲领先地位。

经济的发展带动了会计的发展。所以,当时在意大利的佛罗伦萨、热那亚、威尼斯等地已经开始出现复式记账萌芽。正因如此,古代会计向近代会计转变的标志——《数学大全》一书——才会在此人、此地、此时出现,这绝不是偶然的。换句话说,是意大利商业的繁荣促使了复式记账的产生,并推动借贷复式记账法在世界上的迅速传播。

从宏观背景看,在整个中世纪,只有商业以及与商业有密切联系的金融活动才能让人变得富裕并提升地位,所以当时的"大众创业"是一件十分令人鼓舞的事。只不过,这一发展过程是有起伏的,具体地说是呈马鞍形:先是在奴隶制时代进入中世纪的最初阶段兴起,然后在中世纪宗教统治的黑暗时代日益衰落,然后又在文艺复兴运动中发展起来,并最终为近代资本主义的产生和早期发展创造了条件。在这其中,低谷的黑暗时代出现在9世纪至10世纪,除了查理曼帝国的商业依然繁荣之外,其他地区的商业和贸易,总体来看则可以用停滞不前来概括。

在这前面的高点,即奴隶制时代进入中世纪初期,会计组织和水平依然停留在奴隶制阶段,所以,在接下来处在宗教统治的黑暗时代时,会计谈不上有什么发展。虽然人人都知道,生意要做得好就必须提高核算水平,但无奈当时的商人文化程度太低,即使他们想委托别人记账也不一定能找到胜任的人选,这种情形延续了很长一段时期。960年左右,哪怕是在当时商业最发达的城市威尼斯,也只有一半左右的商人会记账。尤其是当时的市场局限于领主的庄园或庄园联合体,所以,当时的会计核算也要落后于庄园会计、寺院会计和官厅会计。

进入11世纪后,城市商业开始得到发展,行会组织在开展同封建主斗争的过程中逐渐取得主动权,并最终成为瓦解封建制度的主要力量。

12世纪至13世纪,商业和工业勃兴,出现了许多集市,以及以"香槟集市"为代表的集市群。集市规模的发展,势必要求各项管理制度要跟得上,其中最重要的就是会计核算和会计制度。过去那些不会记账的小老板,这时候也需要借助集市的力量代理记账,这就有点像今天所看到的模样。比如香槟集市,就是法国香槟伯爵领地内四个城市轮流举行的集市贸易的统称,作为当时欧洲规模最大的国际性集市贸易,就设有40名左右的"代书人",专门为商人们起草契约、负责会计事项。并且,由于商业交易十分频繁,钱款结算及手续费、利息计取也十分复杂,客观上使得各方都认识到会计工作的重要性,最终形成了商业与银行业财计组织的基本结构,更便于明确簿记、出纳、保管之间的责任关系。

从实际情况看,这个马鞍形的右边从12世纪开始到14世纪初一直

第 7 章

六大事件：病树前头万木春

没有受到过任何挫折，发展十分顺利。

13 世纪的意大利人已经开始使用阿拉伯数字了，并且已经有了数字"0"。在这样的背景下，会计记账方法也必须要有相应的发展。因为商业规模的扩大，使得原来的行商变成了坐商，商人们不再四处跑着做生意，而是把异地的商品委托给中间人和中间机构去经营。不但出现了批发商和零售商之别，而且还带动起一系列诸如代理商、分支机构、驻外职员、代理律师等，经济责任关系变得越发重要和突出，内外经营和核算也变得更为复杂和重要。所以，从 14 世纪开始不断简化记账方法，已经进化到与今天日记账基本相同的地步了。

在商业和金融业的发展方面，意大利在外设立的永久性分支机构实力最为雄厚，13 世纪威尼斯开始成为东西方贸易中介，13 世纪末佛罗伦萨已经成为欧洲金融中心。商业的发展，也让人们意识到理论和知识的重要性。所以在 1310 年至 1342 年间，先后出版了两本重要著作，分别是弗朗切斯科·迪·巴尔杜乔·佩戈洛蒂的《商业实践》，以及焦万尼·迪·安托尼奥·迪·乌扎诺的《指南》，两书一致认为"商业经营必须依靠算术和核算"。

正是在这种背景下，意大利商业和银行中的簿记员们发明了复式记账法，可以说这是水到渠成、应运而生的事。到 15 世纪时，出现了与今天股份公司相似的企业组织形式，合伙企业已非常普遍。在地中海沿岸的一些城市，已经能零星地看到资本主义萌芽，这也是称《数学大全》一书的出版是古代会计向近代会计转变标志的主要理由之一。

绝不要低估了单式记账向复式记账转变的重大意义。要知道，单式记账时，虽然簿记工作同样担负着国家财政收支的核算和监督职责，但单式记账具有先天性缺陷，那就是错误率太高。即使从佛罗伦萨流传下来的用文字记载的演算看，错误率也有 3/4 至 4/5。是复式记账的出现，才大大改变了这一情形，同时也使得家计与公司簿记相区分、理论与实务相统一，人们才真正意识到管算结合的重要性，从而认识到簿记的反映和监督职能是同等重要的，以及再后来的反映是基础、管理是目的。

为此，德国经济学家马克斯·韦伯（1864—1920）说，"复式簿记从技术角度看，是簿记发展的最高形态"，复式记账是"真正的簿记"。

东印度公司的股份制

股份制企业组织形式最早是从东印度公司开始的。

而说到东印度公司，有必要先多说几句，因为许多读者实在搞不清究竟是谁跟谁的东印度公司。实际上，世界近代史上设立东印度公司的有好几个国家，它们集中在16世纪末至17世纪初。从时间先后看，分别有葡萄牙、英国、荷兰、丹麦、法国、瑞典等，在东半球的印度、印度尼西亚、马来西亚等成立过东印度公司。

之所以大家都起这个名字，与1492年哥伦布航行到达今天的西印度群岛误把它当作印度有关。而当后来发现错了时，便只好把真正的印度包括印度尼西亚等东南亚国家称作"东印度"了（当然，哥伦布本人打死都不会承认当初的错）；相对地，把美洲加勒比海岛屿称为"西印度"。

在这些公司中，最有名的是英国、法国、荷兰的东印度公司。这三个国家都是当时东半球最主要的殖民国家，成立东印度公司正是它们对外争夺市场和领土的表现。由于英国后来打败了荷兰、法国，所以英国东印度公司存在的时间最长，也最有名；荷兰东印度公司次之。

值得一提的是，荷兰东印度公司之所以会输给英国东印度公司，就与会计有关。确切一点说就是，荷兰东印度公司的出现是印度尼西亚等国家近代会计发展的起点。1609年，荷兰东印度公司在印度尼西亚群岛最早建立总会计室和贸易站后，那里才开始采用近代会计技术，并在1642年由荷兰籍总督在印度尼西亚发布关于现金收入与应收款项管理的制度。但荷兰东印度公司会计实务的目的，主要在于加强对生产过程的控制，所以当时的会计技术发展十分缓慢，一般不对外提供财务信息，编制一张资产负债表往往需要长达三四年的时间，这就直接导致该公司在18世纪晚期的经营陷入困境，因为这样的效率完全无法与英国东印度公司

第 7 章

六大事件:病树前头万木春

展开竞争。

这些公司在政府那里都拥有贸易独占权,相当于今天的国有控股大中型企业,体现的是国家意志;不但如此,它们还拥有军队和舰队。印度本是世界上最繁荣的地区之一,而当英国东印度公司进入印度进行殖民统治后,传统手工业便遭到毁灭性打击,印度从此变成一个被西方人鄙视的"落后国家"。

英国东印度公司全称"伦敦商人在东印度贸易的公司",拥有 125 位股东,注册资本 7.2 万英镑。1600 年 12 月 31 日,英国女王伊丽莎白一世授予该公司"皇家特许证",标志着公司正式成立。之后,它就垄断了非洲西南端好望角以东各国的贸易权。

庞大的实业、政治和军事机构都需要巨额资金,这些资金从哪里来呢?于是,他们想到通过先"发行"下一次航海的股份来筹集资金的办法,这就是现在股票及股利的来历。不用说,这种股份发行在最后清算股本时核算十分复杂。在这种情况下,该公司于 1657 年 9 月发布新的公司章程,允许签发永久性股份来作为以后所有航海冒险的总投资。而每次清算都转化为永久性股份,就把原来的每次冒险航行变成了按年结算,这就形成了会计分期和持续经营的概念,股份公司出现了。

容易看出,这对今天的会计假设和原则都有重大贡献,尤其是在建立年度会计报告制度、确定流动资产和流动负债、划分固定资产和固定负债界限方面,起到了巨大的推动作用。

相较于英国东印度公司的股份制,荷兰东印度公司的股份制更典型。

荷兰东印度公司全称"联合东印度公司",成立于 1602 年 3 月 20 日,1799 年解散。它是世界上第一家股份制企业,政府是第一大股东,面向全体国民筹集股本。它之所以会成为实力仅次于英国东印度公司的企业,就与这种在荷兰松散联邦制体制下集中全国资本与英国强大的王权争夺东方贸易权有关。换句话说,在这其中充分显示了资本的力量。

要知道,当时的英国东印度公司代表的是英国国王的特权,而荷兰东印度公司更像是一家股份制企业。从基地和势力范围看,英国东印度公司主要在印度活动,基地设在印度的加尔各答;荷兰东印度公司主要在南洋一带活动,基地设在印度尼西亚的雅加达。事实上,荷兰东印度公司确实拥有政府授予的东起非洲南端好望角、西至南美洲南端麦哲伦海峡的贸易垄断权,并且是世界上第一个可以自组军队、发行货币,可以与其他国家签订正式条约、对殖民地实行统治的企业。

读者也许还记得,该公司曾经于1622年在澎湖建立城堡作为贸易据点,强迫台湾人为他们服苦役。但当时的澎湖是中国明代政府的季节性驻防汛地,岂容他们乱来?于是,明代派遣俞咨皋率军队包围荷兰人,在1624年把他们赶到了当时无实际管辖的福尔摩沙岛大员市(今中国台湾省台南市安平区)。这些荷兰人到了那里后,含糊其词地对当地原住民说,希望能"借用一张牛皮大的地方"。那些原住民一听,还以为只是让他们靠船上岸歇歇脚呢,所以答应了。没想到,这些荷兰人耍赖,先是真的拿出一张牛皮来,然后把它分割成一根根细线条,连起来圈占了一大片土地,大兴土木,并最终建立起台湾史上的第一个统治政权,直到1662年被郑成功打败。正因如此,1624年至1662年间的台湾被称为"荷兰统治时期"。[①]

工业革命催生成本会计

所谓成本会计,是指记录企业生产经营过程中的耗费并把它分配到成本计算对象上去,从而确定单位成本、降低生产消耗的会计办法。

从会计发展史看,这种为控制成本消耗对成本进行的计量很早之前就有了;可是作为一种完整的理论和方法,则出现在工业革命之后。

16世纪之前,大多数手工工场的成本计量方法很简单,并且各搞一套。哪些费用应该计入成本,并不十分明确。为什么会这样呢?因为当时的所谓成本计量核算,是在产品销售之后一起计算的,其中既包括生产

---

① 周江林:《东印度公司何以富可敌国》,《华夏时报》2014年10月7日。

第 7 章

六大事件：病树前头万木春

成本也包括商业费用，而生产成本则只限于物料消耗。

在英国，从 18 世纪 60 年代到 19 世纪三四十年代的工业革命中出现了工厂制度和批量生产，引致固定资产成本在生产中所占比重不断上升，折旧概念因此变得越来越重要。工业革命首先发生在英国而不是葡萄牙、西班牙或荷兰，是因为英国北部产煤，煤炭可以作为工业生产燃料。工业生产中机械化程度高，经营活动更复杂，对内外部生产成本信息的需求也随之增加。因为这时候仅仅考虑物料消耗，而忽略资产折旧，已经变得落后于形势发展的需要；而要核算生产成本中的活劳动耗费，仅仅依靠过去的那套方法已经不灵了。正是在这种情况下，成本会计应运而生。

并且，由于工厂制度、大额资本的出现，使得企业所有权和经营权分离开来，那些不参与企业经营的投资人迫切希望会计能提供他们想了解的企业财务状况和经营成果。在这种情况下，过去单一的以商品买卖活动为主的传统会计，便开始向以工业化、股份制企业生产为主的近代会计转变。

工业革命后的成本核算，首先是按照生产组织特点，在冶金、纺织、机械制造等行业采用分步成本核算法；然后在股份公司出现后，为适应向股东定期提供会计报告的要求，又出现了定期结转成本核算法。

建立在上述基础上，成本会计的理论研究也取得了较大的发展。因为原来的成本核算是在复式账簿之外进行的，所以最早是在 19 世纪末开始讨论这种成本核算是不是要与复式账簿相结合，以及如何结合、如何处理间接费用支出问题。讨论的结论当然是肯定的。因为如果不这样做，就无法确保成本核算的正确性，也不能确保所有成本都摊入产品中。而一旦做到了这些，接下来的问题就是如何在不同企业中统一原材料计价和间接费用分配标准，这就又引入了"标准成本"的概念。

1887 年，英国电力工程师加克、特许会计师费尔斯主张将商业账户与生产账户结合在一起，并且在《工厂会计》一书中介绍了如何把成本记录与复式账簿结合在一起的方式，这种方式直到现在依然在使用。

1920 年，在美国全国成本会计师协会召开的第一届年会上，提出了通过设置"效率差异"和"价格差异"账户来处理实际人工、实际材料与标准成本之间差异的办法。随着1923年间接费用差异分析方法的确定，这时候标准成本差异分析的雏形已基本形成，直到现在依然在使用中。

单位产品成本的高低与产品产量直接关联。在过去，根据原定计划来确定产品成本预算的方法早就出现了，但在产量发生变动时如何确定成本动态预算，直到1928年才由西屋公司的工程师和会计师们创造出来。然后，这种方法与标准成本制度相结合，就大大缓解了产品变动对间接费用实际成果产生的影响，使得间接费用计划数和实际数更具可比性。这是20世纪30年代成本会计最大的进步之一，在当年经济危机中被广泛使用。

"南海泡沫"推动民间审计

1711年，英国人罗伯特·哈利创建了南海公司，主要从事发展南大西洋的贸易业务，兼营捕鲸业。它最大的特权是，可以自由从事海外贸易活动，但历时10年并没能取得任何成功。

1713年，南海公司与西班牙缔结《乌特莱克条约》，获得了把非洲黑奴专门卖给西班牙美洲的30年垄断权。由于这项计划被人认为前景看好，所以开始时公司对外承诺股息确保6％，股票销售很快。到1718年时英王乔治一世亲自担任该公司董事长，公司信誉更是陡增，不久以后股息便提高到了100％，人人都在争先恐后地购买该公司股票。

1720年1月，经英国议会同意，南海公司承诺接受全部国债，用1 000万英镑的英国国债换作公司股票，这样，国债投资者就顺理成章地成了该公司股东。这1 000万英镑的涌入，使得公司股票价格暴涨，1720年1月至7月间，股价从128英镑涨至最高点1 050英镑；公司推出了一系列令人眼花缭乱的前景规划，其中确实有一些非常鼓舞人心，从而促使6个月来的股价累计涨幅竟然突破7倍。

这些计划怎么眼花缭乱法呢？看看以下数字就知道了：该计划包括

第7章
六大事件：病树前头万木春

11种渔业计划,10种保险计划,2家汇兑公司,4家盐业公司,2家糖业公司,12家美洲殖民(贸易)公司,2家建筑公司,18家土地公司,6家油脂公司,4家河港公司,4家专门供应伦敦煤炭、牲畜、饲料和铺路的公司,6家麻业公司,5家丝绸工业公司,1家蚕桑公司,15家矿业公司,此外还有60多家说不清道不明的企业。但其实,其中绝大多数计划是幻影。

果然,好景不长。很快就有几家企业同时控告南海公司,投资者纷纷觉得这是一家骗子公司,于是1720年9月开始公司股价一落千丈,至12月时已经跌至124英镑。损失惨重的债权人和投资者强烈要求政府严惩欺诈行为并赔偿损失,于是,这时候英国议会成立了一个由13人组成的特别委员会来调查这一事件。结果发现,该公司会计记录存在严重的弄虚作假,会计制度混乱,会计数据被蓄意篡改。发现这一线索后,特别委员会聘请精通会计实务的查尔斯·斯内尔进行查账,最终交出了一份专门的审计报告书,认为会计问题是该公司倒闭的主要诱因。

1721年,斯内尔出具的这份审计报告书开门见山地表明,这是"伦敦市彻斯特·莱恩学校的习字教师兼会计师查尔斯·斯内尔对索布里奇商社的会计账簿进行检查的意见",接着逐条指出了南海公司存在的舞弊行为。英国议会根据这份审计报告书做出了处理决定,除了没收全部董事的个人财产,还逮捕了一名直接负责的经理。

在"南海泡沫"事件中,英国议会1720年颁布《泡沫公司取缔法》,禁止成立有限责任公司,禁止不正常的股份投机,禁止设立舞弊性质的股份公司,禁止非股份公司采用股份公司形式形态,禁止股份公司从事特许证规定的业务范围以外的经营活动。实际上,这表明当时的英国还没有看到以所有权和管理权分离为特征的股份公司的优越性,并且缺乏一套科学的维持市场秩序的管理制度,所以只能搞通通禁止的"一刀切"。直到1825年废除该法,才在1844年颁布《股份公司法》,并且在1855年颁布的《有限责任法》中重新允许股东承担有限责任。而这部《有限责任法》,也标志着完全符合现代意义的股份公司的基本确立。

英国在痛定思痛后制定的《股份公司法》中规定,董事有登记账簿的义务,而该账簿必须经董事会以外的第三方进行审查;董事应该编制详细而公允的资产负债表,然后交公司监事进行审查;董事应该在股东大会前10天,把资产负债表副本和监事审计报告书提交给股东和公司注册处留存备查。从会计角度看,可以发现两点:一是这时候英国是鼓励股份公司这种组织形式的,因为这种组织形式有助于连续地、分期地、稳健地执行一系列会计制度,这样核算出来的会计结果更真实可靠、不容易舞弊。二是规定公司必须登记会计账簿、定期进行结算,并且通过用法律规定董事和监事的应尽职责,来监督这些事项落到实处。

虽然《股份公司法》施行几个月后便进行了修订,但上述规定在1845年颁布的《公司条款合并法》中又得到进一步的确认,如规定账簿要登记、账目要平衡、股东审查账目、在股东大会上出示资产负债表等。在当时就推出这些规定,哪怕在今天看来都是十分难能可贵的。

"南海泡沫"事件的重要意义在于,它揭开了民间审计走向现代的序幕。具体地说就是,孕育出了斯内尔这样一位民间审计职业先驱——他被认为是世界上第一位受聘对股份公司的会计记录进行审查的会计师/审计师,他编制的审计报告书也被认为是世界上最早由会计师呈送的审计报告。

现在回过头来看,当时英国颁布《泡沫公司取缔法》的做法确实有点矫枉过正、一棍子打死的味道;强行把所有股份公司一概打入冷宫100多年,也不符合市场经济发展规律。但这也从一个侧面证明,只有建立对会计行为强有力的法制约束,才能找到尽可能克服市场经济弊端的方法。

否则,虽然"现代社会最伟大的发明就是有限责任公司!即使蒸汽机和电气的发明也略逊一筹"(美国哥伦比亚大学校长尼古拉斯·巴特勒语[1]),因为这种制度可以使得我们瞬间就把资金集中起来去从事想从事的经济活动,但显而易见,如果会计核算混乱,其破坏作用同样不可估量。

---

[1] 周放生:《公司——现代社会最伟大的发明》,《国有资产管理》2010年11期,第52~54页。

第 7 章

六大事件：病树前头万木春

经济危机推动会计和审计

经济危机与会计和审计之间有着难解难分的关系。

1720年，英国在"南海泡沫"事件爆发后颁布了《泡沫公司取缔法》，这一事件直接催生了世界上第一个民间审计师。1815年，英国第一次出现经济危机，之后每隔8年至10年都会重演一次；而每一次经济危机的爆发，都会使得一大批股份公司倒闭，成千上万的股东和债权人蒙受损失。这时候人人都觉得，有必要重新制订方案对股份公司进行社会监督，以确保投资者利益。

在这种情况下，英国议会于1825年废除了《泡沫公司取缔法》，并且在1834年和1837年通过了国王授予特许证来设立股份公司的法案。在全社会都呼吁股份公司要尽其所能维护社会经济秩序时，近代民间审计就呼之欲出了。因为股份公司所有权和经营权相分离，公司股东和债权人只能借助审计报告书来了解公司详细的经营情况，公司审计就这样诞生了，并且后来慢慢地发展成为主流的民间审计，形成国家审计、民间审计、内部审计三足鼎立的格局，这堪称是审计领域的一次重大革命。

所以到1844年时，英国议会在颁布的《股份公司法》中明确规定：董事有登记账簿的义务，并且该账簿必须经过董事以外的第三方审查；执行审计业务的监事由股东大会选举产生；公司董事应该编制详细而真实的资产负债表，并且经过公司监事审查；等等。几个月后公布的修订案中又规定：监事可以用公司费用聘请有记账技术的会计师或其他人协助办理审计业务，监事和会计师应该根据公司账簿编制报告书。这些都对近代会计和审计起到了积极的推动作用。

不过需要提醒的是，这种作用也不能估计过高。因为19世纪中叶之前的会计师，任职前都不需要经过统一考试；而当时的会计事务范围很广，除了记账还涉及决算、查账、破产、清算、信托、保险等方面，其中有相当一部分属于律师事务所的业务范围。所以，当时的会计师并不是现代意义上的审计员,许多人其实根本不懂会计,也就更谈不上精通了。用今天的眼光来看,当时的会计师多半只是"计算专家",是中世纪审计人员向现在特许会计师过渡的阶段。他们所谓的查账,主要是看看账有没有做平,对财务监督的作用主要不是体现在技术上而是心理上,这种情况一直持续到1875年。

随着股份公司的优越性逐渐为人们所熟知,英国在1855年颁布的《有限责任法》和1856年的《公司法》中规定了资产负债表和公司章程的标准格式,规定账簿必须进行复式登记,监事不一定非得是公司股东,并且资产和负债已经按种类分类,而且还有"呆账""折旧""固定资产""保留利润"等科目,可以说在当时是非常先进的了。这也从一个侧面证明了当时会计技术的成熟和会计师地位的提高。1862年公布的《公司法》更是被誉为"会计师的朋友",因为它规定会计报告必须由第三方立场的特许会计师签字才能生效,从而实现了民间审计的一次重大转折。

总体来看,经济危机在推动会计和审计发展方面功不可没。就英国而言,1836年爆发的经济危机引致1844年出台了《股份公司法》;1847年的经济危机又推动了1855年、1856年《公司法》的颁布;1857年的经济危机促使了1862年《公司法》的出台。正是在这亦步亦趋的过程中,会计和审计在经济危机与公司法的阵阵蠕动中向前发展。

尤其是20世纪30年代初爆发的全球经济危机,将以美国为首的大多数发达国家卷入其中。股市暴跌、债券被大量抛售,使得许多企业无力偿还债务,纷纷宣布破产倒闭。

如同过去一样,经济危机发生后,政府和社会公众依然一致认为,原因之一在于松散的会计实务,所以再次强烈要求企业会计报告要能真实反映财务状况和经营成果。

为此,美国于1933年公布了《证券法》、1934年颁布了《证券交易法》,其中特别提到,股份公司在向公众出售股票之前必须向证券交易委员会进行登记,并且通过证券交易委员会公布会计报告。而不用说,这种会计报告必须按照公认会计原则进行编制,并经独立会计师审定。

公认会计原则的确立,标志着传统会计发展成为财务会计。直到今天,几乎所有企业财会人员也都称自己是"财务会计"。那么接下来要问,什么是财务会计?财务会计都有哪些特征?归纳起来主要有以下三点:

一是会计信息的加工、处理和报告,目的都是为了满足各方利益关系人的需要。也就是说,财务会计的目的是为企业外部的信息使用者直接提供服务。所以,财务会计只对已经发生或已经完成的、能够用货币表现的交易和事项,进行确认、计量、记录和报告。

二是会计信息的加工必须遵守公认会计原则。也就是说,会计程序和方法要按照约定俗成的原则系统化、规范化。虽然企业外部会计信息的使用者很多,他们的要求也各不相同,但财务会计只能也只需要定期编制一份通用的会计报告,不必也不可能针对不同使用者的个性需求提供服务。

三是财务会计报告完成后,必须经注册会计师审计。这说明两点:首先,财务会计提供的财务信息主要是通过财务会计报告来揭示的,包括财务报表、附表、附注、财务状况说明书;其次,为了确保会计信息真实无误、维护外界不同信息使用者的利益,需要由第三方进行独立审验。

所以,从20世纪20年代开始,直到1952年在世界会计师联合会上正式通过"管理会计"这个专业术语,从原来的"财务会计"中慢慢分离出了"管理会计"和新的"财务会计"两大领域。

安然造假暴露准则滞后性

1996年12月,美国《商业周刊》发表一组文章,提出了"新经济"的概念。这种新经济的含义涵盖三个方面,即知识经济是新的社会经济形态、虚拟经济是新的经济活动模式、网络经济是新的经济运行方式。而这种"新经济"的到来,给传统会计带来了不少新的挑战。

这些挑战主要体现在,与传统的有形资产相对,以专利权、商标权、工业产权、商誉等无形资产,以及人力资源、信息资源、组织资源为代表的

"软资产"的作用越来越重要。如果再沿用传统的会计确认和计量,就很难真实反映企业的经济活动和经营成果,为人为调节和舞弊行为提供了有利条件,为此有许多新的问题摆在面前。

而就在这种宏观背景下,安然公司因舞弊而致倒闭事件发生了。

安然公司(全称"安然有限公司")是一家位于美国休斯敦的全球性能源企业,创建于1930年,2000年在世界上拥有7家分公司、3 000多家子公司,营业额1 010亿美元,员工2.1万名,在2000年《财富》杂志的"世界500强企业"排名中位于第16位。然而没想到的是,几乎一夜之间安然公司就于2001年轰然倒闭,成为全世界破产案中的"典范"。

为什么会这样?主要原因在于以下四个方面的舞弊行为蛀空了企业:

一是暗箱操作。它通过把各种债务、坏账转移到下属公司,在利用离岸公司避税的同时,较好地掩盖了公司的经营亏损和实质性问题。就像一个人得了重症而不去医治,只是对外隐瞒着,到最后的结果只能是病情越拖越重,倒霉的还是自己。

二是利用审计漏洞进行秘密交易和"圈内人交易",结果越陷越深。这一点等一会再说,先来看看这个漏洞有多大。事后研究表明,1997年至2001年间,安然公司的盈利虚报了5.86亿美元(占比20%)、实际债务少报了6.28亿美元(占比6%)、股东权益减少值为22亿美元(而不是原来的12亿美元)。

三是通过政治捐款构筑关系网。从总统、副总统到内阁官员都与安然公司有千丝万缕的联系,不是获得竞选捐助就是拥有该公司股票。安然公司也确实从中得到过好处,政府因此取消过一些商业限制。但政治是火,火能取暖,也会灼人。

四是不断推出生意繁荣的假报道,误导股民和公众。2000年8月,安然公司股价到达历史最高点每股90美元时,内部高层都在不断抛售,对外却放风说还会涨到每股一百三四十美元。而就在2001年8月即将破产、股价跌至42美元时,依然在媒体上宣称"一切正常",从而使得许多投资者越跌越买;当股民了解最终真相时,股价已经跌破1美元。

第7章
六大事件：病树前头万木春

安然公司又是如何进行"圈内人交易"的呢？要知道，打通政府、收买会计师事务所正是它过去引以为傲、后来破产的原因之一。具体地说就是，它聘请的会计师事务所安达信1997年提出的审计调整金额是5 100万美元，占当年净利润的48.6%，可是安然公司拒绝调整，而奇怪的是，这时候的安达信依然出具无保留意见，这就严重违反了公认审计准则。

安达信为什么要这样做呢？当时，安然公司是安达信会计师事务所的第二大客户，2000年向安然公司收取的费用高达5 200万美元，其中咨询服务收入2 700万美元，其余部分是提供审计服务获得的收入，这种"一鱼两吃"的做法在当时是合法的。除此以外，安然公司包括首席财务主管、首席会计主管、发展部副总经理等约100名高级雇员都是从安达信跳槽过去的，两者之间有着明显的利益纠缠。

这就不难理解，当后来司法部门调查安然公司时，安达信会计师事务所为什么敢公然销毁审计档案、妨碍司法调查了；而两者沆瀣一气，最后的结果是，在安然公司轰然倒塌的同时，安达信会计师事务所也受到应有的惩戒，因妨碍司法罪被罚款50万美元并自动失去上市公司审计资格。

安然公司的倒塌，与公司多年来内部控制松散以及安达信多年来出具严重失实的审计报告的纵容密不可分。在安然事件发生之前，美国一直认为其会计准则是世界上最好的；但通过这一事件暴露出来的诸多问题，使它看到了许多不足。尤其是当企业和会计师事务所串通起来联合作弊时，几乎所有会计信息都可以"按需定制"，就使得政府再次头脑清醒地看到，虽然不能把上市公司倒闭的原因全部归咎于注册会计师，但注册会计师的独立审计、上市公司的独立董事作用也不应夸大；作为会计准则和审计准则来说，它同样需要有监督、有管制。

尤其是安然公司的舞弊行为和破产结局，除了公司治理结构、注册会计师、独立董事、财务总监、股票期权、证券分析师等方面的问题外，还与会计准则无法满足金融创新、组织设计、扁平化、交易策划等方面的需要有关。会计准则跟不上形势，这方面存在许多空白，就必然会给舞弊者弄虚作假创造条件。

第 8 章

年谱简编：一路看尽五千年

原始计量记录阶段

约 10 万年至两三万年前

在距今约 10 万年至两三万年前的旧石器时代中晚期，人类进入定居及生产型经济发展阶段，狩猎和采集等已经有了产品剩余。所以，再像过去那样单靠语音和手势来表达，已经无法胜任"计量""统计""分配"工作，需要用某种载体来帮助记忆和记录。会计的历史起点出现了，人类进入了堆石记事、简单刻记与直观绘图记事阶段。

约两三万年前

在法国南部奥瑞纳村的一根幼年狼胫骨上，留下 55 道深深的刻痕，分为上下两组，中间相隔一定的距离，并且被一根线条间隔开来。上面这组刻痕共有 30 道，下面是 25 道，是分两次刻上去的。考古学家们坚信，这些刻痕绝不是刻着玩的，很可能是记录猎物的数目。从今天的猜测看，这些刻痕中应当包含着会计凭证、科目、账簿的意思在内。

约2.8万年至1万年前

在距今约2.8万年至1万年前的旧石器时代晚期及中石器时代,在中国山西朔县峙峪出现了最早的会计记录痕迹。这数百片兽骨片上清晰的刻画痕迹,被历史学家认为是峙峪人进行计量、记录的遗迹。

约1.5万年至5 000年前

在距今约1.5万年至5 000年前的中石器时代至新石器时代,中国、古巴比伦、古埃及、古希腊、古罗马以及其他文明古国都出现了原始计量、记录等萌芽状态的会计行为,进入刻符记事与抽象绘图记事阶段。

约10 500年前

在非洲乌干达与扎伊尔交界处的伊尚戈渔村,留下了一块新石器时代早期的"伊尚戈骨头"。它的一端镶嵌着的一小块石英上有三排线纹,分别刻着以下数字:11、13、17、19,11、21、19、9、3、6、4、8、10、5、5、7。虽然这表示什么意思现在还不清楚,但它肯定是与会计有关的、对某件事或物的数量记录,也是目前世界上发现最早的刻符记事实物。

约1万年前

美索不达米亚人已经在石头上用刮痕来记录事务往来和交换事项。

约1万年至5 000年前

在今天的中东地区(伊朗、伊拉克、以色列、黎巴嫩、土耳其、叙利亚一带)广泛流行一种介于刻符记事和绘图记事之间的黏土标志记事方式,其中集中体现了会计分类、档案保管、责任认定的思想,以及象形文字先驱的各种抽象符号,被后世誉为"黏土标志会计"。

约 6 000 年前

在今天的伊拉克境内、当时名叫巴比伦和尼尼微的这两座城市,已经出现了留存至今的世界上最早的商业文书。那时候的巴比伦人非常重视会计,还以立法形式确定,以"受托责任账户"来明确委托人与被委托人之间的契约关系,活跃着一批相当于今天"会计师"身份的记账人员。

约 5 000 年至 4 000 年前

在距今约 5 000 年至 4 000 年前的奴隶社会前夕,原始计量和记录方面已经出现了经济"书契"的形式和记录方法。并且,会计计量单位开始从完全实物计量向少量数量计量过渡。

古代会计阶段

公元前 33 世纪至公元前 27 世纪

古埃及第一、第二王朝时期就在世界上最早把皇室财政和国家财政分立开来,比在中国最早实行这一制度的秦代早了差不多 2 600 年。

公元前 27 世纪

中华人文初祖黄帝推出一种名为"黄钟黍"的计量单位,他所创造的寸、尺、丈这些计量单位及其十进制一直沿用到现在;并且,还通过黄钟黍进一步确定了合、升、斗、斛等体积计量单位。

公元前 25 世纪

古印度出现一种被称为"哈拉巴数码"的铭文计数法。

第 8 章
年谱简编：一路看尽五千年

公元前 2494 年至公元前 2345 年

在古埃及第五王朝时期,已经流行在纸草上签订各种经济契约了。

公元前 2200 年前

英国第 12 王朝一位国王的旧卷子上出现了关于分数和普通四则运算的说明。这表明,这是一份官厅会计记录。当时,他们的数学已经达到初等代数水平,相当于今天小学三年级的文化程度。

公元前 2062 年

夏代开国皇帝禹在今浙江省绍兴市会见各路诸侯,考核他们的治水功绩和缴纳贡赋情况,史称"会稽"。

公元前 1700 年至公元前 1100 年

中国最早记载会计事项的文字出现在商代的甲骨书契(甲骨文)上。

公元前 1450 年至公元前 1200 年

当时古希腊迈锡尼时代的流水账虽然是记录在泥板上的,记录却相当规则。当时的"银行"账簿设置更为完善,并且已经有了借方科目和贷方科目的列示,这说明当时的希腊会计同样处于世界上最领先的水平。

公元前 11 世纪

在今山东省济南市龙山街道出土的黑陶片上留下了一段"齐人网获六鱼一小龟"的刻画符号。这是中国史前保留下来的最完整的一项考古实证记录,世界范围内绝无仅有;这也说明那时候的会计记录已经进入中国最早出现的书契形态,比结绳记事前进了一大步。

砖书上记载的一家"埃古贝尔兄弟商店"已经具有较高的记账水平,其账簿记录十分复杂。而在新巴比伦王国时期的尼普尔城,一家名叫"穆拉苏兄弟商店"的经营范围更大，除了贸易业务延伸到批发领域，还经营着矿业和房产，所以它的账簿记录和财产清单更为复杂；并且记账人员还不止一人，是由多人分工合作来完成的。

公元前 9 世纪

西周中后期，"会""计"两字已开始连用，明确表达是日常零星核算、年末总合核算的会计本意。最早的会计机构也出现了，朝廷设"司会"之职主管会计，为计官之长。当时的著作中已出现最早含有经济核算含义的"會計"或"計會"一词及其解释，体现了中国古代会计理论的发端，是中国在会计发展史上的一大贡献。

公元前 7 世纪

古希腊城邦政府统一铸造货币，并在全国统一使用，从此带动古希腊会计出现全新面貌，彻底解决了过去会计无法加总核算的苦恼。

公元前 554 年至公元前 538 年

古巴比伦的"支付命令书"上签发人姓名、支付人姓名等项目一应俱全，说明当时的会计原始凭证比之前的经济契约更进了一步。

公元前 532 年

19 岁的孔子在鲁国大贵族季孙氏家里当"委吏"（相当于今天的粮库保管员），这是他婚后谋得的第一份工作。他称自己"会计当而已矣"，意思是说，他做这份会计（仓库保管员）工作时算是认真负责的了，"出入的账目（都很）清楚"。

公元前 509 年

伊朗库德—欧—舒姆·埃兰地区的簿记组织每个月都要编制会计报告，每两个月向中央报告一次，并且要附加编制说明；到了年底则要上报会计年报，年报说明要涵盖这一年中发生的所有收支，要求更具体。在上报的报告中，资产负债表必须经过三位审计师从不同角度审查后盖章认可，并以波斯语和埃兰语注明这些审计师的职务。而实际上，这项制度最早从公元前3200年的萨珊帝国时期就开始了，凡是王国资源授权给其他人使用的，都要通过审计来确保责任的履行，并且是由国王直接指定审计师。

公元前 500 年左右

古波斯帝国首都波斯波利斯已经在泥制碑牌上明确记载各类存货了，而且手续完备、条理清晰。当时的存货管理人直接代表国王。

古罗马人开始发明罗马数字。

公元前 5 世纪

当时古希腊雅典城邦的民主制度已非常先进，会计监督是其中一个重要方面。所有公民政治上完全平等，没有国王，官吏全都由抽签选举产生，并轮流执政，任期一年。当时它的国家审计颇有特色，并且是世界上最先进的，大小官吏一旦被发现有徇私舞弊行为就要受到严厉制裁。当时民间最兴盛的业务是高利贷性质的货币买卖，从而也带动起了土地抵押、房产抵押、船舶抵押业务的开展。名目繁多的转账、计息和费用清算，培养起了世界上最早的一批旧式金融行业的"会计师"，奠定了日后地中海国家会计师职业发展的历史基础。

公元前 407 年

古希腊密纳瓦·彼利埃斯神殿建筑的"计算书"由于已经采用货币作为计量单位，所以成为一份非常健全的会计报告，而不再像以前那样因为不能进行加总计算，仅仅只能进行啰里啰唆的文字叙述。雅典人把这种计算书刻在石头上向公众公布，开创了世界上财务公开的先河。

公元前 300 年左右

古罗马共和制时代民间签订借贷合同已非常流行,官厅会计中备忘录、日记账和总账三者设置已比较完备,并且转记关系也有相对明确的规定;而这一时期的民间账簿设置更为先进,如放高利贷者除了这三者之外还有往来账、现金日记账,每个客户一张账页,分成借贷两方,并可作为呈堂证供。

在今河南省新郑市郑韩故地,与这同一时期的刻符记事内容已相对完整,叙事很清楚,并且已经从原来的原始凭证发展到账簿形式。

公元前 256 年

古埃及成为古希腊的一个行省,古埃及的责任户籍制度和纸草簿记由此顺利进入古希腊,并在古希腊普及开来,使其会计方法有了一个巨大的飞跃。一位名叫芝诺的行政长官,还连贯地编制出了月报、年报、三年报,这为后来复式记账的产生创造了基本条件。

公元前 221 年至公元前 207 年

以"入""出"为记录符号、以"入－出＝余"为基本计算公式的简明定式会计记账法诞生,简称"入出记账法"或"收付记账法",也即"三柱结算法"。

公元前 63 年至公元 68 年

古罗马帝政时期的官厅会计中长期保存着大量的"借贷合同",并且用它追讨旧债。这表明经济契约从经济凭据向会计原始凭据转变。

25 年至 220 年

最早记述具有中国特色的 14 种算法的古算书《数术记遗》面世。这 14 种算法,除了"心算"无需算具,其他 13 种均有计算工具,分别是积算

(筹算)、太乙算、两仪算、三才算、五行算、八卦算、九宫算、运筹算、了知算、成数算、把头算、龟算和珠算。但流传至今的只有一种,那就是珠算,这也是"珠算"一词最早的出处。

最迟在东汉时期,中国就已经出现了木刻账簿。湖南省益阳市兔子山遗址考古挖掘证实,纸张出现几百年之前就出现了三联账简,而且数量众多,这也是中国发现最早的多联式会计凭证和账簿。

3 世纪

古罗马帝国已经出现履行会计警察职能的官员"财务官",主要负责调查谋杀案件。这可能与当时谋杀案中毁灭会计原始凭证的情况频发有关。

534 年

欧洲历史上第一部系统完备的奴隶制法典《罗马民法汇编》完成。因为其中完整地保存了包括古罗马会计内容在内的罗马法,从而使得古罗马会计在西欧古典文化遭到破坏的情况下,与罗马法一起流传至后世。古罗马会计对后来的意大利式簿记起到一定的促进作用。

536 年

536 年(西魏大统二年)左右,苏绰改革户籍与记账法则,受到北周太祖宇文泰的器重,并把掌握这一法则作为官员提拔的必备条件。苏绰从公元前 41 世纪的朱墨两色花纹中得到启发,在中国最早创立了"朱出墨入记账法",规定以朱记出、以墨记入。该记账法沿袭至今,并由此衍生出一种被称为"红头文件"的文案程式——朝廷发出的文书用朱标、下级呈报的文书用墨标。至今,"红头文件"已经沿用了近 1 500 年。

649 年

中国的收付记账法最早传入外国(日本)。

736 年

唐代《长行旨条》5 卷中,已经纳入所有财政收支项目的具体标准,这是中国历史上第一次推行全面财政预算制度,也是中式会计史上最早的全国统一会计科目,在世界会计史上具有一定的重要地位。

760 年

一位印度旅行家把印度天文学著作《西德罕塔》献给阿拉伯帝国国王曼苏尔。曼苏尔叫人把它翻译成阿拉伯语,就这样,书中印度数字和计算方法被介绍到了阿拉伯国家,这是后来被称为阿拉伯数字的萌芽。

780 年

唐代宰相杨炎提出了与西周以后"量入为出"财政原则相对立的"量出制入",以及在随后推行的具有划时代意义的"两税法"中进一步简化收入项目,大大简化了簿记核算和报告。

当年(唐德宗建中元年),由于改"租庸调法"为"两税法"、改实物地租为货币地租,并且当时所用货币是历史上最稳定的一种铜币(开元通宝钱),所以,彻底改变了过去实物计量与货币计量并重的局面,用货币作为会计计量单位得到前所未有的推广。

807 年

当年(唐元和二年)12 月,中国最早的财计专著《元和国计簿》面世,共 10 卷,作者为宰相李吉甫。

876 年

在印度出土的瓜廖尔石碑上出现了明确无误的"0",这可是数学史上的伟大发明。由此证明,10 个阿拉伯数字最终完成的时间大约就在这时候。

994 年

当年(宋淳化五年)"四柱清册"最早给予收付记账法以比较完善的解释,从此奠定了"中式会计"的基本原理。

10 世纪末

宋太宗规定,凡是州官到任都必须亲自检阅分管账簿,盘查清点官物;并且,官库中已经用上那种用于秘密核对的"牙钱",说明当时的财物盘点制度比过去更先进了。

1007 年

当年(宋景德四年)中国历史上最早的、比较完备的会计著作《景德会计录》面世,共 6 卷,作者为权三司使丁谓。

1074 年

当年(宋神宗熙宁七年)中国第一次设置"会计司"机构。

1080 年

当年(元丰三年)宋代军队系统马步军专勾司改制为"诸军专勾司",行政系统专勾司改制为"诸司专勾司",统归单独的内部审计机构"诸军诸司专勾司"管辖。

1127 年

当年(建炎元年)各类专勾司改称"审计司"(也称"审计院"),这是中国历史上第一次用"审计"来命名审计组织机构。

1171 年

世界上第一家中央银行威尼斯共和国"威尼斯银行"建立。这是一家私有中央银行,却是地地道道的"欧洲央行",因为它牢牢掌握着欧洲的金币供给,在几百年间通过蓄意制造流动紧缩性金融危机,来提高威尼斯银行家对欧洲各国政治、军事、经济、金融的影响力。

1202 年

意大利数学家斐波那契出版《计算之书》一书,系统地把阿拉伯数字引入古罗马,进而影响了整个欧洲;再加上当时十进制位值法的运用,彻底打破了长期以来西式会计停滞不前的局面,并且对后来意大利式簿记法的全面形成有不可忽视的促进作用。

1211 年

意大利佛罗伦萨的银行账簿记录中,已经流行按照债主姓名设立账户了。每个账户分成上下两块记账的地方:上方称"no avere",意思是"你应给我",简称"(你)应给";下方称"di avere",意思为"我应给你",简称"(你)应得"。久而久之,前者就被称为"借",意思是"你借我的";后者被称为"贷",意思是"我该还你的"。但当时还是单式记账。

13 世纪

南宋重臣王应麟撰写的《玉海》是中国第一部研究会计史的著作。这部规模宏大的类书分天文、地理、官制、食货等 21 门,共 204 卷。王应麟多次遭罢官,后回乡专心著述 20 年,其影响最大的是蒙学著作《三字经》。

1340 年

当年意大利热那亚市政厅的总账账簿保留至今,是目前公认的世界上最早的一本保留比较完整的复式账簿。它的特点是左记"借"、右记"贷",已经能够从中看到今天借贷记账法的雏形了。

第8章
年谱简编：一路看尽五千年

1350 年

意大利羊毛制品生产企业德尔·贝内拥有两套账簿，分别反映对外交易活动和内部生产成本数据，该成本账簿被认为是成本会计的起源。

1367 年

孔克齐（又称孔齐）出版《至正直记》（又名《静斋至正直记》）一书，内容包罗万象，流传极广。该书共4卷，其中第3卷《出纳财货》详细记录了今江苏省溧阳市一带的会计核算方法、会计记录工具（账簿）以及对会计工作的认识，成为研究元代民间会计的重要文献之一。

1385 年

朱元璋下令杀掉贪官污吏1万多人后，整肃计量器具，在武则天创造的那套会计体数字基础上，要求以后一律把记载钱粮数字的汉字"一、二、三、四、五、六、七、八、九、十、百、千"改为"壹、贰、叁、肆、伍、陆、柒、捌、玖、拾、佰、仟"，会计体数字最终形成。

1430 年

意大利威尼斯"安德烈亚·巴尔巴里戈父子商店"的簿记水平达到当时的巅峰状态。尤其是通过年终转账结平旧年账户时"余额账户"的设置，在借贷平衡关系中起到十分重要的作用；并且，这种"平衡试算"所采用的"借贷试算表"正是今天资产负债表的雏形，这在世界会计发展史上写下了重要的一笔。

1458 年

8月25日，意大利的内代托·科特鲁依完成《商业和精明的商人》一书，比帕乔利的《数学大全》早36年；只是因为印刷技术所限，才在115年之后的1573年出版面世。所以，该书是全球成书最早的会计著作。

1492 年

西班牙女王在三次拒绝了克里斯托弗·哥伦布去印度和中国探险的要求后,最终答应了资助他进行一次冒险出海行为;同时,专门给他配备了一名会计师同行,相当于女王派出的财务总监。

近代会计阶段

1494 年

11月10日,意大利文艺复兴时期的著名数学家、会计学家帕乔利在威尼斯出版了全世界第一本复式记账著作《数学大全》,这在会计发展史上具有里程碑作用,他也因此被称为"近代会计之父""近代会计的奠基人"。

1531 年

德国纽伦堡商人戈特利布出版《简明德国簿记》一书,总结了德国人从单式记账向复式记账的转变之路。书中介绍了把资产列为一方、负债和资本列为另一方,两者寻求平衡,创造了比较原始的"资产负债表",比《数学大全》通过翻译传入德国要早18年。

1534 年

威尼斯的数学和簿记教师多梅尼科·曼佐尼出版《威尼斯式总账和分录账》一书,与帕乔利的著作一起被誉为簿记学之典范。

1543 年

荷兰的简·英平·克里斯托弗尔出版了第一本新式簿记译著《新教程》,在翻译帕乔利和曼佐尼著作的同时,在世界上第一个明确提出了在总账内设置余额账户,并且对所有财产一律换算成统一货币单位计价。

1581 年

意大利创建了世界上第一所会计学校"威尼斯会计学院"(或称"威尼斯会计协会"),这也是全世界最早的会计师组织,进入门槛极高。

1593 年

程大位出版了以珠算应用为主要内容的算书《直指算法统宗》。全书分为 17 卷,共 595 个应用题;这些题目虽然来自其他算书,但在该书中都采用珠算来进行计算。并且,该书最早提出了开平方和开立方的珠算法。

1602 年

3 月 20 日,世界上第一家股份制企业荷兰东印度公司(全称"联合东印度公司")成立。

1605 年

荷兰数学家斯蒂文在继承和发展帕乔利的基础上,出版了《数学惯例法》(又译《传统数学》)一书,其中同样充分体现了产权簿记的思想。所以,这一两百年在会计发展史上被称为"帕乔利与斯蒂文时代"。并且,该书专辟第七章"古代簿记探测",较早地探讨了会计史学研究成果。

1640 年

山西人傅山创立了中国最早的复式记账法——龙门账。之后,清代的三脚账(跛形账)、四脚账(天地合账)均采用这一复式记账原理。

1673 年

法国国王路易十四颁布"商事王令",明确规定对账簿设置、记账方法、破产清理、财产目录编制的要求,带动欧洲各国随后纷纷建立相应商法,在会计史上具有深远影响。

1676 年

英国人乔治·沃森从国外学习簿记技术回到苏格兰一家著名企业担任"会计师兼出纳员",20年后跳槽到苏格兰银行担任同样职务,并且还兼做几家公司和商会的账。他因此被称为世界上第一位会计师。但因为他未能取得执业会计师资格,所以不能称为第一位民间审计师(注册会计师)。

1687 年

法国大臣科尔伯特根据会计学家伊尔桑关于"法庭条例与簿记之关系"的论据确立了《簿记法》,对后世的会计立法具有重大意义。

1689 年

英国颁布《权利法案》,明确维护与保障业主的财产权益,并且创造性地将"权利法案"在宪法中置于特别突出的地位。

1690 年左右

用"Dr"表示"借方"、用"Cr"表示"贷方"的借贷记账法,在西方国家得到统一并推广。

1718 年

布朗·蒂姆斯在美国波士顿的报刊上刊登关于公共会计实务的广告,被会计界认为是美国最早从事会计师事务的公共会计师。

1720 年

伦敦会计专家查尔斯·斯内尔受聘审查南海公司泡沫事件中的会计记录,从而成为世界上第一位受聘对股份公司会计记录进行审查的会计师/审计师。他编制的审计报告书被认为是世界上最早由会计师呈送的审计报告,他也由此成为民间审计职业的先驱,揭开了民间审计走向现代的序幕。同时,这也意味着出现了从"簿记"向"会计"转变的萌芽,英语单词中除了"簿记"之外已开始有"会计"了。

1722 年

4月5日,俄罗斯颁布《海军部与造船厂行政委员会条例》,其中第一次提到"会计师""借"和"贷"等名词,对俄罗斯帝国(1547—1917年)的会计与簿记制度尤其是物资仓库沿用的国家层面的会计方法产生了深刻影响,被称为俄罗斯会计发展史上的重要里程碑。

1736 年

约翰·梅尔出版了《意大利式商业会计》一书,之后连续刊行14版,影响长达50年之久。

1742 年

意大利米兰推出了全世界最早的会计师收费章程。

1785 年

英国专门设立审计委员会来审计国库预付金,后来又于1797年扩大到审计土地税。只不过,这种审计委员会仍然属于财务行政部门,审计报告也无须呈送国会,有点相当于今天的内部审计职能。

1786 年

当年(乾隆五十一年)开记的"富公会收支银钱总账"一直记录到新中国成立以后,是中国会计博物馆镇馆之宝。

1789 年

早年当过簿记员的乔治·华盛顿当选为美国第一任总统（同时也成为全世界第一位称为"总统"的国家元首）之后，他的私人图书室里依然有许多会计书籍。美国建国之初的几位总统也都具备会计专业知识，如亚伯拉罕·林肯等，总统们的这种经历对美国会计事业的发展具有重大影响。

1796 年

英国著名会计学家爱德华·托马斯·琼斯（1767—1833）出版《琼斯的英式簿记》一书，从此把英国会计引上独立发展轨道，他也成为英式簿记创始人。

1830 年

美国被誉为"现代会计教科书之父"的托马斯·琼斯在纽约的一次演讲中，第一次提出了财产及所有权两大关键要素的学说"资产＝产权"（后演变为"资产＝业主权益"），弥补了帕乔利以来复式记账理论的一些缺陷。

1845 年

英国在修订《公司法》时，明确了会计师的地位及其社会责任。

1846 年

俄罗斯杰出会计师伊瑞斯特·穆德罗夫出版著作，首次将所有账户划分为与财产相关的账户、与人员相关的账户、辅助型账户三大类，建立了"资产＝应收账款＋资本"的平衡等式。

第 8 章
年谱简编:一路看尽五千年

1853 年

英国出现了世界上第一个会计师团体——爱丁堡会计师公会,被誉为是继复式记账后会计发展史上的又一里程碑。

1854 年

10 月,经英国国会批准,由英国女王向爱丁堡会计师公会颁发了第一份特许状。从此,特许会计师及其职业在社会上获得独立地位,他们的工作受到法律保护,他们所做的审计结论具有公正性及权威性。

1861 年

德国颁布的旧德意志《商法》第 31 条中关于对资产负债表财产和债权的应付价值估价的规定,催生了德国的"资产负债表论"。

1872 年

10 月,李鸿章建立的中国第一家股份制企业"轮船招商局"(简称"招商局")发行了中国历史上第一只股票。不过,它依然采用的是独具中国特色的龙门账和四脚账为代表的会计报告制度。

1880 年

英国英格兰和威尔士地区的 5 个会计师协会在政府特许下,联合成立了世界上最大的会计师团体"英格兰和威尔士特许会计师协会",其章程成为各国会计师制度的范本,有人由此认定英国是会计师发源地,同时这也标志着审计师地位和审计职业的正式确立。

1882 年

英国实行特许会计师考试制度,审计是主要考试科目之一。

1887 年

德国开始实行"账目检查人"宣誓任命仪式,从此,德国会计专家分为"宣誓会计师"和非宣誓的"财务专家"。前者有点像今天的注册会计师,其检查结果可以作为法律依据。

1888 年

英国伦敦市中心黄金地段的摩尔盖特大街上开建"特许会计师大厦"(1893 年完工交付使用),使用面积 1 812 平方米,成为一幢标志性建筑。该大厦 1926 年及 1965 年两次扩建,从而成为英国会计职业发展历史的最好见证。

1895 年

清代驻日公使王遵宪在他刊行的《日本国志》一书中最早介绍了西方国家的预算制度。从此,起源于英国的"预算"一词通过日本传入中国。

1896 年

8 月 15 日,德国在颁布的《民法典》中,在世界上第一次明确了法人的概念和法人制度,分别从债权人和债务人的角度对债权作出了规定。

德国宣誓会计师的第一个组织"德国会计师协会"宣告成立。

当年(光绪二十二年)刑部主事李希圣出版的《光绪会计录》中,虽然收支项目依然采用四柱式,但决算报告编制方法和格式已经采用西方决算报告表的那一套,这是一项重大改良。

1897 年

英国伦敦创刊《会计》杂志,这也是世界上第一份专业会计刊物。

美国财务学者托马斯·格林出版《公司财务》一书,详细阐述了公司资本的筹集问题,被认为是最早的财务著作之一。

第 8 章
年谱简编：一路看尽五千年

1903 年

当年英国会计学家劳迪斯·迪克西出版的《高等会计学》、乔治·利司尔出版的《会计学全书》以及 1908 年弗朗西斯·威廉·皮克斯利出版的《会计学》，被称为英国会计三大名著，共同奠定了西式近代会计学的基础。

1904 年

美国圣路易斯举行世界上第一次国际会计师大会。从此，每隔数年该会议在不同国家举行，会计和审计开始国际化以及国际合作。

1905 年

由清末职业外交官蔡锡勇所著的中国第一部会计著作《连环账谱》一书，死后由其子蔡璋赴日本考察并全面校订后，在湖北官书局出版。这是中国介绍借贷复式记账的第一部著作，虽然没有得到应有重视（因为当时谁都不知道借贷记账法对中国人有什么实用价值），但也终于结束了中国历史上所有会计方法只能依靠口传心授、各搞一套的做法。

1907 年

留日学者谢霖和孟森在东京出版《银行簿记学》一书，这是中国继《连环账谱》后出版的第二部会计著作。该书结合银行业务，将借贷记账法原原本本地引进中国，使中国人初次见识了西式簿记的真面目，并且第一次引进了"传票"（原始凭证）的概念，为后来明确把会计凭证分为原始凭证和记账凭证两大类起到铺垫作用。

1908 年

中国最早采用西式簿记法记账的大清银行成立，聘请日本人为顾问，采用现金收付分录法，这是借贷记账法在中国运用的开端。

1909 年

美国会计学泰斗哈特菲尔德出版《近代会计学》一书，之后多次再版，畅销 20 年，被认为奠定了美国会计学的规范和基础。

1911 年

美国弗雷德里克·温斯洛·泰罗在《会计》杂志上发表《科学管理的原则和方法》一文，随后又以专著出版，产生了较大的影响。他也因此被认为是"科学管理之父"。

1912 年

中华民国南京临时政府颁布《中华民国临时约法》，其中专门设立"会计"一章，要求国家的岁入岁出要以此为依据，并因此成立了"五部"之一的财政部，直接归总统领导。

1914 年

10 月 2 日，北洋政府颁布了中国历史上第一部《会计法》和第一部《审计法》。因为当年是民国三年，所以史称"民三会计法""民三审计法"。

1915 年

由上海银行主编的《中国银行会计通讯录》和上海沪宁铁路局主编的《铁路会计、统计年报》面世，这是中国最早创办的会计刊物。

1916 年

法国经济学家亨利·法约尔出版了《工业管理与一般管理》一书，十分明确地把公司财务与公司会计严格区分开来，这种并列具有开创性作用。

美国改组 1887 年成立的美国会计师公会为美国注册会计师协会，从而成为世界上最大的注册会计师专业团体。

1917 年

美国开始在全国举行注册会计师统一考试。

1918 年

9月7日,北洋政府农商部颁布中国第一部有关会计师制度的行政法规——《会计师暂行章程》,从而在中国第一次确认会计师职业。获得农商部颁发的第1号会计师证书的谢霖,当年在北京创办中国第一家会计师事务所——谢霖会计师事务所(1932年重组为正则会计事务所)。

1921 年

复旦大学商科在中国最早开设会计专业。

美国6月10日颁布实施、7月1日起生效的《预算与会计法案》是完善会计法制体系的第一部法律,重点从过去的会计核算与报告转向完善会计法制即核算与监督系统,为之后推动会计原则和标准的制定起到重要作用。

1922 年

俄罗斯内战结束。列宁意识到恢复经济没有恰当的会计核算不行,所以新政权彻底摧毁了旧的会计活动,很大程度上扭转了过去账目管理混乱、登录时间滞后、账户缺乏关联、毫无准确性和透明度的局面。

美国会计学者威廉·安德鲁·佩顿出版的《会计理论》一书,被认为是集会计理论之大成。

美国会计学者H. W. 奎因坦斯在他的第一本管理学著作《管理会计:财务管理入门》中,第一次明确提出了"管理会计"的概念,标志着管理会计这门学科的萌芽。

1923 年

5月3日,北洋政府农商部颁布修订后的《会计师暂行章程》。

1925 年

3月15日,上海会计学界成立了中国第一个会计师职业团体"中华民国会计师公会"(后改为"上海会计师公会"),初始会员23人。

8月14日,国民政府重新颁布《会计法》。

1926 年

留美博士杨汝梅(杨予戒)的英文汉译本《无形资产论》列入"立信会计丛书"出版,无形资产的会计理论和方法从此在中国开始传播。

1927 年

1月,"中国现代会计之父"潘序伦在上海创办"潘序伦会计师事务所"(1928年改名为"立信会计师事务所")。

8月22日,国民政府财政部颁布《会计师注册章程》。

1928 年

春,潘序伦在上海创建中国第一所会计学校"簿记训练班",第二期起改为"立信会计补习学校"(1930年8月增设函授学校,1935年5月增设晨校,1937年春成立立信会计专科学校并在各地设立分校)。

1929 年

3月25日,国民政府工商部颁布《会计师章程》。

1930 年

1月25日,国民政府立法院颁布《会计师条例》。

6月,中国第一位女会计师张蕙生取得会计师执照。张蕙生(1894—1982)曾获美国加利福尼亚大学商学学士学位,为潘序伦夫人。

现代会计阶段

20世纪30年代

正式从近代会计进入现代会计阶段,簿记正式向会计转变。换句话说,19世纪之前的会计始终没有突破"簿记"范畴,直到这时候才出现真正的"会计"。两者的区别在于:簿记侧重于记账技术和方法,缺乏完整的理论体系,局限于应用技术;会计则把记账技术和方法、经营管理实践、经济理论有机结合在一起,拥有自己的理论体系,属于应用科学。

1932年

7月,国民政府主计处会计局颁布《中央各机关及所属统一会计制度》,比较系统地确定了政府会计工作的技术和方法性规范。

12月16日,瑞金中央苏区临时中央政府人民委员会颁布《中央财政人民委员部训令(第12号)——统一会计制度》,开创性地在革命根据地和解放区实行统一会计制度,制度创新度超过国民政府颁布的仅适用于政府部门的《中央各机关及所属统一会计制度》。

1933年

4月,国民政府进行币制改革,明确要求所有收付事项一律使用"银元"(单位"元"),废止"银",史称"废两改元"。从此,会计计量单位完全统一为货币计量。

美国会计学家A. C. 利特尔顿出版《1900年以前的会计发展》一书,对过去的会计发展史进行系统研究,成为会计史学发展史上的标志性成果,由此也奠定了会计史学学科基础。

1934 年

美国纽约证券交易所和会计师协会共同认可第一批会计准则,共6项内容。

20世纪三四十年代开始,伴随着会计准则的研究、发布、执行和应用,开始出现专业化名词"财务会计报表",简称"财务会计";而在此之前,只有"财务报表"(简称"财务")之类的说法。两者关系的正确表述是:从工作层次看,财务是企业经营管理的首要和关键,会计是企业财务活动的基础;从组织关系看,财务和会计组织视公司规模而定,可合可分;从内在机制看,财务犹如人体之血液,会计犹如人体之血管。

1935 年

5月4日,国民政府实业部颁布《会计师条例》。

8月14日,国民政府在废止"民三会计法"的基础上公布了《国民政府会计法》,1936年7月1日起施行,专门用于规范预算单位即政府机关的会计行为。

1936 年

第7卷第2期《会计杂志》上发表的张心澄《吾国会计史第一页之研究》,是中国最早研究会计史的论文之一。

1937 年

德国政府以法令形式发布西方国家第一套会计科目表(称为"高林方案"),适用于所有私营企业。

美国证券交易委员会(SEC)颁布与上市公司信息披露有关的法规《会计系列公告》(ASR),并且在 ASR No. 4 中将制定会计准则的权力赋予会计职业界,SEC保留监督权与最终否决权。

1938 年

7月，国民政府主计处将《中央各机关及所属统一会计制度》修订后以《中央各机关及所属普通公务单位会计制度之一致规定》颁布施行，这是中国第一次统一会计制度。

龚懋德在上海创办中国第一家设计簿据的企业"公信账簿印刷厂"，分工业和商业两类印制全套西式账册，现金账、分类账等西方会计簿据一应俱全，从此中式账簿逐渐被挤出市场，被誉为中国会计史上的一次革命。

1940 年

《会计丛报》对究竟该用"帐"还是"账"字做了一系列的探讨。

1941 年

9月，中共中央设立"中央书记处特别会计科"，统一管理地下党活动经费、援外经费及中央会议所需一切经费，包括党员企业所赚利润、各中央局上缴的黄金、打仗所获战利品、党费、捐款等。

1945 年

6月30日，国民政府颁布《会计师法》。

1947 年

梁润身在《公信会计月刊》第11卷第2期上发表《以增减记账法代替借贷分录法之商榷》一文，同卷第3期上更是一连刊出三位作者的3篇讨论文章，不过随后就被打入"冷宫"。

9月，法国颁布《统一会计方案》。

1948 年

1月7日,国民政府颁布《商业会计法》,适用于以营利为目的的商业单位即企业的会计行为。从此,国民政府确立了将政府会计和企业会计分别进行立法的模式,该模式目前在中国台湾地区仍在实行。

1949 年

10月1日,中华人民共和国(简称"新中国")成立。

12月12日,中央人民政府在中央财政部设立新中国成立之后的第一个国家最高会计管理机构——会计制度处(1950年9月改为会计制度司)。

1950 年

1月和3月,上海《大公报》两次发表章乃器撰写的关于会计原理记账的论文,主张统一依据货币收付关系记账。随后,1951年至1979年间中国一共冒出10多种收付记账法,区别主要在于记账主体不同。其中,影响最大的分别是现金收付记账法、财产收付记账法和资金收付记账法。

3月3日,政务院颁布了新中国在会计核算制度方面的第一部行政规章——《中央金库条例》。

3月9日,中央财政经济委员会发布《关于草拟统一的会计制度的训令》;4月25日,中央财政部根据训令要求成立会计制度审议委员会。一个月后,中央重工业部首先拟定《中央重工业部所属企业及经济结构统一会计制度》,这也是新中国第一部会计制度。随后,中央贸易部、中国人民银行、中央财政部等分别制定了各自第一部会计制度。6月,中央轻工业部、纺织工业部、燃料工业部等13个部门完成所属企业会计制度的草拟,标志着苏联统一会计制度在中国的成型。

12月12日,中央财政部发布适用于各级财政机关的《各级人民政府暂行总预算会计制度》和适用于各级各类行政事业单位的《各级人民政府暂行单位预算会计制度》，初步确立了"统一领导、分级管理"的预算会计管理体制。

当年，政务院制定《财政收支预算决算暂行条例》（1951年7月20日颁布《预算决算暂行条例》），这是新中国第一部全国统一的预算管理法规。

1951 年

1月，新中国第一份全国性会计月刊《新会计》创刊，杨纪琬任主编。

6月1日，政务院财政经济委员会发布《关于国营企业清理财产核定资金的决定》，在全国范围内第一次开展国营企业的清产核资登记。

10月24日，政务院财政经济委员会颁布《核定会计师管理规则》，规定经核准的会计师可以会计师名义在当地执行业务，或联合组成会计师事务所执行业务，执行业务时由个人署名负责；但因为私营工商业社会主义改造的完成，这一制度名存实亡。

11月1日，中央财政部召开新中国成立后的第一次全国企业财务管理和会计会议。

1952 年

1月26日，政务院财政经济委员会发布《国营企业决算报告编送暂行办法》（在此基础上，1955年1月31日发布《国营企业决算报告编送办法》），初步形成中国企业会计管理体制雏形。

第4期《工业会计》杂志上发表在中国人民大学援教的苏联专家马卡洛夫教授的《论会计核算的阶级性》一文，该文称为"新中国会计界划时代的重要文献"，因为它第一次在中国引入了"会计阶级性"的观点。

世界会计师联合会上正式通过"管理会计"这个专业术语，原来的"财务会计"分为两大领域，分别为新的"财务会计"和"管理会计"。

美国颁布《统一商法典》取代原来单行的统一法，从而成为20世纪英美法系中最伟大的一部成文法，也是当今世界上极具影响力的法典之一。

1954 年

10月，美国通用电气公司在计算机上计算职工工资，这是计算机在美国会计领域的最早应用。

1955 年

以学习苏联"标准账户计划"为起点，中国继续统一企业会计制度，生搬硬套产生了诸多不良影响，但1956年1月开始实行的《国营工业企业基本业务标准账户计划》（30类）、《国营工业企业基本业务统一会计报表》（14种），适应了当时对计划经济管理的要求。

1956 年

北京大学教授闵庆全在《社会主义会计核算的对象与方法》一文中，第一次把社会主义会计核算的对象表述为"社会主义扩大再生产过程中资金的运动"。后经葛家澍、易庭源等进一步研究充实，该观点在中国会计学界占有重要地位。

1958 年

3月16日，毛泽东在河南省洛阳市的《第一拖拉机厂跃进规划》报告上批示："拖拉机型号、名称不可用洋字……其成本一定要尽可能降低。"

1964 年

9月，中国首创的增减复式记账法问世并在全国推广试点，主要设计者是国家商业部财会局会计制度处张以宽。他在总结前人的基础上，通俗易懂地把全部账户固定划分为"资金来源账户"和"资金占用账户"，用"增""减"作为记账符号来表示资产、负债、所有者权益、收入、费用的增减变动。1993年7月1日被借贷记账法所完全覆盖。

1965 年

沙特阿拉伯颁布《1965 年公司法》,第一次强制要求公司发布正式财务报表。在此之前,虽然它是中东和北非最大的经济体,可是经济活动主要由个人负责,如果有会计记录的话也是极少量的基础性会计,包括主流贸易企业在内都认为会计没必要,法律上对此也无任何要求。

1966 年

中国通过搞"阶级斗争"来"废除会计制度",当时提出的口号是"要算政治账,不要算经济账""三年不算账,钱也跑不到外国去"。

1968 年

美国会计学家戴维·F. 林诺维斯在《会计》杂志第 11 期上发表《社会经济会计》一文,第一次提出了"社会责任会计"的概念。从此,会计对象不仅仅局限于经济价值,还扩大到非价值因素的人力资源、社会环境资源等方面。

20 世纪 70 年代

西方国家初步建立起了全面的计算机管理系统,这是现代会计史上的一个重要里程碑。

1973 年

美国、英国、法国等 9 个国家最早发起成立国际会计标准委员会。

1977 年

10 月 14 日,78 个国家和地区的 106 个会计专业团体在德国慕尼黑联合成立"国际会计师联合会"(简称 IFAC),宗旨是"以统一的标准发展和提高全球会计专业水平,促进国际间的会计服务协调"。中国注册会计师协会于 1997 年 5 月 8 日正式成为其成员。

1978 年

9 月 12 日,国务院颁布《会计人员职权条例》,第一次规定了总会计师制度和会计人员技术职称制度;全国开始恢复会计制度。

当年第 4 期《中国经济问题》上发表葛家澍的《必须替借贷记账法恢复名誉》一文,标志着在会计界打响拨乱反正的第一枪。文章认为记账方法没有阶级性,借贷记账法只有一个缺点,那就是难学难懂。

1979 年

1 月 20 日,《财务与会计》杂志创刊。

11 月 5 日,中国珠算协会成立。

12 月 26 日至 1980 年 1 月 6 日,中国会计学会举行成立大会,会长王丙乾,名誉会长段云,顾问赵全熔、潘序伦。会上,第一次提出了"会计管理"的概念,同时决定创办新中国第一本会计理论研究刊物——《会计研究》。

1980 年

3 月 31 日,《会计研究》创刊号发行。这是中国会计学会创办的刊物,主要刊登有关财务会计的理论性文章。

12 月 23 日,国家财政部颁布《关于成立会计顾问处的暂行规定》。

1981 年

1 月 1 日,经上海市财政局批准,潘序伦创建了新中国第一家会计师事务所——上海公证会计师事务所,拥有注册会计师 8 人,都是新中国成立前曾在会计师事务所执业的退休老会计师;后从财政局举办的注册会计师培训班中遴选 10 名职龄内人员进所,成为建所初期的基本力量。1983 年 1 月 1 日更名为上海会计师事务所,1998 年 12 月改制更名为上海上会会计师事务所。

8月10日至19日，中国会计学会、国家财政部、机械工业部在长春召开"财务、会计、成本应用电子计算专题讨论会"，正式提出"会计电算化"的概念。

11月3日，国务院批准了第一批博士、硕士学位研究生授予单位。第一批会计学专业博士学位研究生授予单位是上海财经学院（今上海财经大学）和厦门大学。

1982 年

11月，郭道扬编撰的中国第一部会计史稿《中国会计史稿》在中国财政经济出版社出版，全书分上、中、下三册。

美国会计学会会长、美籍日裔会计学家井尻雄士出版《三式簿记和收益动量》一书，最早提出三式记账法，奠定了他在会计理论界的学术地位。

1983 年

10月，中国成本研究会组织专家编写的中国第一部成本管理方面的专著《成本管理手册》在中国社会科学出版社出版。

1984 年

3月5日，国务院颁布《国营企业成本管理条例》，这是中国第一部全国统一的成本管理制度。

4月24日，国家财政部颁布《会计人员工作规则》。

6月1日，国家财政部、档案局联合颁布《会计档案管理办法》（1998年8月21日修订）。

1985 年

1月21日，全国人大审议通过《会计法》（1993年12月29日、1999年10月31日、2017年11月4日修正或修订）。

4月26日,国务院颁布《国营企业固定资产折旧试行条例》,这是中国第一部全国统一的折旧管理制度。

7月1日,施行《中外合资经营企业会计制度》,从此打破了计划经济体制下统一会计制度的基本格局。

8月29日,国务院颁布《关于审计工作的暂行规定》。

1986 年

7月3日,国务院颁布《注册会计师条例》。

林志军在厦门大学获得中国第一个会计学博士学位,师从葛家澍。

1987 年

10月11日至15日,国际会计师联合会在日本东京召开第13届世界会计师大会,中心议题是"计算机在会计中的应用",第一次明确了以计算机会计信息系统作为会计核心要素,标志着正式进入会计电算化时代。

1988 年

11月15日,中国第一个注册会计师协会——中国注册会计师协会——在北京成立,会长杨纪琬,副会长顾树桢,名誉会长谢明,顾问李文杰、娄尔行、顾福佑。

11月30日,国务院颁布《审计条例》。

12月26日,中国会计学会会计史研究组(1996年改为专业委员会)成立,标志着中国会计史学研究从分散、自发阶段,转向有组织、有计划、有步骤的研究阶段。组长李宝震,副组长余秉坚、郭道扬。

1989 年

4月20日至1990年4月14日,中国会计学会等联合举办世界上规模最大的"全国首届会计知识大赛",发放试卷400万份,回收260万份。

12月9日,国家财政部颁布《会计核算软件管理的几项规定(试行）》，开启了中国会计信息化时代。

曲晓辉在厦门大学获得会计学博士学位，从而成为中国第一位会计学女博士、第一位会计学女博士生导师，师从葛家澍。

李若山在厦门大学获得审计学博士学位，从而成为中国第一位审计学博士，师从葛家澍。

1990 年

10月，侯文铿主编的《会计辞海》在辽宁人民出版社出版（1995年4月第二版，2001年1月第三版），并入藏美国国会图书馆、英国大英图书馆等。

当年，我国开始培养会计史方向硕士研究生（1995年起开始培养博士研究生）。

1991 年

12月7日至8日，全国第一次注册会计师资格考试举行。

1992 年

3月21日，国家财政部、人事部联合颁布《会计专业技术资格考试暂行办法》及其实施办法（2009年9月8日修订，2003年1月30日废止）；11月29日，组织了中国第一次会计专业技术资格考试。

7月，经国家财政部批准，第一批中外合资会计师事务所安达信华强、毕马威华振、安永华明宣告成立。

9月，侯文铿主编的《审计辞海》在辽宁人民出版社出版。

11月16日、12月3日，国家财政部部长令第4号、第5号发布《企业财务通则》和《企业会计准则》，1993年7月1日起施行。

1993 年

10月31日，全国人大通过《注册会计师法》，1994年1月1日起施行

(2014年8月31日修正)。

1995年

1月1日,《审计法》施行(2006年2月28日、2021年10月23日修正)。

1月1日,《预算法》施行(2014年8月31日、2018年12月29日修正)。

12月,经国家财政部批准,东北财经大学在会计系基础上建立会计学院,这是中国第一家财经高等院校下属的会计学院。

1997年

1月1日,国家财政部发布的第一个具体会计准则——《关联方关系及其交易的披露》——率先在上市公司中施行。

1998年

4月至1999年12月,葛家澍、余绪缨、侯文铿、陈荣凯主编的《会计大典》10卷本(分别为《会计理论》《会计史》《财务会计》《成本会计》《管理会计》《非企业单位会计》《国际会计》《电算化会计》《理财学》《审计学》)在中国财政经济出版社陆续出版。2001年获第12届"中国国家图书奖"。

7月20日,北京国家会计学院(2002年前称国家会计学院)成立,与2000年9月5日成立的上海国家会计学院、2002年1月成立的厦门国家会计学院一起,合称"三大国家会计学院",共同构成我国高层次会计、审计人才的重要培养基地。

1999年

4月2日至4日,广东省深圳市财政局与深圳金蝶软件科技有限公司举办"新形势下会计软件市场管理研讨会暨会计信息化领域专家座谈会",正式提出了"会计信息化"的概念。

2000 年

9月,第一个国家级会计研究基地在上海财经大学会计学院"会计与财务研究院"建立;12月,第二个基地在厦门大学"会计发展研究中心"建成。

宏观会计阶段

2001 年

1月1日,国家财政部颁布的《企业会计制度》开始实施,从此实现了会计制度的真正统一。

1月1日,国务院颁布的《企业财务会计报告条例》开始实施,这是《会计法》对财务报告要求的具体化,也是中国社会主义市场经济时期最重要的会计行政法规。

12月19日,国家教育部、语言文字工作委员会发布《第一批异形词整理表》,明确规定"账""帐"两字分工如下:"账"字用于货币和货物出入的记载、债务等,如"账本、报账、借账、还账"等;而"帐"字则专门表示用布、纱、绸子等制成的遮蔽物,如"蚊帐、帐篷、青纱帐(比喻用法)"等。从此,在表示财物出入记载和债的义项时,就只能用"账"字而不能写作"帐"了。

李艳华在国际注册内部审计师(CIA)考试中以全球最高分的成绩荣获金奖,从而成为1974年开考以来获此殊荣的第一位中国人。

2002 年

7月,中国会计学会主持摘编的中国第一部会计理论文献《中国会计研究文献摘编(1979—1999)》在东北财经大学出版社出版,全套6册7本(会计基础理论卷、财务会计卷、财务管理卷、成本与管理会计卷、审计卷上下册、特殊业务会计与会计新领域卷）。

2003 年

注册会计师行业行政管理体制基本理顺，并依法履行行政管理职能。证券期货审计业务签字注册会计师从次年1月1日起实行定期轮换制度，连续为某一机构提供审计服务的期限不得超过5年。

中国香港的黄敬安出任世界上规模最大、发展最快的国际性专业会计师组织特许公认会计师公会（ACCA）全球会长，这是该组织1904年成立之后的第一位非欧洲籍会长，也是第一位担任全球性专业会计团体会长的中国人。

2004 年

2月25日，国家财政部发布中国资产评估协会制定的《资产评估准则——基本准则》和《资产评估职业道德准则——基本准则》，标志着资产评估准则体系的初步建立。

全国证券公司全面推行《金融企业会计制度——证券公司会计科目和会计报表》，同时废止《证券公司会计制度——会计科目和会计报表》，标志着中国金融企业会计制度体系的逐步健全和规范。

允许符合条件的香港居民参加内地的各类专业技术人员资格考试，注册会计师考试部分科目互相免考。

2005 年

1月1日，会计核算软件数据接口在全国范围内实施。

2006 年

2月15日，国家财政部发布39项企业会计准则和48项注册会计师审计准则，标志着与国际准则趋同的准则体系正式建立。

2007 年

3月8日,取消金融类上市公司在法定证据之外聘请国际会计师事务所对一次发行量超过3亿股以上的公司进行补充审计的相关规定,简称"叫停特殊审计、双重审计"。

12月6日,内地与香港签署会计、审计准则等效联合声明。

2008 年

11月12日,中国会计信息化委员会暨XRBL(可扩展商业报告语言)中国地区组织成立,标志着从会计电算化向会计信息化的重大转型。

11月19日,欧盟决定允许中国证券发行者在进入欧洲市场时使用中国会计准则,这是国际资本市场第一次正式接受中国企业会计准则。

全国掀起会计师事务所合并潮。

2009 年

7月1日,上市公司施行《企业内部控制基本规范》。

国家财政部组织的"全国先进会计工作者"评选活动,第一次聚焦"全国十大企业总会计师(财务总监)"。

2010 年

4月1日,国家财政部颁布《中国企业会计准则与国际财务报告准则持续趋同路线图》。

9月21日,国家财政部第一次颁布《会计行业中长期人才发展规划(2010—2020)》,明确提出2020年会计人员资源总量要比原来增长40%。

2011 年

4月28日,中国(沈阳)会计博物馆在辽宁沈阳开馆。该馆由沈阳市财政局、《中国会计报》共建,展陈面积 500 平方米,共有各类展品、图片 3 000 多件。

10 月 18 日,国家财政部颁布《小企业会计准则》,同时废止 2004 年 4 月 27 日发布的《小企业会计制度》。

10 月 25 日,以郭道扬为首席专家的国家科学基金重大项目"中国会计通史系列问题研究"正式立项。

2012 年

4 月 22 日,欧盟正式宣布中国企业会计准则与欧盟所采用的国际财务报告准则等效;同时,中国宣布欧盟认可的国际财务报告准则与中国企业会计准则实现等效。

会计准则进行大规模修订。

确立 2020 年或稍晚一些时间从会计大国迈向会计强国的目标。

中美双方在加强审计监管跨境合作、增强互信上迈出重要一步。

2013 年

1 月 1 日,施行新的《行政单位财务规则》《事业单位会计准则》和《事业单位会计制度》。

11 月 23 日,中国会计博物馆在上海松江开馆。该馆由上海立信会计学院、立信会计师事务所、立信会计出版社共建,展陈面积 2 800 平方米,共有各类展品、图片 7 000 多件。

12 月 4 日,过去 1 800 年间一直作为会计记账工具的珠算方法被列为世界非物质文化遗产。

2014 年

1 月 1 日,施行《行政事业单位内部控制规范(试行)》。

1 月 6 日,国家财政部颁布《企业会计信息化工作规范》,这是 20 年前《会计电算化管理办法》之后第一次以"会计信息化"概念来规范企业相关工作。

2015 年

11月25日,中国工程咨询领域的第一家上市企业——北京永拓工程咨询股份有限公司——登陆全国中小企业股份转让系统(新三板市场),这也是中国注册会计师行业第一次登陆资本市场。

12月31日,中国持有有效证书的会计人员2 050万人,比2010年增加近1倍。共有会计师事务所8 374家,其中总所7 373家、分所1 001家。

美国科索委员会(COSO)邀请中国参与修订《风险管理——整合框架》,这是外方第一次主动邀请中国参与国际内控标准制定工作。

2016 年

1月1日,修订后的《财政总预算会计制度》开始施行,为下一步推进权责发生制政府综合财务报告制度改革提供基础性制度保障。

1月7日,中国注册会计师协会修订7项审计准则。

6月22日,国家财政部印发《管理会计基本指引》,总结提炼了管理会计的目标、原则、要素等内容,但不要求强制执行。

12月1日,中国发展了近30年的资产评估行业的第一部基本大法——《资产评估法》——正式施行。

2017 年

9月29日,《管理会计应用指引第100号——战略管理》等首批22项管理会计应用指引颁布,标志着中国特色管理会计体系已基本建成。

10月1日,修订后的《会计师事务所执业许可和监督管理办法》施行,执业门槛有所降低。

11月5日,修订后的《会计法》实施。会计从业资格证正式取消。

国际四大会计师事务所德勤、普华永道、安永、毕马威相继上线财务机器人及其解决方案,引起业内高度关注。

2018 年

7月20日,《国税地税征管体制改革方案》出台,明确省级及以下国税地税机构合并;基本养老保险费、基本医疗保险费、失业保险费等各项社会保险费改由税务部门统一征收。

8月10日,中国第一张区块链电子发票在广东省深圳市成功开出。

9月30日,中国注册会计师协会拥有执业会员106 020人、非执业会员141 548人,个人会员总数247 568人。

11月5日至8日,第20届"世界会计师大会"在澳大利亚悉尼召开。来自全球130个国家和地区会计界的5 700多名会计精英参加会议。该活动被誉为国际会计界的"奥林匹克",每四年举行一次。

11月13日,国家财政部颁布《代理记账行业协会管理办法》,以更好地适应"放管服"(简政放权、创新监管、优化服务)新形势。

2019 年

1月1日,《会计人员管理办法》正式施行。

1月1日,国家财政部颁布的《政府会计制度——行政事业单位会计科目和报表》全面施行,统一了行政单位、事业单位、医院、高等学校、国有建设单位的会计制度。

1月11日,国家人力资源和社会保障部、财政部出台《关于深化会计人员职称制度改革的指导意见》。

8月27日,中国总会计师协会发布《中国总会计师(CFO)能力框架》,为有效提升中国总会计师的履职能力提出了方向和路径。

2020 年

4月2日,在美国上市的中国企业瑞幸咖啡被迫承认2019年4月至12月间共虚构交易22.46亿元。2021年4月,美股投资者在上海起诉瑞幸咖啡,这也是首例中国概念股在中国境内被起诉。

4月3日,国家财政部、档案局联合发布《关于规范电子会计凭证报销入账归档的通知》,规定电子凭证与纸质会计凭证具有同等效力。

7月,清华大学宣布停止招收会计学专业本科生,安徽大学宣布撤销财务管理等12个本科专业。会计行业人工智能化趋势渐显。

年末,万科集团财务部门刚刚入职10个月的虚拟人"崔筱盼"荣获"总部优秀新人奖"引发热议。该智能财务机器人能够以人类百倍的效率在应收和逾期提醒、财务风险预测中大显身手。

2021 年

1月21日,电子普通发票和专用发票在全国推开。

7月22日,中国CFO发展中心主办的"2021第九届中国企业财务智能化转型高峰论坛"在北京举行。

11月12日,广东省广州市中级人民法院对中国首例证券集体诉讼案作出一审判决,责令康美药业因"史上最大财务造假案"赔偿证券投资者损失24.59亿元,5名独立董事合计赔偿3.69亿元,引发上市公司独立董事辞职潮。

2022 年

6月30日,国家财政部牵头建设的"注册会计师行业统一监管平台"上线。该平台涵盖"会计师事务所、注册会计师全生命周期"监管各环节,有助于实现相关事项"一口填报、一口办理、一口办结"。

8月,国家财政部会同相关部委先后发布或修订发布《高等学校财务制度》《农民专业合作社财务制度》《中小学校财务制度》《文化事业单位财务制度》《广播电视事业单位财务制度》《文物事业单位财务制度》《体育事业单位财务制度》《科学事业单位财务制度》。

11月30日,美国OpenAI(人工智能研究实验室)发布ChatGPT(自然语言处理器),受到市场热烈追捧。业内预计,会计行业未来将会因此出现深刻变革,并长期开启"人机协同共生"模式。

参考书目

1. 郭道扬:《会计大典(第二卷:会计史)》,北京:中国财政经济出版社1999年版。

2. [美]加里·J.普雷维茨、[法]皮特·沃顿、[澳]皮特·沃尼泽主编,陈秧秧译:《世界会计史:财务报告与公共政策(亚洲与大洋洲卷)(欧亚大陆、中东与非洲卷)》,上海:立信会计出版社2015年版。

3. 王建忠、柳士明:《会计发展史》(第四版),大连:东北财经大学出版社2016年版。

4. 侯文铿:《话说会计三风》,北京:中国财政经济出版社2002年版。

5. 会计史研究网站,中南财经政法大学会计学院主办,网址http://202.114.224.27/kjs/。